高等学校教师专业发展系列教材

高等学校教师职业道德修养

主编　李太平

中国教育出版传媒集团

高等教育出版社·北京

内容提要

　　本教材认真贯彻和落实了习近平总书记关于教师队伍建设和教师发展的重要讲话精神，积极响应和落实了中共中央、国务院以及教育部等部门有关教师职业道德、科研道德等方面的政策文件。全书分为三个部分，第一部分简要介绍了高校教师的职业责任与职业道德，第二部分共五章，分别分析了高校教师的教育道德、教学道德、科研道德、社会服务道德及管理道德，第三部分对高校教师职业道德修养的过程和方法进行了探索。

　　本教材除可作为高校教师的岗前培训教材外，也可作为高校管理人员进修与培训、高等教育学科的研究生学习与研究的教材和参考资料。

图书在版编目（CIP）数据

　　高等学校教师职业道德修养／李太平主编 . -- 北京：高等教育出版社，2023.5（2025.8重印）
　　ISBN 978-7-04-058870-5

　　Ⅰ.①高… Ⅱ.①李… Ⅲ.①高等学校－教师－职业道德－师资培训－教材 Ⅳ.①G645.16

　　中国版本图书馆CIP数据核字（2022）第105590号

Gaodeng Xuexiao Jiaoshi Zhiye Daode Xiuyang

策划编辑 魏延娜	责任编辑 贾玉玲	封面设计 张　志	责任绘图 邓　超
版式设计 王艳红	责任校对 高　歌	责任印制 刘思涵	

出版发行	高等教育出版社	网　　址	http://www.hep.edu.cn
社　　址	北京市西城区德外大街4号		http://www.hep.com.cn
邮政编码	100120	网上订购	http://www.hepmall.com.cn
印　　刷	高教社（天津）印务有限公司		http://www.hepmall.com
开　　本	787 mm×1092 mm　1/16		http://www.hepmall.cn
印　　张	13.75		
字　　数	290千字	版　　次	2023年5月第1版
购书热线	010-58581118	印　　次	2025年8月第4次印刷
咨询电话	400-810-0598	定　　价	41.80元

本书如有缺页、倒页、脱页等质量问题，请到所购图书销售部门联系调换
版权所有　侵权必究
物　料　号　58870-00

前　言

党的十八大以来，中国社会发生了巨大变化，高等教育也进行了深入的改革，这对高校教师提出了更高的要求。本教材反映了时代发展对高等学校教师的要求，尤其是认真贯彻和落实习近平总书记关于教师队伍建设和教师发展的重要讲话精神，包括习近平总书记在北京大学师生座谈会上的讲话（2014年5月4日），习近平总书记同北京师范大学师生代表座谈时的讲话（2014年9月9日），习近平总书记在知识分子、劳动模范、青年代表座谈会上的讲话（2016年4月26日），习近平总书记在哲学社会科学工作座谈会上的讲话（2016年5月17日），习近平总书记在中国文联十大、中国作协九大开幕式上的讲话（2016年11月30日），习近平总书记在全国高校思想政治工作会议上的讲话（2016年12月7日），习近平总书记在全国教育大会上的讲话（2018年9月10日），习近平总书记在学校思想政治理论课教师座谈会上的讲话（2019年3月18日）等。

本教材积极响应和落实中共中央、国务院以及教育部等部门出台的有关教师职业道德等方面的政策文件，如中共中央、国务院印发的《关于全面深化新时代教师队伍建设改革的意见》（2018年1月）、教育部印发的《新时代高校教师职业行为十大准则》（2018年11月）、《教育部关于高校教师师德失范行为处理的指导意见》（2018年11月）、教育部等七部门印发的《关于加强和改进新时代师德师风建设的意见》（2019年11月）、《高等学校课程思政建设指导纲要》（2020年6月），中共中央、国务院出台的《深化新时代教育评价改革总体方案》（2020年10月），教育部等六部门印发的《关于加强新时代高校教师队伍建设改革的指导意见》（2021年1月）等。

本教材共有七章，教材编写的基本框架为：总论—分论—结论。第一章简要介绍高校教师的职业责任与职业道德；第二至六章分别从教育道德、教学道德、科研道德、社会服务道德和管理道德等五个方面阐述高校教师职业道德的具体内容，亦即高校教师在其各个工作领域的职业道德修养；第七章从教师和高校两个方面探讨提高高校教师职业道德修养的基本过程和方法。

本教材的读者主要是高校刚入职的新任教师，因此本教材按照工作逻辑进行整个教材的结构设计，即根据高校教师的实际工作领域来阐述其职业道德修养，将高校教师职业道德修养分为教育、教学、科研、社会服务和管理等五个领域。

本教材编写人员多是在高校从事教育教学的研究人员，部分编写人员曾多次参加高校教师的岗前培训工作，此教材吸收和总结了相关编写人员的培训工作经验。

  本教材是团队分工合作的成果，具体分工如下：主编李太平负责全书章节的框架拟定、审阅和修订全书；副主编杨黎明审阅第一、二、四章，校对了全文注释和参考文献；副主编陈金江审阅第三、五、六、七章，并审读全文语句。第一章由王明和杨洛共同编写，第二章由程琳和李太平共同编写，第三章由朱彦臻在原稿（原稿作者杨鲜兰）基础上大幅修改而成，第四章由陈金江和周文婧共同编写，第五章由孙平和王媛媛共同编写，第六章由杨黎明和许紫薇共同编写，第七章由汪明春编写。除此之外，方娟、汪宇慧、苏乙佳、李邵阳、廖衡越参加了全文的注释校对工作。

  本教材在编写过程中参考了国内外的相关研究成果，在此表示感谢。尽管在定稿过程中反复校对，尽量注明出处，书中可能还存在一定疏漏之处，敬请广大同行和读者批评指正。

华中科技大学教育科学研究院

李太平

2022 年 7 月

目　录

第一章 高校教师的职业责任与职业道德

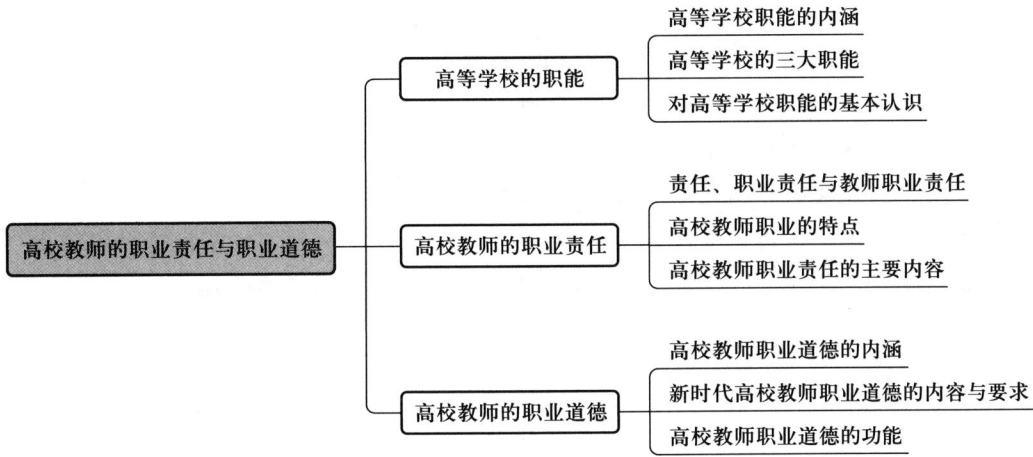

高校教师是高等学校最重要的构成要素之一，高等学校各项职能的发挥，主要是通过高校教师履行其职业责任而实现的。在一定意义上，高校教师的专业素质从根本上决定了高等学校的人才培养质量、科学研究水平以及社会服务贡献度，直接反映和决定了高等学校的整体办学水平。高校教师职业道德是构成高校教师专业素质的重要内容，对高校教师各项职业责任的有效履行具有保障和促进的作用，同时对形成良好的社会道德风尚也有着重要影响。

第一节　高等学校的职能

教育是一种培养人的社会活动，在目的上指向人的身心发展。教育首先具有个体发展的功能；作为社会的子系统之一，教育与政治、经济、文化等其他社会子系统之间存在相互作用的关系，因此又具有社会功能。教育的上述两项基本功能，主要是依托学校这一专门机构发挥职能加以实现的。高等学校是高等教育功能的一种有形载体，高等学校职能的确立，建立在人们对高等教育功能逐步认识的基础之上。在高等教育的发展历程中，高等学校先后被赋予了培养人才、发展科学和为社会服务等三大职能。

一、高等学校职能的内涵

在已有的研究成果中，有多个与"高等学校职能"相关的表述，如"高等学校功能""高等教育功能"等，且存在相互混用的情况，为此有必要对相关概念加以澄清。

首先，就"功能"与"职能"来看，这两个概念之间既相互区别，又相互联系。在一定条件下，二者既可以相互统一，也可以相互背离。《现代汉语词典》（第 7 版）对"功能"的解释是"事物或方法所发挥的有利的作用；效能"[①]，对"职能"的解释是"人、事物、机构应有的作用；功能"[②]。由此可以看出，功能侧重于强调不同事物或某一社会系统内部诸要素与结构间的相互作用，它的产生具有客观性，不以人的意志为转移，所表明的是事物"能做什么"以及"能做到什么程度"，职能侧重于强调不同社会机构或组织所应承担的社会职责，它包含社会期待，带有人为的目的性以及"外部赋予"的意义，所表明的不仅是"能做什么"，还有"应该做什么"。功能与职能在内涵上存在交叉，功能往往是一个事物逐步被认识的过程，当事物的功能包含了社会所认可的价值，并通过设立相应的机构或组织来确认和体现事物的这一功能时，在这种情况下，功能就可以转化为职能。机构或组织职能的发挥需要建立在功能的基础上，如果游离于功能之外，就会导致职能发生异变。尽管功能与职能都表现为事物所发挥的作用，但当事物被视为一个系统时，其作用就应该用"功能"来表达，而当事物作为一个社会机构发挥作用时，其作用则应使用"职能"来表达。

其次，对"高等教育"这一概念的不同理解，也会导致对相关概念的混用。对"高等教育"的理解通常概括为如下三种：一是作为一种特定的活动及其活动方式；二是作

---

① 中国社会科学院语言研究所词典编辑室.现代汉语词典［M］.7 版.北京：商务印书馆，2017：454.

② 中国社会科学院语言研究所词典编辑室.现代汉语词典［M］.7 版.北京：商务印书馆，2017：1682.

为一种特定组织机构构成的有机系统，包括各级各类高等学校；三是作为一种事业范畴，属于社会中的一个领域或部门。①一般而言，在第一种含义之下，作为活动来理解的"高等教育"其作用只能表述为"高等教育功能"一种意义；而只有在第二种和第三种含义之下，"高等教育"才可以表述为"高等教育功能"或"高等教育职能"两种意义，其内在地包含有"高等学校职能"的意义。

从内涵上来看，"高等学校职能"是指"高等学校为适应社会分工与社会发展需要所承担的社会任务"②，其具有外赋性和主观性。高等教育功能产生于高等教育内部诸要素以及高等教育自身与社会大系统之间的相互影响与作用，它是通过高等教育这一专门性与复杂性的活动所表现出来的客观能力及其产生的效果，具有自治性和客观性。高等教育功能的实现，需要一定的条件，并依托于一定的组织机构，高等学校是其中最主要的一种社会组织机构。高等学校职能是高等教育功能的现实表现，而高等教育的功能则是高等学校存在的内在依据，也是构成高等学校职能的基础。

二、高等学校的三大职能

（一）培养人才

现代意义上"大学"的产生，其源头可追溯至欧洲中世纪出现的大学。在漫长的发展历程中，培养人才一直是大学的本体职能，随着科技的发展与社会的进步，人才培养的质量、规格等也处于不断的变化之中。

后欧洲南部和西部的一些国家出现了最早的一批中世纪大学。1088年，意大利建立了世界上第一所正规大学——博洛尼亚大学，此后出现了意大利的萨莱诺大学，法国的巴黎大学，英国的牛津大学和剑桥大学等。当时社会的发展迫切需要一批神学、法学、医学等古典专业方面的人才，中世纪大学的出现顺应了社会发展的这一需要，由此培养古典专业人才在很长一段时期内成为大学的主要职能。近代以来，随着资本主义的兴起与发展，科学技术获得了长足的进步，社会对新型专业人才尤

［拓展阅读］
博洛尼亚大
学：学生型
大学

其是科技人才的需求越来越大，传统大学由于固守培养古典专业人才的职能，而与社会发展的要求相脱节，进而逐步走向衰落。与传统大学的衰落相比，一些大学之外的研究机构，例如英国的皇家学会、法国的法兰西科学院、德国的柏林科学院等，则承担起了培养新型专业人才的社会职责，为当时社会的发展和科学技术的进步做出了重要贡献。

---

① 单鹰.高等教育原理论［M］.北京：教育科学出版社，2008：176.
② 顾明远.教育大辞典：增订合编本［M］.上海：上海教育出版社，1998：413.

　　鉴于大学通常被视为培养专业人才最为理想的场所，加上社会对新型专业人才的强烈需求，最终推动了新型大学的出现。18世纪中后期，先是在欧洲的一些主要国家出现了一批以培养某一专业人才为目标的新型专业高等学校，例如英国的城市学院、法国的工科学院等。19世纪初，出现了以柏林大学的产生为标志的德国第二次大学革命。1810年，柏林大学的建立，带动了德国一批新大学的产生，例如波恩大学、慕尼黑大学等，同时还促进了欧洲传统大学的变革，其影响波及北美、日本等世界多个地区和国家。进入20世纪，尤其是第二次世界大战之后，全世界的高等教育获得了空前的发展。现代社会对人才培养的质量和标准提出了新的要求，而高等学校培养人才的职能也始终处于不断地调整之中。正如有的研究者所言，高等学校培养人才的职能，"既是一个历史概念，又是一个不断发展变化着的具有时代意义的新概念"[1]。

　　就我国而言，自新中国成立以来，培养人才一直被视为高等学校的基本职能和中心任务。2012年3月，教育部发布的《关于全面提高高等教育质量的若干意见》要求"牢固确立人才培养的中心地位"[2]。2018年10月，教育部发布的《关于加快建设高水平本科教育　全面提高人才培养能力的意见》指出："办好我国高校，办出世界一流大学，人才培养是本，本科教育是根。"[3]在人才培养的质量规格上，当前高等学校更加注重学生全面素质与综合能力的提升，重视创新型人才的培养，以适应知识社会、信息化社会的要求。正如习近平总书记在中国科学院第二十次院士大会、中国工程院第十五次院士大会、中国科协第十次全国代表大会上的讲话中指出的："培养创新型人才是国家、民族长远发展的大计。当今世界的竞争说到底是人才竞争、教育竞争。要更加重视人才自主培养，更加重视科学精神、创新能力、批判性思维的培养培育。"[4]

（二）发展科学

　　学界一般认为，1810年德国柏林大学的创办是高等学校发展科学职能得以确立的标志。但这并不意味着，在此之前的大学中不存在科学研究活动。事实上，在中世纪大学中，许多学者就已经将教学与科学研究相结合，对人类知识的发展，尤其是古典知识的保存、恢复与发展做出了重要贡献。但总体而言，19世纪之前的大学尚未被明确视为一种研究机构，发展科学研究活动也未被视为大学教师的正式任务或职责，尽管在大学中存在着科学研究活动，但更多的只是发展科学这一职能的萌芽。

---

①　朱国仁.高等学校职能论［M］.哈尔滨：黑龙江教育出版社，1999：102.

②　教育部关于全面提高高等教育质量的若干意见［J］.中国高等教育，2012（11）：20-24.

③　教育部关于加快建设高水平本科教育　全面提高人才培养能力的意见［J］.中华人民共和国教育部公报，2018（9）：18-24.

④　习近平.在中国科学院第二十次院士大会、中国工程院第十五次院士大会、中国科协第十次全国代表大会上的讲话［N］.人民日报，2021-05-29（2）.

直到柏林大学建立后，发展科学才逐步被确立为高等学校的一项重要职能。德国教育家洪堡以新人文主义思想为指导，基于"学术自由""教学和科研相统一""学与术分家"等办学思想创办了柏林大学，打破了神学系在大学中至高无上的地位，使哲学系的重要地位得以凸显。当时的哲学实为各门学科知识的汇总，哲学系地位的提高意味着哲学系所设置的各门课程摆脱了神学的束缚，从而为新知识的引入扫除了障碍。柏林大学还建立起以"讲座"和"研究所"为中心、集教学与科研为一体的各类研究组织，这使得高等学校发展科学这一职能得以实体化、制度化。在这些研究组织中，教师和学生可以自由地从事各种领域的学术研究，在这个过程中，师生之间的关系由传统的单向授受转变为科学研究过程中的合作者或共同参与者。

［拓展阅读］
洪堡与柏林
大学的创办

在高等教育史上，洪堡的教育思想及其在柏林大学的实践有着重要的意义，当代高等教育研究学者阿特巴赫曾指出："从某种意义上讲，这个世纪用现代的方式重建了大学。课程变化了，大学科学研究作为学校活动的一个组成部分，大学已参与到社会所关心的事情中去了。"[①] 由柏林大学所开创的高等学校发展科学的思想和职能，很快影响到德国本土的其他大学，并迅速传播到欧洲等其他国家和地区以及美国，发展科学作为高等学校的重要职能在世界范围内普遍得以确立。

从 19 世纪大学的科学研究来看，其贡献主要集中于"纯学术"的研究领域，尽管对自然、社会以及人文等各门学科的独立发展起到了有力的推动作用，但由于过于追求"纯学术"的研究，也使得大学自身逐步成为自我封闭的"象牙塔"，从而限制了其社会职能的发挥。进入 20 世纪之后，伴随着经济全球化的发展以及科学技术的日新月异，尤其是新科技革命的爆发，高等学校发展科学的职能在内涵上又有了新的变化。这时的科学研究已超出了"纯学术"的藩篱，开始与工商业、农业等的发展建立起密切的联系。研究范围包括基础研究、应用研究等各种层次，研究课题涉及人类知识的方方面面，并由此促使一批交叉学科、综合性学科得到产生与发展。与此同时，科学与技术的关系日益密切，科研成果的转化周期逐步缩短，高等学校在现代社会中的地位不断提高。一些高等学校，尤其是各个国家的重点大学，已逐渐成为本国或本地区的知识中心、研究中心，有些大学甚至越过国界，在世界范围内产生了重要影响。

我国高等学校发展科学的职能在新中国成立初期即已受到重视，改革开放之后这一职能得到充分发挥，对我国经济与社会的发展起到了重要的推动作用。1977 年，在《关于科学和教育工作的几点意见》中，邓小平指出："高等院校，特别是重点高等院校，应当是科研的一个重要方面军，这一点要定下来。它们有这个能力，有这方面的人才。事实上，高等院校过去也承担了不少科研任务。随着高等院校的整顿，学生质量的提高，学校的科研能力会逐步增强，科研的任务还要加重。朝这个方向走，我们的科

① 薛天祥.高等教育学［M］.桂林：广西师范大学出版社，2001：74.

学事业的发展就可以快一些。"① 此后，高等学校发展科学这一职能的重要性日益得到重视。1998 年，教育部发布的《面向 21 世纪教育振兴行动计划》中指出，要加强高等学校科研工作，积极参与国家创新体系建设；大力提高高等学校的知识创新能力；创建若干所具有世界先进水平的一流大学和一批一流学科。② 进入 21 世纪后，我国对高等学校科学研究方面的重视度进一步提升。2021 年 5 月，在中国科学院第二十次院士大会、中国工程院第十五次院士大会、中国科协第十次全国代表大会上，习近平总书记指出："高水平研究型大学要把发展科技第一生产力、培养人才第一资源、增强创新第一动力更好结合起来，发挥基础研究深厚、学科交叉融合的优势，成为基础研究的主力军和重大科技突破的生力军。"③

（三）为社会服务

高等学校为社会服务的职能，兴起于 19 世纪中后期美国创办"赠地学院"的时代。1862 年，美国国会通过了《莫雷尔法案》（亦称"赠地法案"），规定各州凡有国会议员一名，联邦政府以赠予公共土地或相等土地期票的方式，资助各州建立至少一所高等学校，以适应当地工农业发展的需要。由此开创了美国高等教育史上的"赠地学院"时代，这些学院后来多发展成为以服务当地社会为目标的农工学院与综合性州立大学，对高等学校服务社会职能的产生起到了推动作用。其中，威斯康星大学是美国"赠地学院"的典范，其办学思想和实践过程标志着高等学校为社会服务职能的正式确立。时任校长查尔斯·范海斯提出的"大学直接为社会服务"的思想通常被称为"威斯康星思想"，如其所言，"作为一所州立大学，它必须考虑每一项社会职能的实际价值。换句话说，它的教学、科研、服务都应当考虑到州的实际需要。大学为社会，州立大学要为州的经济发展服务"④。"威斯康星思想"的产生与发展使得美国的高等教育逐步成为世界高等教育的范例，对 20 世纪之后世界各国高等教育的发展产生了深远影响。至此，高等学校开始走出"象牙塔"，逐步成为社会的"服务站"，广泛参与到社会的各项事务之中。当前，高等学校为社会服务的职能已为人们所普遍接受。

[拓展阅读]
大学为社会
服务：范海
斯的知与行

就我国而言，高等学校为社会服务的职能在改革开放之后得以正式确立。1993 年 2 月，中共中央、国务院印发的《中国教育改革和发展纲要》中对高等学校为社会服务的职能进行了高度概括，指出高等学校

---

① 邓小平．邓小平文选：第 2 卷［M］．北京：人民出版社，1994：53.
② 面向 21 世纪教育振兴行动计划（摘要）［J］．人民教育，1999（4）：5-9.
③ 习近平．在中国科学院第二十次院士大会、中国工程院第十五次院士大会、中国科协第十次全国代表大会上的讲话［N］．人民日报，2021-05-29（2）.
④ 朱国仁．高等学校职能论［M］．哈尔滨：黑龙江教育出版社，1999：125.

"要根据不同条件，大力开展技术开发、推广应用和咨询服务，兴办科技产业，使科技成果尽快转化为现实生产力"[①]。1999 年 1 月施行的《中华人民共和国高等教育法》，首次从法律层面对高等学校服务社会的职能作了明确规定。之后，此法案经过了两次修订。2019 年 1 月最新颁布的《中华人民共和国高等教育法》，在"高等学校的组织和活动"部分强调："高等学校应当以培养人才为中心，开展教学、科学研究和社会服务，保证教育教学质量达到国家规定的标准。""高等学校根据自身条件，自主开展科学研究、技术开发和社会服务。"

进入 21 世纪之后，随着经济与社会的快速发展，高等学校为社会服务的职能已成为其三大职能中发展变化最快的一个，在内涵上得以不断扩展，在表现形式上也日趋多样化。具体而言，一方面，高等学校与社区的关系更加密切，社会服务的内容和形式越加丰富，不仅要积极满足社区发展的各种需要，还积极地参与研究社区的不同需求，主动提供服务项目，因此高等学校与社区之间逐步发展成为一种合作伙伴关系。另一方面，高等学校通过与社会相关部门建立联合机构，保证了为社会服务职能运行的实体化、正常化、制度化与规范化。当今世界各国由高等学校参与建立的工业园区、科技园区、服务中心等社会机构，在促进当地经济发展的同时，也有效提升了高等学校的社会影响力。例如，2016 年 7 月，由武汉市人民政府和华中科技大学共同组建的武汉新能源研究院正式成立，依托华中科技大学的学科优势，以及武汉市的优惠政策与市场资源，围绕"科技创新"和"创业服务"两大核心业务，武汉新能源研究院着力打造技术研发、项目孵化、仪器设备共享和产业投资四大平台，旨在支持并引领湖北省和武汉市新能源产业的发展。

三、对高等学校职能的基本认识

（一）高等学校职能随社会发展而演变

高等学校的职能并非一成不变，在高等学校的漫长发展历程中，其先后被赋予了培养人才、发展科学以及为社会服务三大职能。但需要明确的是，高等学校后出现的职能并不是对其已有职能的否定，而是与之共同体现着高等教育的功能。伴随着新职能的出现，高等学校的已有职能在其内涵上也得到了进一步的扩展，如高等学校人才培养的质量规格，会伴随着社会发展在不同的时代呈现出不同的内容与要求。高等学校职能的演变，"不仅是社会的客观需要，同时也符合高等学校自身发展的逻辑"[②]。其中，社会发展的需要是高等学校职能演变的重要动因，而高等学校职能的发挥，反过来又会成为社

---

①　中国教育改革和发展纲要［J］. 人民教育，1993（4）：4-11.

②　潘懋元，王伟廉. 高等教育学［M］. 福州：福建教育出版社，2013：49-54.

会发展的重要推动力量。

（二）高等学校三大职能既相对独立又相互关联

高等学校的三大职能各有其不同的定位，三者共同构成了高等学校的职能体系。作为高等学校的本体职能，培养人才是高等学校的中心任务，也是其最根本的职能，离开这一职能，高等学校就失去了存在的依据。高等学校在专业和课程设置等方面的不断丰富和变化，是其人才培养职能发展变化的主要表现。发展科学是高等学校的附属职能，这一职能既是社会发展的需要，也是专业教育的需要，其对专业教学的直接贡献就在于课程内容方面的扩展与深化，高等学校"教学与科研相统一"的原则本身就体现了培养人才与发展科学这两大职能之间的统一性与关联性。随着社会的发展，高等学校不仅要通过教学和科研间接地为社会服务，同时也要在教学与科研的基础上，通过多种渠道直接为社会服务。高等学校为社会服务的职能是在培养人才和发展科学两个职能的基础上派生出来的。由此可见，高等学校的三大职能既相对独立，彼此之间又存在着内在关联。

（三）关于高等学校新职能的探讨

进入 21 世纪之后，经济与社会的发展对高等学校提出了新的要求，在上述三项基本职能的基础上，研究者就我国高等学校的新职能进行了探讨。其中，"文化传承创新"与"国际交流合作"被部分学者分别视为高等学校的第四项和第五项职能，且在国家相关政策文件中也出现了相应依据。2017 年 2 月，中共中央、国务院印发的《关于加强和改进新形势下高校思想政治工作的意见》中强调："高校肩负着人才培养、科学研究、社会服务、文化传承创新、国际交流合作的重要使命。"[①]

教育具有文化功能，高等学校承担文化传承创新使命是高等教育文化功能的应有之义，对于保持高校的生命力、提升高校品质也有着重要意义。2012 年 3 月，教育部颁发的《关于全面提高高等教育质量的若干意见》中对"推进文化传承创新"做了进一步阐释："传承弘扬中华优秀传统文化，吸收借鉴世界优秀文明成果。加强对前人积累的文化成果研究，加大对文史哲等学科支持力度……秉承办学传统，凝练办学理念，确定校训、校歌，形成优良校风、教风和学风，培育大学精神。"[②]习近平总书记高度重视中华优秀传统文化的传承与创新，他在党的十九大报告中指出："深入挖掘中华优秀传统文化蕴含的思想观念、人文精神、道德规范，结合时代要求继承创新，让中华文化展现

---

① 中共中央国务院印发《关于加强和改进新形势下高校思想政治工作的意见》[J]. 社会主义论坛，2017（3）：4-5.

② 教育部关于全面提高高等教育质量的若干意见 [J]. 中国高等教育，2012（11）：20-24.

出永久魅力和时代风采。"[1]2017 年 1 月，中共中央办公厅、国务院办公厅印发的《关于实施中华优秀传统文化传承发展工程的意见》中指出："推动高校开设中华优秀传统文化必修课，在哲学社会科学及相关学科专业和课程中增加中华优秀传统文化的内容。加强中华优秀传统文化相关学科建设，重视保护和发展具有重要文化价值和传承意义的'绝学'、冷门学科。"[2]

高等学校"国际交流合作使命"的提出，是我国高等教育进入新阶段后对于世界的全球化趋势所做出的一种回应，体现了高校内在的国际化属性。2012 年 3 月，教育部颁发的《关于全面提高高等教育质量的若干意见》中对"提升国际交流与合作水平"做了进一步阐释："支持中外高校间学生互换、学分互认、学位互授联授。继续实施公派研究生出国留学项目。探索建立高校学生海外志愿服务机制……支持高校境外办学。支持高校办好若干所示范性中外合作办学机构，实施一批中外合作办学项目。"[3]2015 年 11 月，国务院发布《统筹推进世界一流大学和一流学科建设总体方案》，"推进国际交流合作"是其中的一项重要改革任务，要求"加强与世界一流大学和学术机构的实质性合作，将国外优质教育资源有效融合到教学科研全过程，开展高水平人才联合培养和科学联合攻关……切实提高我国高等教育的国际竞争力和话语权，树立中国大学的良好品牌和形象"[4]。

总体而言，当前关于高等学校新职能的探讨尚待进一步深化，且高等学校新职能的提出应立足于培养人才、发展科学与为社会服务三项基本职能充分交叉和创新的基础上。现今讨论的高等学校的新职能，正如有的研究者所言，"本质上还是三项基本职能的外延与深化"[5]。

第二节 高校教师的职业责任

高等学校的职能决定了高校教师所应从事的各种职业活动，而高等学校职能的发挥，则主要通过作为活动主体的高校教师对其职业责任的履行加以实现。

---

① 习近平.习近平谈治国理政：第 3 卷［M］.北京：外文出版社，2020：33.

② 中共中央办公厅 国务院办公厅印发《关于实施中华优秀传统文化传承发展工程的意见》［J］.中华人民共和国国务院公报，2017（6）：18-23.

③ 教育部关于全面提高高等教育质量的若干意见［J］.中国高等教育，2012（11）：20-24.

④ 国务院关于印发统筹推进世界一流大学和一流学科建设总体方案的通知［J］.中华人民共和国国务院公报，2015（32）：110-114.

⑤ 史秋衡，季玟希.我国大学职能内涵嬗变的多维分析［J］.高等教育研究，2021，42（4）：21-26.

一、责任、职业责任与教师职业责任

（一）责任

责任广泛存在于社会生活的各个领域之中，社会中的每个成员都担负着各种类型的责任。从人的本性来看，人总是处于一定的社会关系之中，社会性构成了人的基本属性，正如马克思所言："人的本质不是单个人所固有的抽象物，在其现实性上，它是一切社会关系的总和。"①社会关系实际上内在地蕴含着对人的责任要求，要求人肩负起一定的使命，并去完成相应的任务，"作为确定的人，现实的人，你就有规定，就有使命，就有任务，至于你是否意识到这一点，那都是无所谓的"②。这就在客观上决定了每个人都需要担负起对自己、对他人、对社会以及对自然的一份责任，正是通过人对自身多重责任的践行，社会生活才得以正常展开。

在中国古代文献中，最初"责"与"任"是分开使用的。《辞海》（第7版）对"责"的解释有以下五种：（1）责任，职责；（2）责问，责备；（3）责罚；（4）索取，责求，要求；（5）贬谪。对"任"的解释与之相关的有以下四种：（1）任用，使用；（2）职位；（3）责任，职责；（4）担当，承担。宋代以后，"责任"作为一个合成词，开始在文献中出现。如《新唐书·王珪薛收传》中说："观太宗之责任也，谋斯从，言斯听，才斯奋，洞然不疑。"③这里的"责任"，指的是人们分内应承担的事情。在中国古代社会语境中，以儒家为代表的思想家多从以下两个方面来界定"责任"：一是主体的承担，强调分内应承担的任务、使命；二是任之责，其特定含义是指主体的重要责任乃是对人才的任用、使用、任命、选拔，也即"任贤使能"。④在当代社会语境中，依据《现代汉语词典》（第7版），"责任"有以下两种解释：（1）分内应做的事；（2）没有做好分内应做的事，因而应当承担的过失。⑤

美国学者哈特划分出了四种类别的"责任"，包括地位责任、原因责任、义务责任与能力责任。⑥其中，地位责任主要是指社会组织中特定的地位或职位所赋予的某些特

① 马克思，恩格斯.马克思恩格斯选集：第1卷［M］.中共中央马克思恩格斯列宁斯大林著作编译局，编译.北京：人民出版社，2012：139.

② 马克思，恩格斯.马克思恩格斯全集：第3卷［M］.中共中央马克思恩格斯列宁斯大林著作编译局，编译.北京：人民出版社，1960：329.

③ 欧阳修，宋祁.新唐书：第3册［M］.陈焕良，文华，点校.长沙：岳麓书社，1997：2397.

④ 涂可国.儒家责任伦理考辨［J］.哲学研究，2017（12）：97-106.

⑤ 中国社会科学院语言研究所词典编辑室.现代汉语词典［M］.7版.北京：商务印书馆，2017：1637.

⑥ 哈特.惩罚与责任［M］.王勇，等译.北京：华夏出版社，1989：201.

殊职责；原因责任是一种独立的责任形式，其基本表达式为"应对……负责"，它指向过去发生的事情；义务责任主要包括法律义务责任与道德义务责任，是指按照法律或道德的要求作为或不作为，并承担行为的后果；能力责任强调践行责任所需具备的正常能力，包括理解能力、推理能力与对行为的控制能力。还有一些研究者尝试对"责任"这一概念进行界定，如"由一个人的资格（作为人的资格或作为角色的资格）和能力所赋予，并与此相适应的完成某些任务以及承担相应后果的法律的和道德的要求"[①]。

综上所述，"责任"是由人们在社会生活中所扮演的角色（例如家庭中的角色、各种组织中的职位等）赋予的，它主要表现为应该做什么与必须做什么，并承担相应后果的法律、道德等方面的一系列要求。

（二）职业责任

"职业责任"简称"职责"，是责任渗透于职业生活领域中的表现，职业的存在是职业责任得以产生的前提。但职业并非从来就有且一成不变的，它是一个历史的范畴，是人类社会发展到一定阶段才开始出现的，社会分工构成了职业产生的社会基础。伴随着社会分工的细化，职业不断走向分化与发展，在这一过程中，新的职业不断涌现，已有职业则有可能逐步消失或被赋予新的内涵。职业生活在现代社会中占据了重要地位，职业对个体的生存与发展有着深刻影响。

依据《中华人民共和国职业分类大典》的解释，"职业是指从业人员为获取主要生活来源所从事的社会工作类别"[②]。作为社会分工所带来的结果之一，职业实际上是在社会分工的基础上，个体间所结成的一种社会关系，以一种"群体"或"团体"的形式呈现，有着明确的目的或意图，并承担着一定的社会职能。从个体的角度来看，职业通常被视为个体通过劳动获得相应报酬，以满足自身生存与发展需要的各种活动。从社会的角度看，"职业是社会的物质资料生产和精神产品生产总体系中的行业，每种职业对社会的存在和发展、对于人类的生产和生活都有着特殊的作用和意义"[③]。任何职业活动都必须遵从一定的职业规范，并受到职业规范的约束。职业规范主要包括与职业相关的各种操作规则与办事章程、职业道德规范以及职业活动中的各种惯例等，在表现形式上，"这些职业规范或以法律、法规，或以组织章程和有关公约、守则的方式体现出来，或只是一些约定俗成的非正式的做法"[④]。在具体的职业活动中，作为从业者的个体获得相应报酬的依据是为其分配任务的完成情况，只有按规定完成相应的任务才能被视为在职

---

① 谢军．责任论［M］．上海：上海人民出版社，2007：28.

② 国家职业分类大典修订工作委员会．中华人民共和国职业分类大典：2015年版［M］．北京：中国劳动社会保障出版社，2015：4.

③ 谢军．责任论［M］．上海：上海人民出版社，2007：40.

④ 王清连，张社字，等．职业教育社会学［M］．北京：教育科学出版社，2008：70.

业活动中是称职的，这就涉及"职业责任"这一概念。

我们认为，职业责任是指由职业活动中的特定岗位、职务等所要求完成的任务，在形式上表现为关于应该做什么、必须做什么以及承担什么样的后果等来自职业规范的一系列要求或规定。作为责任的一种表现形式，在独特性方面，职业责任一方面与某种权利与报偿的获得紧密关联，其首先旨在满足从业者个体利益的诉求；另一方面又会受到职业规范的约束，从业者需要按规定完成所分配的任务，否则就要承担相应的政治、经济或法律方面的后果。

（三）教师职业责任

教师职业责任的产生以教师职业的存在为前提。作为最为古老的职业之一，在人类社会的历史进程中，教师职业的产生与发展经历了一个漫长的过程。在人类社会早期，教育活动就已经产生。为了维持人类自身的生存与发展，需要将在社会生活中积累下来的生产技能、生活经验以及各种习俗等传授给下一代，在当时担负这一任务的是氏族部落中的首领、长者等，他们也就成为了最初的"教师"。但这时由于教育活动尚未从生产和生活中独立出来，而是寓于各种实践活动之中，因而教师在当时尚未成为一种专门的职业。随着生产力的发展，脑力劳动与体力劳动逐渐分离，社会生活本身变得日益丰富，原有的教育形式无法适应社会生活的发展，于是专门的教育活动在这一背景之下开始出现。

在奴隶社会初期，出现了专门的教育机构——学校，以教育教学为职责的教师职业也随之出现。但早期的学校教育多由官府控制，其特点是"学在官府""以吏为师"，如在我国西周时期，所实行的是"政教合一""官师合一"的制度，教师通常由官吏兼任。此后，这种教育体制在我国封建社会中得到了保留，尤其是在官学系统中。春秋战国时期，伴随着私学的兴起，产生了最早的一批职业教师，如孔子、孟子等，他们为教师职业的发展做出了重要贡献。此后相当长的一段时期内，私学与官学在我国历史上形成了并行发展的局面。在西方国家，最早的一批职业教师是古希腊时期的"智者"，口耳相传的"艺徒式"教育模式持续了相当长的时间。到中世纪时，学校教育通常为教会所控制，教师多由僧侣担任，出现了"学在教会"的局面。

由此可以看出，在古代社会，尽管教师职业已经产生，但其专门化程度仍旧较低，尚未实现专业化，教师通常由官员或僧侣担任，未接受过专业教育机构的专门训练。这一阶段教师所教授的内容非常丰富和复杂，单纯依靠教师个人的生活经验已难以胜任教育教学工作，而是需要专门的知识积累和储备，但在教学过程中对教学方法和技艺方面的要求仍然较低。

近代以来，随着工业革命的兴起以及资本主义的迅速发展，社会发展对劳动者素质的要求越来越高。随着普及义务教育制度在主要资本主义国家的实施，社会需要大量同时具备丰富的科学文化知识以及教育工作技能的教师，师范教育在这一时代背景之下逐渐产生并发展起来。自从 1681 年法国"基督教兄弟会"神甫拉萨尔在兰斯创立了世界上第一所师资培训学校以来，到 18 世纪末，师范教育在西方主要资本主义国家内已普遍发展起来。师范教育的出现，标志着教师职业开始向专业化方向发展。从 19 世纪后期开始，现代意义上的学校教育系统开始出现。一方面，现代社会的发展需要的是高素质的教师队伍，教师不仅应成为自身所在学科专业方面的学者，而且也应成为教育领域内的"专家"；另一方面，教育科学的不断发展，使得教师自身的知识体系不断完善，学术地位逐步提高，从而为教师职业的专业化发展奠定了较为扎实的理论基础。20 世纪 60 年代，教师专业化运动开始在世界范围内兴起，教师职业的专业化地位逐步得到确认，推动教师职业朝着终身化方向发展。

就教师职业责任而言，其形成和变迁与教师职业的发展紧密相关。从内涵上来看，可以从群体的角度将教师职业责任视为"教师职业的责任"，即教师这一职业群体所应担负的社会责任，包括培养人才、发展科学、服务社会、传承与创新文化等；也可以从个体的角度将教师职业责任视为"个体教师的职业责任"，即作为个体的教师因在学校中扮演不同的角色而被分配的应该或必须完成的任务，且教师职业责任的履行会受到教师职业规范的制约。一些研究者强调教师职业责任具有外在强制性特征，如将其界定为"教师必须承担的职责和义务"[①]，却又在一定程度上忽视了教师对于"应该做什么"所具有的专业自主性。一般而言，对教师职业责任的理解多是基于个体教师的角度。

具体到高校教师的职业责任，其依托于高校教师的职业特性以及高等学校的职能定位，指的是通过由相关法律、法规等构成的教师职业规范规定的、分配给个体从业者的各种任务，这些任务隶属于高等学校中的不同岗位、职务与角色，对于从业者而言具有法律和道德等方面的约束性，任务的完成情况关系到个体从业者权利与报偿的获得，同时也直接关系到高等学校各项职能的发挥。

二、高校教师职业的特点

从广义上讲，人们习惯于将在高等学校内部工作的人员，包括管理人员、教学人员、研究人员、教辅人员等统称为"高校教师"。从狭义上讲，高校教师主要指的是高等学校中专门从事教学与研究工作的人员。伴随着现代大学的发展，大学教师群体已由最初单一同质化的学术群体，逐步变革为多元异质化的职业群体。[②] 作为教师群体的一个组成部分，高校教师固然具有作为"教师"的基本属性，但与中小学教师相比，其在个人特征、工作职责、社会地位等方面都表现出了较大的差异性，高等教育的特殊性决

---

① 李春秋 . 教育伦理学概论［M］. 修订本 . 北京：北京师范大学出版社，2006：190.
② 李立国 . 由学术群体到职业群体：现代大学教师的组织变革［J］. 国家教育行政学院学报，2014（10）：3-7.

定了高校教师具有不同于中小学教师的职业特质。高等教育实施的是完全中等教育基础上的专业教育，高等学校的本体职能是通过传授专业化知识来培养人才，因而，实施专业教育与传授专业化知识就成为了高等教育与中小学教育的根本区别。高等学校三大职能，无论是培养人才、发展科学，还是为社会服务的发挥，主要是通过高校教师对学术（或学科）知识的发现、综合、应用以及传播等来实现的，这就使得高校教师在履行自身职责时，总是会与学术或学科密切地联系在一起，高校教师的职业因而也被称为学术职业。高校教师一方面要从事学术工作，另一方面要扮演教育者的角色，其职业特点可概括为如下五个方面。

（一）学术性

学术性作为高校教师职业的一个特点，主要表现为高校教师作为知识的载体之一，在高等学校中所从事的各种与其职业相关的活动，主要围绕着"知识"来展开。但高校教师所具有的知识，并不是一种散乱的、常识性的或通用性的知识，而是一种系统化的、规范化的和专门化的知识，即学科知识。在入职之前，高校教师一般都已接受过自身所在学科方面知识的严格训练，基本上达到了各学科教学所要求的相应的学术水平。在学术水平方面，美国教育家厄内斯特·波伊尔曾提出了当代美国大学教师所应具备的四种学术水平，即发现的学术水平、综合的学术水平、应用的学术水平和教学的学术水平。[①]

高校教师所从事的各种职业性活动与其学术水平密切相关，一方面，高校教师的学术水平主要体现在其所从事的各种职业性活动之中，而具备一定的学术水平是高校教师从事各种职业性活动并实现相应目标的保证；另一方面，高校教师只有通过从事各种职业性活动，并认真履行相应的职责，其学术水平才能获得进一步提升。在当前的高等学校中，高校教师的职业性活动主要包括教学、科研、社会服务等方面，高校教师的学术性就主要体现在这些活动之中，同时也对这些活动的进行提出了相应的要求。

（二）专业性

所谓"专业性"，可以从两个方面来理解。一是从职业属性上来看，是指高校教师在其身份上属于专业人员。一方面，高校教师是作为"教师专业化"意义上的专业人员，其所从事的是一种专门职业，也即专业。这里的"专业"对应于英文中的profession，是社会学领域中的一个概念，主要指的是一些基于高度的专门知识与技能的特殊职业。社会分工导致了职业的产生，而专业则是社会分工与职业分化进一步深化的结果。专业现象最早可追溯至中世纪的欧洲，工业革命之后获得快速发展，一些职业

---

① 吕达，周满生.当代外国教育改革著名文献：美国卷：第1册［M］.北京：人民教育出版社，2004：18-24.

开始致力于成为专门化的专业，进入 20 世纪后被称为"专业"的职业开始迅速增长。"专业化"所反映的即是一个普通职业争取成为一个专门化专业的特定过程。①专业既具有职业的一般特征，又表现出不同于一般职业的特质。就成熟专业的标准而言，可归纳为六条标准：一个正式的全日制职业、拥有专业组织和伦理法规、知识和教育、服务和社会利益定向、社区的支持和认可、高度自治。②就高校教师职业而言，其基本符合以上成熟专业的标准。1993 年颁布的《中华人民共和国教师法》中明确指出：教师是履行教育教学职责的专业人员，承担教书育人、培养社会主义事业建设者和接班人、提高民族素质的使命。具体而言，高校教师通常具有学科领域方面较为高深的知识与技能，以及教育教学方面的知识与能力，在正式任职之前，基本上都已接受过长期的专业训练，通常已获得相应学科的硕士或博士学位，具备了从事教学与科研工作的相应能力；在从业资格上，高校教师也有着较为严格的从业标准，需要获得相应的资格证书，如高校教师资格证书等；在专业组织建设上，高校教师通常会建立较为成熟的专业组织，自近代以来，高校教师就已经组成了各种专业学会、协会、教师工会等，并经常举办学术会议，出版学术期刊，专业组织在维护高校教师权益方面发挥了积极的作用；在专业伦理上，无论是对教育事业还是对学术研究，高校教师通常都有着较为崇高的追求和坚定的信仰。

二是从专长视角来看，高校教师通常是某一学科领域的专家，具备相应的领域专长，这主要表现在具备学科领域方面高深的知识与技能。"专家是具有领域专长的人，是在特定领域具有专业知识和能力的人。他们能够有效地思考和解决该领域的问题，从而表现出良好的专业行为。"③就高校教师而言，他们通常都接受过严格的学术训练，精通特定学科领域的知识与研究方法，是某一学术或科学共同体中的一员，相较于专业外人士，在对与学科领域相关问题的认识与理解上，享有一定的学术权威。

（三）职业角色的多元性

"角色"一词，原指舞台或荧幕上演员所扮演的人物形象，它同个体的身份、地位以及社会对个体的期待密切相关。在社会学中，"角色"通常用以表示"对群体或社会中具有某一特定身份的人的行为期待"④。高校教师的职业角色，可界定为高校教师在从事自身职业活动的过程中所生成的社会对这一群体的形象期待，它是由高校教育制度以及社会所共同塑造的，并以此作为规范高校教师行为、评判高校教师优秀与否的标准。

① 孙一平.职业社会学［M］.北京：中国社会科学出版社，2021：227.
② 赵康.专业、专业属性及判断成熟专业的六条标准：一个社会学角度的分析［J］.社会学研究，2000（5）：30-39.
③ 连榕.教师专业发展［M］.2 版.北京：高等教育出版社，2019：87.
④ 戴维·波普诺.社会学：第 10 版［M］.李强，等译.北京：中国人民大学出版社，1999：97.

在传统意义上，教师的职业角色通常被定位为"传道、授业、解惑"，也即扮演了"知识传授者"的角色，这也是高校教师最初和最基本的职业角色。但随着高等学校职能的扩张，高校教师的职业角色也表现出多元性与变化性。

作为一个复杂、多元、异质的职业群体，高校教师在高等学校的教育活动中既是传道授业者，又是学术研究者；既是高校内部各种教育决策的执行者，又是高校教育教学活动的管理者、示范者，同时还要接受高校各级领导、同行和学生的监督管理，属于被管理者。多元性的职业角色，使高校教师能够在对学生进行思想教育，进行课堂教学，或从事科学研究活动的过程中，保持冷静、沉着、三思而行。高校教师具有多元性职业角色的特点，在一定程度上也决定了单靠行政管理难以实现预期的组织目标，这就要求高校领导者无论在管理职权的运用上，还是在实现管理的手段和方法上，都要有一定的针对性。

（四）主动性、个体性和创造性

与社会上的其他职业相比，高校教师的劳动过程表现出较强的主动性、个体性和创造性。具体而言，一是高校教师承担着为社会培养专业人才的教育教学任务，不仅要站在教育的立场上选择、组织和呈现知识，同时要在一定的情境下创造条件，促进和帮助学生掌握知识、理解知识、运用知识和探究知识，追求学生德智体美劳的全面发展。由于教育对象的知识水平和个性特点千差万别，这就要求高校教师必须主动进行具有更高水平的创造性劳动艺术。二是高校教师所从事的教学、科研、社会服务等工作都属于复杂的脑力劳动，他们开展上述相关工作主要依靠自身的独立钻研、认真思考、积极探索，劳动时间没有准确的边界要求，劳动形式基本上属于个体劳动。无论是课堂教学，还是在科研活动中，无论是对学生进行集体教育，还是实施个性化教育，高校教师都是以个体形式进行的。三是对于高校管理者而言，不能用同一个模式去规定所有高校教师的教育教学方式，不能用统一的标准去评价所有高校教师的工作质量，必须给予全体高校教师充分的专业自主权，为其提供一种宽松的工作环境，以充分发挥他们的专业潜能和创新能力。

（五）需要与动机的高层次性

高校教师是一群知识层次、智力水平较高的知识分子，知识分子更注重被他人尊重、人生价值得到实现等高层次需要。当今社会，绝大多数的高校教师能够尽职尽责、热爱并忠诚于教育事业、默默无闻地追求知识与学问。高校教师往往有着较强的事业心和社会责任感，不断追求和探讨新知，在基本的生存需要得到满足的基础上，渴望自身的付出能够得到社会客观公正的评价、认可与尊重，期望享有较高的社会荣誉和学术地位，在教育教学事业蓬勃发展的进程中，最大限度地体现自我价值。所以，高校教师作为知识分子的一员，应勇于追求知识，关注精神需求，关心社会，注重内省和律己的道德感，爱岗敬业、认真工作。

三、高校教师职业责任的主要内容

就高校教师职业责任的主要内容来说，其发展大致经历了以下三个阶段：第一阶段，教学是唯一的职责；第二阶段，教学与科研的职责；第三阶段，教学、科研和服务混为一体的职责。[①] 基于高校教师的职业特点，可以将高校教师的职业角色概括为两种类型，即学术性角色和社会角色。二者分别赋予高校教师以特定的职业责任。

（一）学术性角色赋予的职业责任

高校教师的职业活动包括教学、科研、社会服务等，主要是围绕着知识的发现、综合、应用与传播而展开的。高校教师首先扮演的是学术性角色，对应于这一职业角色，高校教师的职业责任主要包括如下四个方面。

1. 通过教育教学培养学生

高等学校的本体职能是培养专业人才，而这一职能的发挥主要是通过高校教师所从事的教育教学活动来实现的，通过教育教学活动培养学生成为专业人才就是高校教师最基本的职业责任。

高校教师作为教育者，主要包含两层含义：一是通过传授相关学科或领域的专业知识，引导学生掌握与此相关的专业技能，培养专业精神，从而把学生培养成为适应社会发展需要的高级专门人才，也即"专业成才"；二是通过高校教师的言传身教，引导学生正确选择人生发展道路与价值取向，培养学生的道德判断能力，实现学生人格的完满发展，也即"精神成人"。进一步而言，在教育教学方面，高校教师首先要具备扎实的专业知识，在教学过程中注意与学生之间的互动，注重对学生创造性、批判性思维的培养，而不应仅仅关注于知识的传授。同时，高校教师也应具有高尚的道德情操和崇高的精神境界，只有这样才能真正担负起"专业成才"与"精神成人"的双重职责，才能够胜任"人师"的角色。正如习近平总书记于2021年4月19日在清华大学考察时指出的："大学教师对学生承担着传授知识、培养能力、塑造正确人生观的职责。教师要成为大先生，做学生为学、为事、为人的示范，促进学生成长为全面发展的人。"[②]

2. 从事科学研究

高校不仅是培养高级专业人才的场所，同时也是研究学术课题的文化组织，在发展科学被确立为高等学校的重要职能之一后，科学研究也成为高等学校工作的中心之一，

---

① 谢安邦．比较高等教育［M］．桂林：广西师范大学出版社，2002：227.

② 习近平在清华大学考察时强调　坚持中国特色世界一流大学建设目标方向　为服务国家富强民族复兴人民幸福贡献力量［J］．中国民族教育，2021（5）：4.

这就要求高校教师自身必须成为研究者,高校教师学术性的职业特质就主要体现在其所从事的科学研究工作中。随着知识社会和信息化社会的到来,以及国家和社会的快速发展,迫切需要高校教师在从事科学研究方面做出更为重要的贡献。

作为自身所在学科领域的专家,高校教师所从事的科学研究旨在增进知识、推动科技的创新与发展。高校教师不仅要作为知识的传递者,同时也应成为知识的发现者和创新者。高校教师只有具备较高的学术水平,才能更好地胜任教育教学工作,尤其是在科技日新月异、知识爆炸式增长的时代,学生获取知识的途径也日益多样化,在从事科学研究的过程中,高校教师如果不深入探索与发展新知识,就不可能始终把握和了解本学科的发展前沿,因而也就无法从根本上提高教学质量与水平。高校教师从事科学研究,不仅有助于知识的积累与更新,还有利于整个学校形成一种探究式的文化氛围。

3. 开展社会服务

在现代社会,高等学校开展社会服务的职能日益突显。为了满足经济与社会发展的要求,高等学校逐步由封闭、半封闭走向开放,在社会的各项事务中发挥着越来越重要的作用。这就要求高校教师必须具有服务社会的意识和理念,承担起开展社会服务的责任。高校教师作为社会服务者,内在地包含通过培养专业人才以及发展知识间接为社会所作出的贡献,但社会服务者的角色更主要地体现在高校教师在其学术研究的基础上,通过直接参与社会事务,而为社会所作出的贡献。

高校教师应走出高校的"象牙塔",立足于自身的专业知识与专业精神,直接参与到广泛的社会事务之中,开展社会服务。高校教师所提供的社会服务,是一种"学术性"的服务,包括科技成果转化、人才培训、学术报告、咨询建议、政策论证、课题评审等方面的内容。通过开展社会服务活动,高校教师一方面能够直接为经济和社会的发展作出贡献;另一方面,在将理论应用于实践的过程中,出现的新问题也能够激发高校教师继续进行探究的兴趣和热情,从而有利于推动知识的创新与发展。

4. 参与管理活动

高校教师参与的管理活动主要有学生管理、教学管理、科研管理等。高校是一个培养专业人才与从事学术研究的社会机构,高校教师参与学校管理的传统使得其中的部分教师有可能成为学校职能部门的管理人员,以及担任系主任、教研室主任等高校内部的管理性职务。在我国的高等学校中,这种管理活动通常被定位为高校教师的基本职责之一。事实上,高校教师作为管理者的角色,是其教学、科研等方面基本职责的延伸,并不是一种完全意义上的行政职务。

(二)社会角色赋予的职业责任

高等学校开展社会服务的职能,主要是通过高校教师参与社会事务而实现的,其形式可分为两种,一种服务是学术性服务,也即通过应用所研究学科的知识和技能,来为社会服务;另一种服务超出了学科知识的界限,高校教师直接投身于社会的公共事务中。其中，前者属于高校教师所扮演的学术性角色，后者属于高校教师的社会角色。高校教师作为自身学科研究领域中的专家，从事的是学术职业，具备深厚的学术见解，这使得高校教师往往眼光敏锐，善于发现社会问题，能够从深层次上对社会或时代现状进行诊断和分析。

高校教师通常具备自身学科研究领域方面的知识，基于其在学术上的敏锐性和独到性，分析社会问题时，更易于被社会大众所认同和接受。同时，在长期的学术研究中，高校教师普遍具有反思精神和较强的批判性思维，习惯于思考和思辨，这些特性使他们能够承担社会角色赋予的职业责任，更好地为社会服务。

第三节　高校教师的职业道德

职业道德是当代社会道德生活中的重要内容，它依托于特定职业中从业者所扮演的职业角色与承担的职业责任，是一般意义上的道德在职业生活领域中的具体化。高校教师的职业道德与高校教师的职业特性以及高校教师所要承担的职业责任紧密相关，这对于高校教师职业责任的履行具有规范与导向的作用。

一、高校教师职业道德的内涵

（一）道德与职业道德

道德是由一定社会的经济关系所决定的、特殊的意识形态，它伴随社会的产生而出现，并随着社会的发展而变化。人为了维持自身的生存与发展，就需要形成社会，并在社会生活中形成各种复杂的社会关系。一方面，在人们的社会生活，尤其是生产劳动中，会产生个人与他人、个人与社会之间种种复杂的关系与矛盾，以及如何处理的态度和行为，同时也产生了相应的善恶判断与评价，即产生了一定的道德观念和道德情感；另一方面，为了维持社会生活的正常进行，保障社会的存在与发展，需要设置相应的道德规范来调节人们之间的关系，约束人们的行为。

在原始社会，这种由社会制订或认可的行为规范主要由维护氏族利益的风尚和习俗构成。随着社会的进一步发展，人类的社会生活日益复杂化，调节人们之间关系的社会规范在构成上也变得多样化，可概括为两种主要形式：一是规定人们的行为应该且必须如何的权力规范，如经济、政治、法律等；二是规定人们的行为应该而非必须如何的非权力规范，它是在原始社会的风尚、习俗基础上形成的，依靠社会舆论、传统习惯和人们内心的信念等得以维持的行为准则和规范，这就是道德。有研究者认为，"道德是社会制定或认可的关于人们具有社会效用（亦即利害人己）的行为应该而非必须如何的非权力规范"①。道德的产生，其直接目的是在人们的复杂社会关系中确立一种秩序，以保障和促进社会的发展，但其最根本的目的则是通过社会的发展以增进社会每个成员的利益，实现每个成员的幸福。

社会分工的发展，产生了各类职业，而人们在从事职业活动的过程中，就会形成个人之间以及个人与团体、社会之间的各种复杂关系，即职业关系，以及如何处理这些关系的相应规范和要求，这就涉及职业道德。职业道德是人们在从事职业活动的过程中需要遵循的、与其职业特点密切相关的道德规范体系，以及与之相适应的道德观念、道德情感、道德品质等。不同的职业往往具有不同的职业道德，因而其具有特殊性。在调节范围上，职业道德表现出有限性，它适用于从事本职业的人员在其职业活动中所发生的行为；在构成内容上，职业道德表现出职业性、稳定性以及连续性；同时，由于职业道德往往与本行业的规章制度、纪律等结合在一起，这就使得其作用的发挥不仅仅是通过社会舆论、传统习惯、内心信念等手段，同时还表现出一定的权力强制性，这也是职业道德与一般意义上的道德之间的一个显著区别。

（二）教师职业道德

2013年9月9日，习近平总书记在向全国广大教师致慰问信时曾指出："教师是立教之本、兴教之源，承担着让每个孩子健康成长、办好人民满意教育的重任。""全社会要大力弘扬尊师重教的良好风尚，使教师成为最受社会尊重的职业。"②无论在哪个时代，教师职业都是以伦理和道德为基础的。一方面，教师职业具有伦理性，教师必须坚守职业伦理的底线，如此才能做一名合格的教师；另一方面，教师职业具有道德性，这意味着教师应当在伦理底线的基础上不断提升自我的道德修养，不断追求更为崇高的道德理想，实现职业工作的升华。③当下，我国正在全社会中培育和践行社会主义核心价值观，弘扬中华优秀传统文化，深入实施公民道德建设工程，推进社会公德、职业道德、家庭美德、个人品德建设。职业道德建设作为我国实施公民道德建设工程的重要组成部分，必须以我国社会主义职业道德的本质要求为根本遵循。教师职业道德与其他职业道德相比，示范性更强，影响性更深远。

1. 教师职业道德的内涵

教师作为一种具有较强专业性和示范性的社会职业，其存在和发展的基础是为满足推动社会进步、传承人类优秀文化遗产而培养合格人才的需要。教师的职业劳动不仅直接为人类创造了精神财富，也间接为社会创造了物质财富。从这一意义上看，教师职业为社会物质文明和精神文明的发展提供了重要支持。教师职业道德是职业道德的一种表

①　王海明.新伦理学原理［M］.北京：商务印书馆，2017：121.

②　习近平.习近平向全国广大教师致慰问信［J］.人民教育，2013（18）：2.

③　檀传宝.教师职业道德［M］.北京：北京师范大学出版社，2015：9—12.

现形式，是指教师在长期从事的教育教学等实践活动中所形成和遵循的、用以调节教师其他各种职业关系的道德规范和行为准则，同时还包括在此基础上所表现出来的道德知识、道德信念、道德操守、道德理解和道德行动等。教师职业道德与教师自身的专业成长密切相关，它可以促使教师不断提升自身的专业素质，改善教育教学质量，以实现人生理想与价值。

教师职业道德的内容十分丰富，无论是从历史还是现实来看，教育变革的实施、社会文明的发展都对教师自身的道德素质提出了更多、更高的要求。具体而言，一要忠于教育事业，具有奉献精神。这是指向社会的道德素质，是社会对于教师具有崇高职业道德的要求。热爱自己的工作是做好教育的前提，在教育工作中取得卓著成绩、作出突出贡献的优秀教师的一个共同点就是热爱工作，愿意为培养年轻一代贡献出自己的毕生精力。二要热爱学生、诲人不倦。这是指向学生的道德素质，是许多教育工作者从教育实践中总结出来的最基本的行为准则。热爱学生本身是巨大的教育力量，深刻地影响着育人的效果。热爱学生就要关心学生的学习及其各方面的成长，表现出诲人不倦的精神。只有热爱学生，才能架起师生间情感的桥梁，真正赢得学生的尊重。三要严于律己、为人师表。这是指向自我的道德素质，是有关教师自我修养的问题。教师作为"学生的榜样"的角色定位以及教师劳动示范性的特点都决定了教师必须具有良好的道德修养，教师的一举一动都会引起学生的注意，并对学生产生一定的影响。教师只有严于律己，为人师表，才能真正确立自己的角色地位，发挥自己的教育职能。四要团结协作，互勉共进。这是指向教师之间相互关系的道德素质。教育活动与其他社会活动一样，其成果绝非由单个人的劳动所能取得，而是教师集体共同努力的结果。教师集体团结协作，互进共勉，也可以促进教师个人的发展。

作为道德的一个特殊领域，教师职业道德与一般意义上的社会道德既相互联系又相互区别。就它们之间的联系而言，教师职业道德是一般意义上的社会道德的一个组成部分，是道德在教师职业领域中的特殊表现；而作为社会公共生活中最普遍、最基本的善恶标准和规范，道德是教师职业道德的主要价值来源，并为教师职业道德在构成内容方面提供论证。就它们之间的区别而言，教师职业道德适用于教师在其职业活动中所采取的各种行为，而道德则适用于整个社会的公共生活领域；同时，二者的产生时间不同，教师职业道德是在教师职业产生之后才出现的，而道德则是伴随人类社会的产生而出现的。作为社会中的一员，教师不仅应具备良好的教师职业道德，同时也应具有良好的一般意义上的道德。教师职业道德的提升与教师一般意义上的道德的水平是密不可分的。良好的一般意义上的道德可以提升和强化教师职业道德的基础，并增进教师对其职业道德的认识水平，从而在教育教学活动中更加自觉地践行教师职业道德的要求，不断提高教育教学的质量。

2. 教师职业道德的特点

基于教师职业劳动的特殊性，不难发现，教师劳动的目的、任务、对象、手段、过程、结果等各个环节都与教师职业道德相关。也正是基于此，决定了教师在道德意识上比其他职业道德有更多的要求，在道德行为上比其他职业道德有着更强烈的示范性，在道德影响上比其他职业道德更广泛、更深远[①]。教师职业道德作为教师职业行为和职业活动的规范准则，具有体现自身性质的鲜明特征，主要表现在以下五个方面。

第一，教师职业道德在行为表现上具有独特的示范性，这一特征是由教师职业劳动手段的示范性以及学生的向师性和模仿性决定的。教师职业道德在内容结构上具有鲜明的时代性，其内容在继承中国优良的传统文化和优秀的师德遗产的同时与时俱进，不断被时代赋予新的内容，如全心全意为人民服务的职业道德等[②]。新时代的中国特色社会主义教师职业道德主要具有先进性、平等性和科学性等特点。先进性指的是在中国特色社会主义的条件下，教师职业道德中的个人利益、集体利益和社会主义教育事业的整体利益是一致的；平等性突出的是教师职业道德在中国特色社会主义社会中人际关系平等的表现；科学性强调的是教师职业道德是以马克思列宁主义、毛泽东思想和中国特色社会主义理论为指导的，能全面地理解和把握教育规律的客观要求[③]。

第二，教师职业道德在功能效用上具有高度的自觉性。实现学生的道德社会化是教师除传播文化、传授知识外的一项重要职责。从道德的特点看，道德是建立在高度自觉的行为基础之上的。学生的优良道德品质和正确价值观念源自教师有目的的道德教育，教师在教学中的投入与获得很大程度上取决于其自身的职业良心和道德品质，因此教师作为优良道德的化身，其职业道德具有高度的自觉性。

第三，教师职业道德在社会范围内具有深远的影响。社会上的各行各业，都会与人们发生各种各样的联系，不同行业的职业道德也都会对社会产生一定的影响。教师职业道德所产生的社会影响及其效果的深度与广度，与其他社会职业相比，显得更为深远。其深度体现在，教师职业道德在作用于学生的同时，也会对学生的家庭乃至整个社会发挥作用。随着现代社会中教育变革的逐渐深入，教师与社会各个行业和阶层的接触面越来越广，教师职业道德对社会的影响与作用也越来越深入。其广度主要是指教师职业道德不仅会影响一个人的学生时代，而且会影响他们的一生，进而影响到整个社会的前途和未来。教师对学生的影响一旦形成，不会随着学生学业的结束而简单消失。这种影响会凝聚为学生内在品质中比较稳定的一部分，伴随学生的一生。学校是培养学生的基地，学生一批又一批地从学校输送到社会的各行各业，学生们的道德面貌如何，对社会有直接的影响，而教师的职业道德对学生们的道德面貌有着重大的、决定性的影响。

第四，教师职业道德在教育对象及教育内容上具有一定的继承性。从古到今，我国社会对教师职业道德的基本要求都是一致的，即"以身立教""为人师表"等。我国传

---

① 李春秋 . 高等学校教师职业道德修养［M］. 北京：北京师范大学出版社，2021：90-103.

② 黄正平 . 教师职业道德新编［M］. 2 版 . 南京：南京大学出版社，2019：16-18.

③ 冯益谦，谢文新 . 教师职业道德导论［M］. 武汉：华中师范大学出版社，2014：19-20.

统的教师职业道德强调的是修身为本、德教为先。党的十八大以来，立德树人成为新时代中国特色社会主义教育发展的根本任务，是检验教师职业工作的根本标准，这一任务要求实质上是对"德教为先"的优良教师职业道德传统的继承和发展。

第五，教师职业道德在职业标准及规范上具有丰富性。教师劳动以人才培养为最终目的，其本身具有道德性，能够影响与培养学生的人格。从某种程度上讲，与其他职业相比，教师职业的社会影响性更为直接，影响面也更广。一方面，国家社会对教师职业道德提出了更为具体的行业性准则与要求，如2008年9月，教育部和中国教科文卫体工会全国委员会重新修订和印发的《中小学教师职业道德规范》中明确了爱国守法、爱岗敬业、关爱学生、教书育人、为人师表、终身学习等六条关于教师职业道德规范的基本内容；另一方面，学生个体的差异性与教师自身行为的示范性也对教师职业道德提出了实质性的要求与规范。教师自身以其行为的独特性和典范性履行教师的职责与使命，这就要求教师做爱国守法的模范和学生精神成长的关爱者和守护者。

3. 教师职业道德的作用

教师职业道德是教师专业发展的关键维度，对于教师专业发展具有至关重要的现实意义。从教师职业劳动中需要处理的多重复杂的社会关系来看，教师职业道德对教育对象具有教育功能，对教师团体具有调节功能，对教师自身具有修养功能，对社会发展具有促进功能[①]。首先，教师的道德素质是教师专业素养最根本、最直接的体现。作为学生个体社会化承担者的教师，必须对学生的身心施加符合社会要求的影响。这种影响能否得以实现，主要有赖于师生之间的社会互动，对教师而言则是教师是否能被学生认可和内化，这在很大程度上取决于教师在责任感驱使下的人格魅力与职业道德的践行度。在对待工作和学生方面，教师正向的人格和职业道德品质可以使学生产生信任感，相反则会使学生产生不信任感。同时，教师高尚的职业道德会对学生的心灵和品格塑造起着潜移默化的巨大作用。教师只有具有崇高的道德、极大的热情、真诚的爱心、广阔的心胸，热爱教育事业，关心爱护每一个学生的成长，才能不折不扣地完成教育教学工作；同时，教师还是学生成长的榜样，教师只有具有崇高的职业道德，才能促进学生的道德成长。

其次，教师职业道德是其他相关专业素质结构形成和发展的基础和动力。一方面，只有教师具备高尚的职业道德、具有坚定的事业心和责任感，才有可能为教好每一个学生、传授每一份真知不断努力学习，自觉掌握科学文化知识，提高自身的素质；才有可能在自己的专业领域内不断探索和攀登，提高自己的研究能力；才能克服工作和生活中的种种困难和压力，调控自己的情绪和心态，形成稳定的心理素质。另一方面，教师职业道德本身也包含对其他标准的要求，是教师各种素质的综合表现。由于教育实践固有

---

① 檀传宝.教师伦理学专题：教育伦理范畴研究［M］.2版.北京：北京师范大学出版社，2010：12-13.

的道德属性，道德素质在教师的专业素质结构中具有独特的意义。如果把教师实践视为集服务、研究、学习于一体的专业实践，那么，教师不仅是提供教育服务的教育工作者，而且是对教育实践具有反思、批判、探究精神的专业研究者，同时还是不断接受继续教育的专业学习者。教师只有具有崇高的教育理想，献身教育的奉献精神，才有可能充分调动积极性，不断开发自身的各项素质潜能，将各方面的能力素质统一到为培养未来人才而服务的教育活动当中。

（三）高校教师职业道德

高校教师职业的高要求，源自高校教师职业的内容和目标，即以社会精英和专业性人才的培养为核心，通过教书育人和科学研究等成果推进社会的发展，这决定了社会对高校教师职业提出高要求。[①] 社会对高校教师职业提出了高要求，进而对高校教师职业道德提出了更高的要求。

1. 高校教师职业道德的内涵

高校教师职业道德是指高校教师在从事教学、科研、社会服务等职业活动的过程中所形成和遵循的、与高校教师的职业特点相适应的各种道德规范以及由此产生的道德观念、道德情感和道德品质的总和。它在道义上规定了高校教师在从事职业活动的过程中所应承担的责任、义务与使命，它从标准上明晰了高校教师遵守教师职业道德规范与失范的界限。作为教师职业道德的重要组成部分，高校教师职业道德在内涵上一方面具有教师职业道德内涵的普遍性，如在从事教育教学等活动时需遵循的道德准则和行为规范等，另一方面由于高校教师职业道德的形成与教师所从事的职业活动密切相关，其职业特点决定了高校教师在职业道德方面表现出不同于社会其他职业，尤其是除高校以外教育领域教师的特殊性。

从构成上讲，高校教师职业道德主要包含道德规范和行为准则两大方面。高校教师职业道德规范涉及高校教师具体行为的道德规范，如爱岗敬业、严谨治学等；也涉及高校师生关系中的道德规范，如热爱学生、教书育人等；还涉及高校教师人际关系中的道德规范，如谦虚谨慎、团结协作等。高校教师职业道德行为准则是高校教师在其道德行为选择过程中所需要遵守的要求。有学者指出，教师道德行为选择的模式包含义务型行为选择模式、良心型行为选择模式、价值目标型行为选择模式。[②] 在我国，高校教师道德行为选择的模式应主要是价值目标型行为选择模式，这是因为我国教育的价值目标建立在个人利益服从集体利益之上。高校教师行为选择善恶的依据就是当前我国高校教师职业道德行为的各项标准与准则，如《新时代高校教师职业行为十项准则》等。

① 余玉花.高校教师职业道德［M］.上海：华东师范大学出版社，2014：15.
② 冯益谦，谢文新.教师职业道德导论［M］.武汉：华中师范大学出版社，2014：68-69.

2. 高校教师职业道德的特点

高校教师在职业特点与要求上的特殊性决定了其在职业道德方面的特殊性，这表现为自律性强、示范性高、影响力大。[①] 具体来看，高校教师职业道德的特点主要包含以下三个方面。

第一，内容构成的复杂性。高校教师的职业道德在其内容构成上往往呈现出复杂性与多样性。由于高校教师的职业活动主要围绕着知识的发现、综合、应用以及传播展开，这使得高校教师在其职业活动中通常扮演着多重角色，如教育者、研究者、服务者等，不同的角色在其职责承担上往往也不相同，因而在职业道德的要求上也就表现出差异性。例如在教学活动中，如何对师生之间的关系进行调整与规范，就成为高校教师职业道德的主要内容。这就要求高校教师要树立正确的学生观，关心、爱护学生，始终将学生成长与发展的利益放在首位，同时也要公正地对待每一个学生，尊重学生受教育的权利。在科研活动中，高校教师职业道德发挥作用的范围主要局限在如何处理与学术共同体内部其他成员之间的关系以及对待学术的态度等方面。在科研活动中，高校教师一方面要具有崇高的学术信仰以及价值追求，另一方面，也要与学术共同体内部其他成员进行相互交流与探讨，并建立起融洽的合作关系。在社会服务方面，高校教师职业道德主要关涉到如何处理学科、学院与社会服务对象之间的关系。高校教师在扮演服务者的角色时，既要坚守学术价值的纯洁性与崇高性，保持独立思想和创新精神，也要协调好参与社会服务与从事教学和研究工作在时间上的分配。高校教师在扮演多重角色的同时，不同角色之间往往也会产生矛盾，如教学与科研之间的冲突，这就需要高校教师在其职业活动中正确处理好这些复杂的关系。

第二，对学生影响的示范性。高校教师职业道德的示范性，主要是指高校教师在从事其职业活动的过程中所表现出来的、与其职业道德相符合的行为以及道德观念和品质，对高校学生的专业学习、人格发展所产生的示范性效果。高校教师的劳动对象是有思想、有感情、有个性的高校学生群体，他们在生理和心理上都已趋向成熟，同时在思想行为特点上也表现出鲜明的特色，如价值观取向多样化，竞争意识、参与意识强烈，思想关注点呈现宽域性与分散性等。在人才培养规格上，高等学校所要培养的是适应社会发展需要的、在人格与心理上实现全面发展的高级专业人才。这就使得高校教师在参与教育教学的过程中，除应具备较为扎实的专业知识与专业技能之外，还应具备高尚的职业道德，不仅要以深厚的专业知识功底吸引学生，同时也要以高尚的人格和品德来感化学生，这样才能真正实现学生在"专业上成才"，在"精神上成人"。

高校教师职业道德的示范性主要由两个方面构成：一是精深的专业水平和严谨的治学精神对学生所产生的影响；二是高尚的道德人格以及优秀的思想品德对学生所产生的影响。其中，尤以人格和品德的影响最为深远。高尚的人格和品德会起到一种激励和感

---

① 余玉花. 高校教师职业道德［M］. 上海：华东师范大学出版社，2014：23-25.

染作用，使得学生时刻以一种积极向上的精神状态投入到专业学习与生活之中，同时也会"见贤思齐"，反身自省，自觉克服不良的思想，改正不良的言行。高校教师的育人使命，主要是通过言传身教来实现的，而在教师职业道德上所体现出的这种典范性，作为一种强有力的教育因素，对于高校学生群体来说，不啻为一种榜样和精神上的召唤。

第三，对社会影响的广泛性与深远性。高校教师的职业道德对社会影响的广泛性与深远性，主要是由高校教师作为专业人员的身份与地位所决定的。高校教师通常是所在学科领域中的专家和学者，具备深厚的专业知识和专业技能，这就使得高校教师职业道德的水平对整个社会的影响更具广泛性与深远性。一方面，高校教师通过教学与科研间接地服务于社会，其职业道德首先直接作用于学生，通过学生逐步扩展到家庭以及社会。同时，在所进行的科研活动中，高校教师所具有的学术道德，正逐步成为社会道德的一个十分重要的组成部分，并在一定程度上起着引领社会风气的作用。另一方面，高校教师在扮演社会服务者的角色时，其职业道德就会直接影响整个社会。在广泛参与社会事务的过程中，高校教师作为一个特殊群体，其职业道德的水平会对社会其他成员产生直接而又深远的影响。

二、新时代高校教师职业道德的内容与要求

2018年1月，中共中央、国务院印发《关于全面深化新时代教师队伍建设改革的意见》，这是新中国成立以来党中央出台的第一个关于加强教师队伍建设的专门文件，将教师队伍建设工作提高到前所未有的政治高度。文件要求"健全师德建设长效机制，推动师德建设常态化长效化，创新师德教育，完善师德规范，引导广大教师以德立身，以德立教，以德施教，以德育德"[①]，为全面加强新时代教师职业道德建设指明了方向。

（一）新时代高校教师职业道德的内容

根据高校教师所从事的职业活动以及承担的主要职业责任，高校教师职业道德的内容包含教育道德、教学道德、科研道德和管理道德等多个方面。2014年9月，习近平总书记在同北京师范大学师生代表座谈时指出："一个人遇到好老师是人生的幸运，一个学校拥有好老师是学校的光荣，一个民族源源不断涌现出一批又一批好老师则是民族的希望。"[②]在新时代，要想成为一名好教师，就需要具备习近平总书记所说的"四有好

---

①　中共中央国务院关于全面深化新时代教师队伍建设改革的意见［N］.人民日报，2018-02-01（1）.

②　习近平.做党和人民满意的好老师：同北京师范大学师生代表座谈时的讲话［J］.中国高等教育，2014（18）：4-7.

老师"的品质，要做好"四个引路人"，更要坚持"四个相统一"。从"四有好老师"到"四个引路人"再到"四个相统一"，是高校教师职业道德在中国特色社会主义进入新时代的具体表现。

1. "四有好老师"：教师的理想和追求

2014 年 9 月，习近平总书记在同北京师范大学师生代表座谈时指出："每个人心目中都有自己好老师的形象。做好老师，是每一个老师应该认真思考和探索的问题，也是每一个老师的理想和追求。我想，好老师没有统一的模式，可以各有千秋、各显身手，但有一些共同的、必不可少的特质。第一，做好老师，要有理想信念。第二，做好老师，要有道德情操。第三，做好老师，要有扎实学识。第四，做好老师，要有仁爱之心。"[①] 在"四有好老师"的标准品质中，有理想信念是好老师的行动导引，有道德情操是好老师的核心品质，有扎实学识是好老师的专业素质，有仁爱之心是好老师的人格力量。

"有理想信念"指的是教师要有正确的理想信念，包括为人民服务、为中国特色社会主义服务、为改革开放和社会主义现代化建设服务以及为党和人民培养社会主义事业建设者和接班人的理想信念；广大教师要始终同党和人民站在一起，自觉做中国特色社会主义的坚定信仰者和忠实实践者，忠诚于党和人民的教育事业的理想信念，也就是要为中国特色社会主义伟大事业奉献自己的力量。理想信念关乎着教师的一言一行，只有拥有坚定的理想信念的教师，才能够培养出有理想信念的学生。习近平总书记指出："人无精神则不立，国无精神则不强。"[②] 新时代的中国精神，正是被千千万万为实现中国特色社会主义共同理想和中华民族伟大复兴中国梦的筑梦者、追梦者、圆梦者所诠释的。广大教师作为筑梦者，在学生树立理想信念的过程中承担着极为重要的责任，不仅应当积极引导学生树立热爱祖国、热爱人民、热爱中国共产党的理想信念，而且还要增强学生对社会主义核心价值观的践行能力。

"有道德情操"强调的是教师教书育人的前提和基准，育人的根本在于立德，这也与我国当前把立德树人作为新时代中国特色社会主义教育发展的根本任务要求相契合。有道德情操亦是有师德，具有优良师德的教师才能以其优良的品德，高尚的人格影响学生，感染学生，才能更好地把正确的道德观传授给学生，通过率先垂范、以身作则，引导和帮助青少年学生扣好人生的第一粒扣子。有道德情操的好教师应该是以德施教、以德立身的楷模；应该是有"捧着一颗心来，不带半根草去"的奉献精神的化身；应该是忠诚与热爱并执着于教书育人这一职业的坚守者。

"有扎实学识"既是对教师基本素质的最低要求，也是教师"授业解惑"的根本保

---

① 习近平.做党和人民满意的好老师：同北京师范大学师生代表座谈时的讲话［J］.中国高等教育，2014（18）：4-7.

② 习近平.在纪念红军长征胜利 80 周年大会上的讲话［N］.人民日报，2016-10-22（2）.

障，主要包括扎实的知识功底、过硬的教学能力、勤勉的教学态度、科学的教学方法，其中知识是根本基础。教师向学生传授新知识之前必须自己先要掌握系统而全面的学科知识，尤其是随着知识更新迭代不断加速，教师要想有扎实学识必须要不断提升自我学习能力，自己所知道的必须大大超过要教给学生的范围，不仅要有胜任教学的专业知识，还要有广博的通用知识和宽阔的胸怀视野。好老师还应该是智慧型的老师，具备学习、处世、生活、育人的智慧，既授人以鱼，又授人以渔，能够在各个方面给学生以帮助和指导。

"有仁爱之心"是好教师人格魅力的重要体现，也是最易为学生所感知的。教师是否真切关爱学生，直接关系着学生个性和潜能能否得到最大程度的发挥。尊重和理解学生是教师拥有仁爱之心的首要前提，这意味着教师既要懂得尊重并理解学生的自我选择，也要尊重学生个体间的差异，要平等地对待每一位学生，为每一位学生提供参与展示的机会，以宽容和理解之心对待学生的失误和过错，以赏识的眼光看待每位学生的成长成才。在教育过程中，要做到宽严相济、循循善诱、无微不至、春风化雨，教师终将能用自己的尽心、耐心、真心感染每位学生，并成长为真正意义上的仁师。

"四有好老师"标准是对整个教师群体提出的职业道德标准与要求，立足于高校教师职业道德建设的角度，对于高校教师职业道德来说，"四有好老师"标准中最根本的内容就是要有理想信念，前提是要有道德情操，有扎实学识是基础，有仁爱之心是关键。全国优秀教师、时代楷模、"最美奋斗者"吉林大学原教授黄大年，全国优秀共产党员、"人民楷模"、河北农业大学原教授李保国，他们是新时代高校"好教师"的模范，也是践行"捧着一颗心来，不带半根草去"的"大先生"的典范。高校教师职业道德的落脚点在于广大高校教师应当自觉对照"四有好老师"标准，成为学生为学、为事、为人的示范，努力培养时代新人，真正成为堪当民族复兴大任的筑梦人。

2."四个引路人"：教师引导学生成长的方向

2016年9月，习近平总书记在北京市八一学校考察时强调："广大教师要做学生锤炼品格的引路人，做学生学习知识的引路人，做学生创新思维的引路人，做学生奉献祖国的引路人。"[①]"四个引路人"重要论述内涵丰富，从锤炼品格、学习知识、创新思维、奉献祖国四个方面为教师如何引领学生成长指明了方向。

"引路"的字面意义是引导、带领，"引路人"指的是引导者、带领者。教师成为"四个引路人"是实现立德树人的重要手段，育有德之人，需有德之师，立德树人与教师"四个引路人"互相成就。[②]

"做学生锤炼品格的引路人"凸显了教师在学生成人成才过程中注重德行培养的重

①　本报评论员.以"四有"教师为目标做好学生"引路人"[N].光明日报，2016-09-12（1）.

②　彬彬，孔凡哲.立德树人视域下教师"四个引路人"的实践路径探析[J].教育导刊，2020（5）：5-11.

要性。引导学生锤炼品格，要求高校教师通过自身的言行对学生进行品德的熏陶与训练，引导学生以积极上进、敢于拼搏、勇于奋斗、脚踏实地、自强不息的精神状态投入到学习和生活当中。

"做学生学习知识的引路人"彰显的是教师传授科学文化知识的作用。引导学生学习知识，要求高校教师不仅要将科学文化知识传授给学生，更重要的是要激发学生的学习兴趣，注重挖掘和发挥学生的学习潜能，尤其是要将如何学习科学文化知识的方法与技巧传授给学生。只有这样，学生才能更好地实现学习方式从被动学习向主动学习的根本转变，从而提升自主学习和终身学习的能力。

"做学生创新思维的引路人"突出的是教师在培养学生创新思维方面的重要作用。在信息化时代，社会实现可持续发展的不竭动力依赖于创新的推动。高校教师要将学生创新思维的培育贯穿于教育教学活动的全过程，不断转变教学观念，注重引导学生独立思考、分析和解决问题，锻炼学生的创新思维和批判性思维能力，创新教学活动方式，利用线上教学资源，拓宽学生创新思维的训练空间与领域。

"做学生奉献祖国的引路人"是高校教师实现基本职责的途径。奉献祖国的前提和基础是要热爱祖国，也就是要把个人理想同祖国前途和中华民族命运紧密联系在一起。引导学生奉献祖国，要求高校教师要注重爱国主义教育，以社会主义核心价值观引导学生努力成为社会主义事业的建设者和接班人，积极投身于爱祖国、爱中华民族的社会实践活动中，自觉抵御多元文化价值观带来的不良影响，树立正确的世界观、人生观、价值观。

"四个引路人"意味着高校教师要注重发挥在教书育人方面的引导和示范作用。正如习近平总书记在纪念红军长征胜利 80 周年大会上的讲话中所指出的，"要坚持学而信、学而思、学而行，把学习成果转化为不可撼动的理想信念，转化为正确的世界观、人生观、价值观，用理想之光照亮奋斗之路，用信仰之力开创美好未来"①。在此基础上，高校教师的"引路人"作用才能真正贯穿于学生道德品格、理论知识、创新思维和奉献意识形成与提升的全过程。

[拓展阅读]
2021 年全国教书育人楷模——郝跃：做好新时代教书育人的一颗"螺丝钉"

3."四个相统一"：高校教师职业道德的行动指南

2016 年 12 月，在全国高校思想政治工作会议上，习近平总书记指出加强师德师风建设要坚持"四个相统一"，即"坚持教书和育人相统一，坚持言传和身教相统一，坚持潜心问道和关注社会相统一，坚持学术自由和学术规范相统一"②。

---

① 习近平.在纪念红军长征胜利 80 周年大会上的讲话［N］.人民日报，2016-10-22（2）.
② 习近平在全国高校思想政治工作会议上强调：把思想政治工作贯穿教育教学全过程 开创我国高等教育事业发展新局面［J］.实践（思想理论版），2017（2）：30-31.

坚持教书和育人相统一，是高校教师的职业使命。教书，要求教师要潜心教学，严谨治学，不断提升自身的教学水平；育人，强调教师要将德育置于育人的首要位置，坚持以德育为主导，在教书中育人，在育人中教书。

坚持言传和身教相统一，是高校教师的职业操守。身教，要求教师以身示范，自觉规范自己的言行举止，注重身教与言行保持一致，教师通过垂身示范，以高尚的人格魅力潜移默化地感染学生。

坚持潜心问道和关注社会相统一，是高校教师的职业素养。教师之"道"应当是一种精神信念，"潜心问道"强调教师应当坚持学习之道与专业之道相结合，在博学多识、刻苦钻研的同时还应深耕专业，精益求精，履践致远。高校教师通过潜心问道实现人生自我价值，关注社会则成为其实现人生社会价值的重要途径。正所谓"先天下之忧而忧，后天下之乐而乐"，坚持关注社会要求高校教师不仅要关注人类社会生活发展的普遍规律，而且要在社会实践中提升自我的学习之道与专业之道。为师者垂范立德的前提应当是"以天下为己任"，始终将国家的、人民的、社会的利益置于首位，坚持以集体利益为重，坚持以关注社会为先，在坚持潜心问道和关注社会的统一中实现人生自我价值与社会价值的统一。

坚持学术自由和学术规范相统一，是教师的职业学术规范。高校担负着文化传承与创新的责任，学术文化是高校文化建设的核心，学术自由与学术规范是高校进行学术文化活动的基础，更是高校教师有效治学的前提。学术自由不是无限制、无边界的，它需要遵循学术规范的要求。学术自由与学术规范相统一，要求高校教师既要有追求并坚守学术自由的精神，也要有严守学术规范底线的认识和行动，特别是在学术活动中，要秉持实事求是、严谨规范的态度，坚决杜绝学术道德失范现象的发生。

"四个相统一"是高校教师在教学道德与科研道德方面应坚持的行动指南。"坚持教书和育人相统一""坚持言传和身教相统一"是对高校教师教学道德的要求；"坚持潜心问道和关注社会相统一""坚持学术自由和学术规范相统一"是对高校教师科研道德的要求。如果说"四有好老师"是高校教师职业道德建设的基础，"四个引路人"是高校教师职业道德建设的目标，那么"四个相统一"则为高校教师职业道德建设提供了可行的路径。

（二）高校教师职业道德的时代要求

高校教师职业道德随着时代的发展而不断发展，时代赋予了高校教师职业道德的新要求与新期待，特别是我国进入了中国特色社会主义新时代以后，尤为重视高校教师职业道德建设与师德师风建设。2014年9月，《教育部关于建立健全高校师德建设长效机制的意见》的出台为如何大力加强和改进高校师德建设，建立健全高校师德建设长效机制指明了方向。文件强调，要"将师德教育摆在高校教师培养首位，贯穿高校教师职业生涯全过程"[①]。新时代对高校教师职业道德的要求正是贯彻落实文件要求的重要举措。

1. 遵循职业道德规范：《高校教师职业道德规范》

《教育部关于建立健全高校师德建设长效机制的意见》指出建立健全高校师德建设长效机制的主要举措之一是"加强师德宣传，培育重德养德良好风尚。把握正确舆论导向，坚持师德宣传制度化、常态化，将师德宣传作为高校宣传思想工作的重要组成部分。系统宣讲《教育法》《高等教育法》《教师法》和教育规划纲要等法规文件中有关师德的要求，宣传普及《高校教师职业道德规范》"[②]。

2011年12月，教育部、中国教科文卫体工会全国委员会印发了《高等学校教师职业道德规范》（以下简称《规范》），并就贯彻落实《规范》有关工作发出通知。《规范》依据高校教师的职业特点及其职业道德建设的现实需求，从"爱国守法""敬业爱生""教书育人""严谨治学""服务社会""为人师表"六个方面首次对高校教师的政治道德、职业责任、教育教学道德、学术道德、社会服务道德和人际道德等提出了要求。爱国守法既是对每个公民的基本道德要求，也是对高校教师的政治道德要求；敬业爱生是对高校教师的基本要求；高校教师职业道德的核心内容是教书育人，这也是对高校教师教育教学道德的高度概括；高校教师在学术道德方面的要求是严谨治学；服务社会体现了高校教师在处理社会活动关系时的社会道德要求；为人师表是高校教师受到社会尊重的总体道德表征。

［拓展阅读］教育部　中国教科文卫体工会全国委员会关于印发《高等学校教师职业道德规范》的通知

2. 遵守职业行为准则：《新时代高校教师职业行为十项准则》

2018年11月，教育部印发的《新时代高校教师职业行为十项准则》（以下简称《准则》），明确了新时代高校教师的职业行为规范，进一步加强师德师风建设。师德师风是评价高校教师队伍素质的第一标准，《准则》是高校教师职业行为的基本规范，其主要内容包含了"坚定政治方向""自觉爱国守法""传播优秀文化""潜心教书育人""关心爱护学生""坚持言行雅正""遵守学术规范""秉持公平诚信""坚守廉洁自律""积极奉献社会十项准则。这是广大高校教师从事教师职业工作的最低要求，与《新时代中小学职业行为十项准则》《新时代幼儿园教师职业行为十项准则》相比，除了"坚定政治方向""自觉爱国守法""传播优秀文化"等是共性要求外，《准则》对高校教师如何教书育人、关心爱护学生、遵守学术规范及廉洁自律等方面作出了具体规定，它

---

① 教育部关于建立健全高校师德建设长效机制的意见［J］.中华人民共和国国务院公报，2015（5）：71-74.

② 教育部关于建立健全高校师德建设长效机制的意见［J］.中华人民共和国国务院公报，2015（5）：71-74.

是对《高校教师职业道德规范》的丰富与发展，也为高校教师严格自我约束、规范职业行为、加强自我修养提供了基本遵循。

3. 守住教书育人底线：《关于高校教师师德失范行为处理的指导意见》

高校教师守住教书育人底线的关键点就在于要以德立身、以德立学、以德施教，以德育德，以德来规范自己的职业行为，坚决杜绝师德失范行为。2018 年 11 月，教育部出台《关于高校教师师德失范行为处理的指导意见》。其中明确指出，高校教师要加强师德修养，对高校教师师德失范行为实行"一票否决"，高校要建立健全师德失范行为受理与调查处理机制，指定或设立专门组织负责。有学者指出，高校师德问题产生的原因是多方面的，既有社会环境消极因素的影响，如市场经济的负面影响，不良社会风气的侵蚀，高校扩招引发的矛盾等，也有高校师德建设工作乏力带来的高校师德建设领导制度、高校师德考评制度、师德教育制度不完善以及高校师德建设的监督和激励机制乏力，还有高校少数教师不重视自身师德修养等。[①] 面对新时代的新形势，高校教师队伍建设应始终把师德师风建设放在首位，不断健全师德师风建设长效机制，实现师德师风建设常态化。

三、高校教师职业道德的功能

作为社会道德的重要组成部分，高校教师职业道德在本质上同样是作为由一定社会的经济关系所决定的特殊意识形态，并受到社会的一般道德以及学校教育制度、教育目的等方面内容的制约，但同时高校教师职业道德又具有相对独立性和能动性，对高等教育活动以及社会生活产生巨大的能动作用。具体而言，高校教师职业道德的功能与作用主要体现在如下四个方面。

（一）在教育教学活动中的功能与作用

高等学校培养人才这一职能的发挥，主要是通过高校教师的教育教学活动实现的。在教育教学过程中，教师与学生、学校和社会之间必然会形成各种复杂的关系，甚至产生矛盾和冲突，这就需要教师职业道德对各种关系进行规范与调整，以保障教育教学活动的正常进行。高校教师职业道德首先就表现为对教育教学活动的促进作用，主要通过影响教师与学生的精神状态与思想品质加以实现。一方面，对于高校教师来说，良好的职业道德有利于调动高校教师工作的积极性，促使高校教师不断提升专业知识与技能，改善教学方法，从而提高教育教学质量；同时也有利于教师形成正确的学生观、教学观与教育观，正确处理自身与学生、家庭以及学校之间的利益关系，平等地对待每一个学

---

① 何祥林，黄吴静，徐丽．教师为本　师德为魂：关于当前我国高校师德建设现状的调研报告（下）[J]．学校党建与思想教育，2010（28）：68-71.

生，始终将学生的利益放在第一位。另一方面，对于学生来说，高校教师良好的职业道德对于学生的身心发展具有激励、导向和感染作用，它能引导学生形成正确的世界观、人生观和价值观，自觉承担自己对家庭、对他人、对社会所应尽的责任与义务，自主选择行为方式和生活道路，时刻以一种健康的、积极向上的精神状态投入到学习与生活之中；同时，高校教师良好的职业道德对学生具有一种强烈的示范作用，使学生能够从中受到感染与教育，从而提升道德认识，升华道德情感，强化道德意志，养成良好的道德品质，实现人格和心理的全面发展。由此可知，高校教师良好的职业道德有利于促进和保障教育教学活动的正常进行，高等学校育人使命的真正达成离不开高校教师良好职业道德作用的发挥。

（二）在科研和社会服务活动中的功能与作用

在从事科学研究以及为社会服务的过程中，现代高校教师需要扮演研究者与服务者的角色，为了保证高校教师有效履行科研和服务职责，就需要在高校教师的科研与服务活动所形成的各种职业关系中确立一种明确的秩序，这就涉及高校教师的职业道德问题。高校教师作为一种学术职业，无论是在其科学研究还是在社会服务的活动中，所表现出的道德问题主要是在学术道德方面，同时它也是高校教师职业道德的一个主要构成部分。坚持真理和科学精神、尊重他人的研究成果、不滥用学术权力，这是学术道德的基本要求。学术道德的水平对高校教师科研以及服务活动职责的有效履行有着十分重要的影响。在科学研究的过程中，良好的职业道德有利于引导高校教师形成严谨的治学态度，崇高的学术追求以及忠于学术的精神；同时，也有利于高校教师正确处理自身与教师同行以及其他学术共同体成员之间的关系，做到相互沟通、相互合作，共同推动科学事业的发展；在为社会服务的过程中，良好的职业道德有利于激励高校教师坚守学术的高尚性与纯洁性，正确处理校外专业服务与校内本职工作之间的关系，坚决维护学生以及学校的利益；同时，在将理论作用于实践的过程中，良好的职业道德也有利于引导高校教师关注实践中所存在的问题，并积极寻求问题解决的方法，从而在问题探究的过程中发现知识、创新知识。

（三）在高校教师道德人格发展中的功能与作用

高校教师在社会生活中通常扮演着多重角色，但作为学术职业人员的角色则是其最重要的社会身份之一，尤其是在当今日趋专业化的社会中，学术职业活动构成了高校教师生活中最主要的活动之一，它占据着高校教师大部分的生活时间和空间。因而，高校教师职业道德不仅与高校教师所从事的特殊职业活动密切相关，同时也与作为一般个体存在的高校教师发生着最直接、最经常的联系，对其自身人格的发展与完善以及道德品质的形成产生着重要的影响。高校教师的职业道德与其所具备的一般道德之间是相互联系、相互促进的关系，一方面，高校教师的职业道德是其一般道德的重要组成部分，良好的职业道德有利于促进其一般道德的发展与完善；另一方面，高校教师所具备的一般道德又是提升和增强其职业道德的基础，一般道德的提升有利于增强高校教师对其职业道德的认知能力与行动能力。高校教师的职业道德在高校教师一般道德人格发展与完善过程中的促进作用，主要表现在以下三个方面：第一，高校教师的职业道德有利于引导高校教师正确处理职业生活以及日常生活中的各种关系，形成明确的处事和行为准则，否则不仅会影响到其职业活动的展开，而且会影响到其日常生活的质量；第二，高校教师的职业道德能够促进高校教师自律精神的培养与发扬，作为一种非权力强制的手段，道德功能的实现离不开行为主体的自律精神，高校教师职业道德水平的提升，有利于增强高校教师的道德认知能力以及自律精神，促进其一般道德水平的提升；第三，高校教师的职业道德是高校教师追求自我完善的内在动力，职业道德会直接影响到高校教师对生活目标的确立以及人生道路的选择，从而形成不同的职业理想与道德理想，良好的职业道德有利于高校教师确立崇高的学术理想与价值追求，并不断追求自我实现。

（四）在良好社会道德风尚形成中的功能与作用

作为调整职业活动中各种关系的道德规范和行为准则，职业道德主要依据的还是社会所普遍认可的、形成共性的道德观念和规范，并在共同原则和基本精神上表现出社会公共性的特征，各从业人员的职业道德也就不可避免地成为社会道德的主要构成部分。由此，职业道德在社会道德风尚的培育过程中发挥着举足轻重的作用。作为社会职业道德的一个重要组成部分，高校教师的职业道德因其自身所具有的典范性与深远性等特点，而对整个社会道德风尚的培育产生着特殊的影响。高校教师一般享有较高的社会期待，其职业道德往往会对社会其他成员产生较强的示范性效应，并在一定程度上起着引领社会道德风气的作用。高校教师严谨的学风、实事求是的治学态度、高度的社会责任感、崇高的职业理想与价值追求以及对教育事业的献身精神，会对健康、积极向上的社会道德风尚的培育产生示范性与导向性的作用。高校教师的职业道德，一方面可以通过高校教师从事教学以及科学研究工作而间接地作用于社会的道德风尚，另一方面，也可以通过高校教师参与社会服务而直接地作用于社会的道德风尚。具体来说，高校教师职业道德影响社会道德风尚的方式有如下三种：第一，高校教师通过履行培养专业人才的职责，而使其职业道德对社会产生广泛而深远的影响，高校教师的职业道德可以直接作用于学生，进而广泛传播到社会生活的各个层面；第二，高校教师通过直接参与社会事务，而使其职业道德直接作用于社会，在参与社会事务的过程中，作为拥有较高职业声誉的高校教师，其高尚的职业道德会对其他社会成员产生直接而广泛的影响；第三，高校教师所拥有的职业道德同时还会对其家庭及所在社区产生重要影响。高校教师的职业道德是影响高校教师一般道德水平的重要因素，对高校教师道德理想、道德情操的培育有着重要作用，这使得高校教师在日常生活中往往表现出一些特有的行为方式和精神风貌，这必然会对其家庭成员以及所在社区产生相应的影响。

【本章小结】

本章主要从总体上探讨了高等学校的职能、高校教师的职业责任以及高校教师的职业道德等问题。培养人才、发展科学以及为社会服务通常被视为高等学校的三项基本职能。高校教师的职业责任依托于高校教师职业以及高等学校的职能定位，基于高校教师职业的特点，可以将高校教师的职业角色概括为两种类型，即学术性角色和社会角色。高校教师职业道德是指高校教师在从事教学、科研、社会服务等职业活动的过程中所形成和遵循的，与高校教师的职业特点相适应的各种道德规范，以及由此产生的道德观念、道德情感和道德品质的总和。高校教师职业道德的特殊性体现在内容构成的复杂性、对学生影响的示范性、对社会影响的深远性等方面。只有全面把握新时代高校教师职业道德的内容与要求，才能更好地发挥高校教师职业道德在教育教学、科研和社会服务等活动中，以及在高校教师道德人格发展与良好的社会道德风尚形成中的功能与作用。

【反思·实践·探究】

1. 高等学校的三大职能指的是什么？

2. 高校教师职业有哪些特点？

3. 高校教师承担的职业责任有哪些？

4. 高校教师职业道德有哪些特点？

5. 新时代高校教师职业道德的内容表现在哪些方面？

【推荐阅读】

1. 杨德广.高等教育学概论［M］.修订版.上海：华东师范大学出版社，2010.

2. 涂尔干.职业伦理与公民道德［M］.渠敬东，译.王楠，校.北京：商务印书馆，2017.

3. 檀传宝，等.走向新师德：师德现状与教师专业道德建设研究［M］.北京：北京师范大学出版社，2009.

4. 周洪宇.中国好教师：习近平总书记"四有"好老师讲话解读［M］.武汉：湖北科学技术出版社，2015.

5. 李立国.由学术群体到职业群体：现代大学教师的组织变革［J］.国家教育行政学院学报，2014（10）：3-7.

6. 王楠.美国大学社会服务职能演进与转型［J］.高等工程教育研究，2022（1）：188-193.

7. 付八军. 学术创业：大学教师的职业属性：学术职业属性论［J］. 教育发展研究，2021，41（7）：77-84.

8. 陈武元，李广平. 大学转型发展与人才培养转型［J］. 中国高教研究，2021（10）：36-42.

9. 李晶，刘晓玫. 论教师"传道"思想在新时代的发展：以习近平总书记"四有"好老师和"四个引路人"重要论述为指引［J］. 教育理论与实践，2021，41（1）：36-40.

10. 韩喜平，李帅. 习近平关于新时代教师职业重要论述的价值意蕴［J］. 福建师范大学学报（哲学社会科学版），2020（1）：9-16.

第二章　高校教师的教育道德

【知识导图】

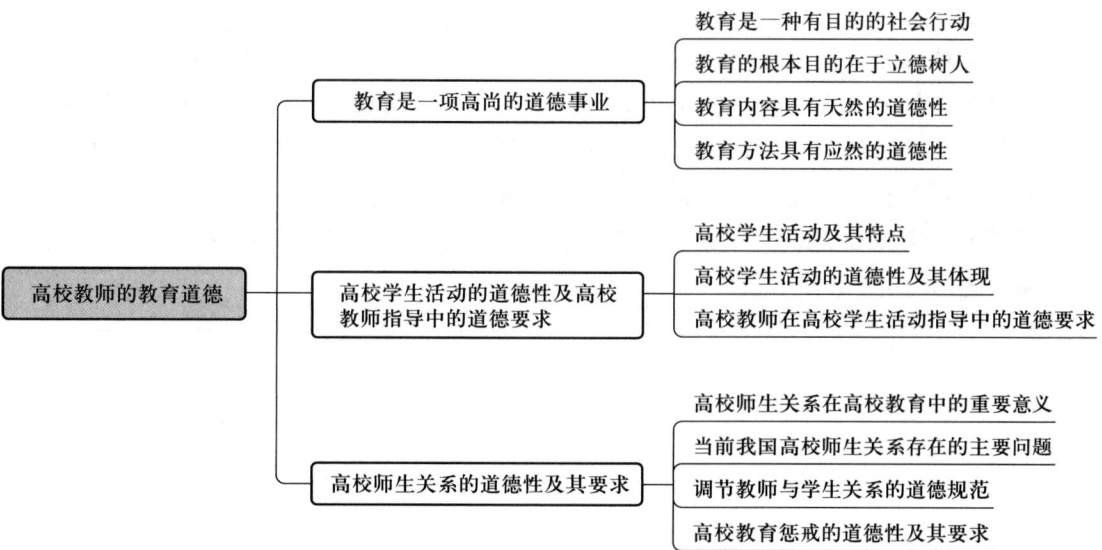

高校教师的教育道德
- 教育是一项高尚的道德事业
  - 教育是一种有目的的社会行动
  - 教育的根本目的在于立德树人
  - 教育内容具有天然的道德性
  - 教育方法具有应然的道德性
- 高校学生活动的道德性及高校教师指导中的道德要求
  - 高校学生活动及其特点
  - 高校学生活动的道德性及其体现
  - 高校教师在高校学生活动指导中的道德要求
- 高校师生关系的道德性及其要求
  - 高校师生关系在高校教育中的重要意义
  - 当前我国高校师生关系存在的主要问题
  - 调节教师与学生关系的道德规范
  - 高校教育惩戒的道德性及其要求

高校教师的教育道德是高校教师在教学、科研、管理、社会服务和日常生活中如何教育学生、如何与学生交往方面的道德。高校教师的教育道德是高校教师职业道德的核心内容，直接影响着高校学生世界观、人生观、价值观的养成，决定着我国高校人才培养的质量。加强高校教师教育道德建设，对于全面提高我国高等教育质量，培养中国特色社会主义事业建设者和接班人具有重大而深远的意义。

第一节　教育是一项高尚的道德事业

对于教育的性质或属性，人们有不同的认识，但教育具有道德性是一个普遍被公众认同和接受的观点。教育道德不仅是衡量教师专业发展的标准，更是对教师的职业道德要求。教育作为一种培养人的社会活动，本身就是一种具有道德性的事业。

一、教育是一种有目的的社会行动

行动有三层含义：行走，走动；指为实现某种意图而具体地进行活动；行为，举动。[①] 行动的特征在于，它对于行动者具有一种含义、一种意义或一个目标。[②] 教育是一种社会行动，目的的确定性以及"最低限度的意识性"是教育的基本特征，一些本能行为、仅仅导致外部行为改变的机械训练（例如哺乳、饮食、治病、护理等）不能称为教育。

教育行为始终是达到某种目标的手段，它是为了某种目标起见而进行的。[③] 被称为"教育"的诸行动，是社会的（与周围的人们相关的）行动。马克斯·韦伯将"社会的"行动理解为这样一种行动："根据行动者或行动者们所认为的行动的意向，它关联着别人的举止，并在行动的过程中以此为取向。"[④] 社会行动是一种特殊类型的行动，它以其具有一种特定的意图而与其他类型的行动相区别。它有意识地与他人发生联系，并有意按照"他人过去、现在和将来所期望的行为来调整自己"[⑤]。有研究者借助社会互动的特征给教育下定义，认为教育是"发生在两个或更多人之间的一种事件，是一种人们之间的社会互动。其独特和根本目的，就在于促使个体行为和经历的改变""教育事变就是社会互动，其目的在于控制和转变行为""教育是社会互动的一种特殊形式""将教育定义为一种'社会互动的过程'"[⑥]。但是，如果仅仅把教育限于社会互动方面，就可能会

---

① 中国社会科学院语言研究所词典编辑室.现代汉语词典［M］.7版.北京：商务印书馆，2016：1465.

② 沃尔夫冈·布列钦卡.教育科学的基本概念：分析、批判和建议［M］.胡劲松，译.上海：华东师范大学出版社，2001：56-57.

③ W.布雷岑卡，李其龙.教育学知识的哲学：分析、批判、建议［J］.华东师范大学学报（教育科学版），1995（4）：1-14.

④ 马克斯·韦伯.经济与社会：上［M］.林荣远，译.北京：商务出版社，1997：40.

⑤ 沃尔夫冈·布列钦卡.教育科学的基本概念：分析、批判和建议［M］.胡劲松，译.上海：华东师范大学出版社，2001：59.

⑥ 沃尔夫冈·布列钦卡.教育科学的基本概念：分析、批判和建议［M］.胡劲松，译.上海：华东师范大学出版社，2001：60.

出现错误，因为在社会互动中，行动者所追求的相互协调和对话，不仅需要其控制自己的行动，而且需要关注对方的行动。至于对方的行为是否发生了改变，怎样改变，朝着什么方向改变，则不是行动者所希望控制的。

教育者首先关心的是，根据其教育目的，行动者的行动在特定情况下对受教育者产生了什么影响，或者可以产生什么影响。教育者会试图改变对方，使对方朝着自己的意向发生改变。教育者应该把自己的意向，如动机、自我意识、主观认识或思想以及目标设定等，也看作是教育的特征。也就是说，尽管教育行动和社会互动都属于社会行动，但教育行动追求的是对方的改变，但在实际过程中，对方不一定发生改变，社会互动并不追求对方的改变，但在互动过程中也可能会带来对方的改变，所以教育行动和社会互动有交叉关系，但不是包含关系。

二、教育的根本目的在于立德树人

教育作为一种特殊的社会实践活动，区别于其他社会活动的特殊性就在于教育的育人属性。党的十八大以来，党和国家高度重视立德树人在教育中的重要地位和作用，多次强调要坚持把立德树人作为教育的根本任务，培养德智体美劳全面发展的社会主义建设者和接班人。2016年9月，习近平总书记在北京市八一学校考察时指出，基础教育是立德树人的事业，要旗帜鲜明加强思想政治教育、品德教育，加强社会主义核心价值观教育，引导学生自尊自信自立自强。[①]2016年12月，习近平总书记在全国高校思想政治工作会议上进一步强调，高校立身之本在于立德树人。[②]2014年5月，习近平总书记在北京大学师生座谈会上指出，人才培养一定是育人和育才相统一的过程，而育人是本。人无德不立，育人的根本在于立德。[③]2018年9月，习近平总书记在全国教育大会上要求，要把立德树人融入思想道德教育、文化知识教育、社会实践教育各环节，贯穿基础教育、职业教育、高等教育各领域。[④]由此可见，立德树人是我国教育的根本任务，也是教育的根本目的。

（一）立德：提升人的精神境界

"德"是国家富强和民族复兴的精神力量和价值支撑，也是中华民族崇高精神境界

① 习近平：全面贯彻落实党的教育方针　努力把我国基础教育越办越好［J］.紫光阁，2016（10）：7.

② 习近平在全国高校思想政治工作会议上强调：把思想政治工作贯穿教育教学全过程　开创我国高等教育事业发展新局面［J］.实践（思想理论版），2017（2）：30-31.

③ 习近平.青年要自觉践行社会主义核心价值观［N］.人民日报，2014-05-05（2）.

④ 坚持中国特色社会主义教育发展道路，培养德智体美劳全面发展的社会主义建设者和接班人［J］.新教育，2018（28）：4-6.

的美好追求。"实现中华民族伟大复兴的中国梦，物质财富要极大丰富，精神财富也要极大丰富。"①"德"作为一种宝贵的精神财富，具有规范社会行为、维护社会秩序、引领社会风尚的重要作用。2014年5月，习近平总书记在北京大学师生座谈会上指出，要立志报效祖国、服务人民，这是大德，养大德者方可成大业。同时，还得从做好小事、管好小节开始起步，"见善则迁，有过则改"，踏踏实实修好公德、私德。②"人而无德，行之不远。没有良好的道德品质和思想修养，即使有丰富的知识，高深的学问，也难成大器。"③

我国早在春秋时期的《左传》中就出现了"立德"的思想："太上有立德，其次有立功，其次有立言，虽久不废，此之谓不朽。"意思是，如果一个人想要到达人生的最高境界，首先要树立高尚的道德志趣、实现崇高的道德理想；其次要建功立业；最后要实现思想的理论化和系统化，并著书立说。由此可见，"立德"是"立功"和"立言"的前提和基础，也是个体应当努力追求的最高境界。在中国特色社会主义建设新时代，强调将"立德树人"作为教育的根本任务，在某种意义上就是要求学校不仅要向学生传授知识，培养学生的学习能力，更要帮助学生树立崇高的理想信念，形成良好的道德品质，提升学生的精神境界。

尽管在不同时代、不同性质的社会背景下，"德"的内涵与作用都不尽相同，但是教育的"立德"宗旨是一以贯之的。正如苏霍姆林斯基所说的那样，"学校应当成为一个道德丰富的——即在每一个人的行为中，在人们的相互关系中，都有共产主义的道德、有向往和有激情的——炽烈地燃烧着的策源地"④。当前我国社会强调的"立德"意指树立符合我国当前国情、融合我国社会主义核心价值观和中华传统美德的社会主义之"德"。党的十九大报告中指出，"青年一代有理想、有本领、有担当，国家就有前途，民族就有希望"⑤。2014年5月，习近平总书记在北京大学师生座谈会上的讲话中指出："核心价值观，其实就是一种德，既是个人的德，也是一种大德，就是国家的德、社会的德。"⑥在新时代的教育背景下，推进立德树人工作，就是要"明大德、守公德、严私德"，做好培育和践行社会主义核心价值观的工作。用社会主义核心价值观凝魂聚力，更好构筑中国精神、中国价值、中国力量，为中国特色社会主义事业提供源源不断的精

①　习近平.习近平谈治国理政：第2卷［M］.北京：外文出版社，2017：323.

②　习近平.青年要自觉践行社会主义核心价值观［N］.人民日报，2014-05-05（2）.

③　习近平.干在实处走在前列：推进浙江新发展的思考与实践［M］.北京：中共中央党校出版社，2016：304.

④　瓦·阿·苏霍姆林斯基.给教师的建议［M］.修订版.杜殿坤，编译.北京：教育科学出版社，1984：362.

⑤　习近平.决胜全面建成小康社会　夺取新时代中国特色社会主义伟大胜利：在中国共产党第十九次全国代表大会上的报告［J］.思想政治工作研究，2017（11）：33-52.

⑥　习近平.青年要自觉践行社会主义核心价值观［N］.人民日报，2014-05-05（2）.

神动力和道德滋养。①

（二）树人：提升人的人格素质

教育是指人通过它试图从某种角度不断改善另一些人的心理素质结构，或者使他们获得各种重要能力和防止不良倾向产生的行为。② "教育"作为一种社会行动，以提升他人人格的意图为特征。教育目的可以看作是给受教育者设定某个特定人格的应然状态，即一种被设定的受教育者应该达到的素质结构；除此之外，教育目的也可以看作是一种被设定的受教育者应该达到的学习结果。

教育的重要目的就是在规模不等的范围内改变受教育者的素质结构，在他人身上创造新的素质，改变或保留其现有人格结构中有价值的部分，以及避免消极特征的产生。这包括以下三层意思：第一，人们想要扩充、加强、稳固或区分现有的（先天具有的或后天养成的）各种素质；第二，人们想要在现有的一般素质（如学习能力）或者专业素质基础上创造、引发或生产出目前还不存在的素质；第三，人们想要克服、消除、解除或削弱那些现有的素质中有害的部分或者限制其影响。③

在新时代背景下，发展中国特色社会主义教育要始终坚持社会主义办学方向，以凝聚人心、完善人格、开发人力、培育人才、造福人民为工作目标，我国教育"树人"的目的本质上是培养个性自由全面发展的人，培养担当民族复兴大任的时代新人，培养德智体美劳全面发展的社会主义建设者和接班人。

三、教育内容具有天然的道德性

人总是在一定的社会关系中生存和发展，为了维护劳动、工作的正常进行和社会生活的稳定，人们必须对相互之间以及人与自然之间的关系进行必要的调节，对个人的行为进行必要的约束。道德便是调节、约束的重要手段，也是人们为人处世的行为准则。一方面教育传承着人类积累的文明成果，赋予人们知识、技能，甚至促使人们创造新的知识，帮助人们更好地认识客观世界、生存于自然之中，调节人类社会与自然的关系；另一方面，教育对于人的德性、意志和精神具有规范、导向和化育作用，它调节着人与人之间的行为关系，保持社会的稳定和发展。由此可见，教育内容具有天然的道德性。

---

① 本刊讯.习近平对全国道德模范表彰活动作出重要批示［J］.雷锋，2015（5）：4.

② W.布雷岑卡，李其龙.教育学知识的哲学：分析、批判、建议［J］.华东师范大学学报（教育科学版），1995（4）：1-14.

③ 沃尔夫冈·布列钦卡.教育科学的基本概念：分析、批判和建议［M］.胡劲松，译.上海：华东师范大学出版社，2001：66-67.

（一）教育内容符合人类生活的伦理需要

教育是随着人类社会的发展而产生的，它以代际的言传身教实现生活技能的传递、生存资料的收集与生产、人类的繁衍等，即使是最原始的教育，也含有人际交往的伦理关爱和伦理希望。正是基于这种伦理需要，才使得教育成为了人类所特有的文化活动，用以保存文明、传承文明、创造文明。除此之外，由于教育存在于人类的社会活动之中，教育内容并不是孤立存在的，它是人类劳动实践的产物、社会关系的凝结、人们自我意识的升华，其中反映了人与自然、人与社会、人与人和人与自身之间的伦理关系。不同的历史阶段总会提出与此段历史时期匹配的、符合其时代要求、体现其主流价值、彰显其政治利益的教育内容，从而维护不同时期人类社会的各种伦理关系。因此，教育内容不可避免地要面对维护人类社会各种伦理关系的需要，例如统治阶级、民众的伦理期望，人与自然和平共处的伦理认知等。

（二）教育内容对人的发展具有积极价值

道德通常以行动的善恶为评判标准，具有向善的价值导向。而教育往往也暗含使人向善之意，通过一定的道德准则和教育标准评价、制约以及引导人的行为和发展。在多数情况下，教育意味着有意对人施加积极的影响，那些会对受教育者带来消极影响的活动很多时候不会被称为"教育"。具有善的意图或道德的目的、包含有价值的内容、产生有益的影响的"教"，才能称得上是"教育"。受教育者往往能够根据教育的目标内容和标准内容审查、自省，从而促使自己努力达到正向积极的向善的价值目标。[①]

四、教育方法具有应然的道德性

正确地运用各种教育方法，对提高教学质量，实现教育目的，完成教育任务具有重要的意义。教育者选择实施教育的方法往往来源于人类长期积累的教育经验、教育中关于人的基本伦理信念以及师生在教育过程中的尝试体验。

（一）教育方法具有经验性

教育方法是教育的客观规律和原则的反映和具体体现。客观规律是自然界和社会各种现象之间必然、本质、稳定和反复出现的关系，原则是指经过长期经验总结所得出的合理化的现象。客观规律大多是受日常现象启发和在大量的实验中被发现的，并经过长期的实验、经验总结进而衍生出的科学方法。同样，教育规律和教育原则也是在日常生活的教育现象中受到启发，并经过一些教育实验或经验总结出来，进而形成教育方法。

---

①　黄向阳.德育原理［M］.上海：华东师范大学出版社，2000：22-23.

某种意义上，也可以理解为，基于教育规律和教育原则的教育方法是建立在大量的教育现象分析、教育经验总结的基础上的。因此教育方法是基于经验的产物。教育者在进行教育时，通常需要提前了解一些教育知识，各种规范性信念等，教育方法理论最原始的形态和经验体系。而经验与道德有着紧密的关系，道德是人类在实践经验中的情感升华，是被约定俗成的经验认知。教育经验不同于针对客观事物的科学实验，教育经验是有关人的情感、人的认知、人的交往等方面的经验，因此基于教育经验的教育方法也具有道德性。

（二）教育方法具有人伦性

教育方法通常是指在一定的教育思想指导下形成的、实现其教育思想的策略性途径。教育的本质是培养人，从教育的本质意义来看，教育方法的整体取向必须坚持以人为核心的基本伦理原则，任何教育的方式方法都应充分尊重受教育者的人性发展。教育方法的人伦性主要体现为教育方法在教育活动中对教师、学生、教育内容之间的伦理关系的协调。一方面，教育作为育人的活动，教师通常需要根据具体的教育情境灵活选择适合的教育方法，以启发学生的道德认知、道德情感，促进师生双向道德关系的生成，引导学生正确处理人与人之间的伦理关系，进而使学生"成人"；另一方面，教育作为传授知识的活动，教学方法需要遵循一定的人伦规则和知识伦理，才能由己即彼、由易到难、由简到繁地培养出学生的理智德性。

（三）教育方法具有尝试性

教育实际上是一种行动者以此尝试改善受教育者人格的行动（也包括在其身上保留那些已经获得的特定素质），或者说是一种旨在改变受教育者的心理素质结构或者（在一定条件下）保留其相关组成部分的尝试。至于行动者的行动对受教育者是否产生了影响，在发出行动的这一刻还是未知数。即使受教育者的确发生了改变，也不能肯定就是教育者的行为带来的，他是否使受教育者朝着所期望的方向改变，或者仅仅朝着任何一个此前根本无意于此甚至极力避免的其他方向改变，这些都是不确定的①。尝试并不一定都会取得成功，因为一种尝试的成果取决于其自身之外的许多因素。然而，正是由于教育本身就包含了尝试，因而可以进行不同教育方法的尝试，从而找到最适合受教育者自身特色的教育方法，这对于克服划一性教学问题，实施差异化教学，促进个性化教育具有重要的意义。

总之，教育是人们尝试在任意方面提升他人人格的行动；教育的根本目的在于立德树人；教育内容总是符合人类生活的伦理需要，是积极、有益、有价值的；教育方法是

---

① 沃尔夫冈·布列钦卡.教育科学的基本概念：分析、批判和建议［M］.胡劲松，译.上海：华东师范大学出版社，2001：69.

基于道德而形成的，是人类将长期积累的文明知识、道德信念与代际传递经验相结合，并在师生的尝试性互动中得以确证或修正而形成的，因此教育天然具有道德属性。

第二节　高校学生活动的道德性及高校教师指导中的道德要求

高校的学生活动是一种把科学知识和社会意识结合起来的综合实践教育，是高校学生发展个性、培养特长、锻炼能力的有效手段，对其价值观和社会责任感的形成具有重要作用。习近平总书记指出："社会实践、社会活动以及校内各类学生社团活动是学生的第二课堂，对拓展学生眼界和能力、充实学生社会体验和丰富学生生活十分有益。"[1] 高校教师积极引导学生参加各项活动，有利于高校建构活动协同育人机制，落实新时代教育立德树人的根本任务。

一、高校学生活动及其特点

（一）活动的基本内涵

"活动"是活动理论中的一个核心概念，"活动理论"也叫"文化—历史活动理论"，它作为"一种研究不同形式人类活动的哲学，横跨学科的理论框架"[2]，综合了理解人类行为的多种学术领域，发展出超越了"个体"与"环境"二元论的"活动"概念。活动理论起源于康德与黑格尔的古典德国哲学和维果茨基、列昂捷夫等苏联心理学家社会文化学派的理论，特别是采用了马克思辩证唯物主义哲学中关于活动与意识动态联系的观点。活动理论认为，有意识的学习和活动完全是相互作用、相互依赖的，活动不能在没有意识的情况下发生，意识也不能产生于活动的范围之外。活动理论强调活动在知识技能内化过程中的中介作用。

活动系统一般包含主体、客体、共同体、工具、规定和劳动分工六个要素。苏联心理学范畴中的活动是"主体与客观世界的交互作用的过程"，人类通过能动地作用于外部世界而对其进行变革，进而变革自身。这里的"活动"，不是"S-R"模式（刺激—反应模式）的行为，而是"S-X-R"模式（刺激-媒介-反应模式）的活动，X，即媒介，指的是工具和符号。人类是借助基于活动的媒介、符号、工具从心理间过程到心理内过程的"内化"而发展的。1922 年，苏联心理学家鲁宾斯坦提出了"将人类活动作为心理分析的基本单元"的思想，他认为，人类的心理是在实践活动中形成的，因此，

① 习近平在全国高校思想政治工作会议上强调：把思想政治工作贯穿教育教学全过程　开创我国高等教育事业发展新局面 [J]. 实践（思想理论版），2017（2）：30-31.

② 钟启泉. 课程的逻辑 [M]. 上海：华东师范大学出版社，2007：229.

必须从"活动"的基本形态（劳动、学习、游戏）中研究这种现象。而且，"活动"是受客观因素所制约的，但这不是直接的制约，而是借助"活动"的内部因素，如目标、动机之类作为媒介的，也就是"外因通过内部条件而起作用"。鲁宾斯坦归纳了"活动"的四个特征：（1）活动总是由主体实现的。亦即，与其说是动物和机械，不如说是由人类来实现的，或者更简洁地说，是由共同体的活动所提供的主体来实现的。（2）活动是主体与客体的交互作用。亦即，与其说是必然的、纯粹的、象征性的，不如说是基于客观的内容之上的。（3）活动总是创造性的。（4）活动是独立的。亦即，共同体的活动是承认这种独立性的。①

活动是主体与周围世界之间交互作用的动力系统。在这个过程中，客体的心理表象得以表征与具体化。借助心理表象这个中介，主体与客体世界的关系得以实现。人类受外部客体世界，特别是社会环境的制约，在发生活动的过程中，其"主观性"即"意识"得以产生。

马克思认为："人们是自己的观念、思想等等的生产者，但这里所说的人们是现实的、从事活动的人们思想、观念、意识的生产最初是直接与人们的物质活动，与人们的物质交往，与现实生活的语言交织在一起的……""那些发展着自己的物质生产和物质交往的人们，在改变自己的这个现实的同时也改变着自己的思维和思维的产物。"② 由此可见，人成为什么样的人是由他们的活动来决定的，活动既改造着现实的对象世界，同时也改造着人本身，包括人的思想。人的活动是社会及其全部价值存在与发展的本源，是人的生命以及个性发展与形成的源泉。活动是人的对象世界和人自身存在与发展的基石，人自身是通过人的活动创造、形成和发展的。③

活动具有对象性、改造性、整体性、共同性和社会性，这些特性之间相互联系，又相互制约。其中，活动的对象性决定了活动的改造性。这种改造是主体在一定的社会背景中，通过看、听、说、做、思等全面参与的、对客观对象的改造和对自我心理的改造，从而衍生出活动结构的整体性和外部实践活动与内部心智活动的不可分离性特征。而且外部实践活动离不开社会环境的约束与支持，决定了活动改造的社会性。反过来，外部实践活动的存在隐含了活动的社会性存在。

活动教育是指学生在教育者的引导下，在民主宽松的气氛中，围绕具体问题，主动操作实物对象，积极参与社会实践，深刻反思和体悟，充分开展研讨交流和交往互动，从而促进个人整体素质，尤其是主体性素质和实践能力和谐而充分发展的一套价值观

① 钟启泉.教学活动理论的考察［J］.教育研究，2005（5）：36-42.

② 马克思，恩格斯.马克思恩格斯文集：第1卷［M］.中共中央马克思恩格斯列宁斯大林著作编译局，编译.北京：人民出版社，2009：524.

③ 陈佑清.教育活动论［M］.南京：江苏教育出版社，2000：14.

念、理论体系、过程与方法。[①]活动教育是伴随着教育中实践活动的出现而产生的。早在原始社会中，儿童就可以在生产劳动活动中获得知识和技能，这是最早的活动教育的形式。到了奴隶社会和封建社会，教育逐渐脱离于人类的生产实践而发展成为一种专门用于传授知识的有组织、有目的、有计划的工作。到了近现代社会，现代教育思想开始萌芽，人们逐渐认识到教育与活动相结合的重要性。卢梭认为真正的教育不在于口训而在于实行；裴斯泰洛齐在教孩子们从事纺织工作和田间劳动的同时，还教他们学习读、写、算，从而实现教育与生产劳动的结合；杜威的"做中学"理论将儿童的活动与经验、需要等紧密联系起来，强调让学生在实践活动中获得发展。由此可见，活动是人们生存和发展的基础，学生个性的全面发展不是外在强加的，而是通过主体的实践活动主动实现的。

（二）我国高校学生活动及其类型

高校学生活动是根据社会需求和高校人才培养目标的要求，以提高人才培养质量为目标，以高校学生积极参与社会生活、社团组织等为主要形式，高校学生利用所知所学解决实际问题、获得人生体验的实践活动。高等教育担负着为我国社会主义现代化建设培养合格建设者和可靠接班人的重要任务，高校学生活动是高等教育的重要组成部分，是全面贯彻党的教育方针，实施活动育人、推进大学生素质教育的重大措施和不可缺少的环节，是促进教育与科技、经济结合的重要形式和途径。

随着经济社会的不断发展和改革开放的不断深化，我国高校学生活动的形式日益丰富，种类不断增加。依据不同分类标准，高校学生活动有多种分类方式：按组织机构的不同，可分为校外组织的活动、学校组织的校级活动、学院组织的活动、班级组织的活动、学生团体组织的活动等；按活动内容性质的不同，可分为知识类活动、文体类活动、实践类活动等；除此之外，还有按照学生参与形式、活动地点、活动时间等标准进行的活动划分。通常高校学生活动具有交互性，一个活动具有多重属性，难以以某一种划分标准进行明确的分类。综合来看，高校学生活动通常包括以下 10 种类型：

（1）学术科技类活动。高校学术科技类活动主要包括科技类竞赛活动、科技文化活动、科技协会活动、科研参与活动等。这些活动围绕专业知识的创新应用、普及宣传等展开，可以培养高校学生的竞争意识和团队意识，科学精神、专业知识的运用和动手实践能力等。

（2）文体艺术心理类活动。高校文体艺术心理类活动主要包括文化类活动、体育类活动、艺术类活动和心理类活动等，高校学生通过参加一系列的人文、体育、艺术和心理类活动，达到人文素质、身体素质、艺术审美素质和心理素质等方面全面提升的目的。高校中的运动会、文艺晚会、艺术节、新老生交流会等活动面向全体学生，是提高

---

① 但武刚. 培养现实活动的主体［D］. 武汉：华中师范大学，2003：17.

高校学生的身心素质、陶冶情操、协调人际关系的校园实践活动形式。

（3）学生组织类活动。高校学生组织类活动一般包括两种形式：一是高校内的学生组织，包括学生会、团委及班委会等学生组织开展的活动，活动的主要参与形式表现为学生进入相关的学生组织，担任一定的职务，以学生干部的身份去开展相关的日常活动和完成活动中某项具体的任务，主要的活动内容是高校学生参与职位竞选、开展主题班会、学生管理工作等；二是高校内的社团联合会组织的活动，高校学生以兴趣为纽带，组织形成各类社团，各个社团自主开展相关活动，学生根据自身的兴趣爱好、特长天赋等选择加入自己喜欢的社团，并参与其中的社团活动，社团类活动是高校学生参加实践活动的重要形式，也是最常见的形式，是促进高校学生健康成长的良好平台。

（4）校园主题教育类活动。高校校园主题教育类活动形式多样，例如重大节庆日、开学典礼、毕业典礼、榜样模范学习活动、防诈骗普及活动等。高校的校园主题教育类活动通常广泛地融在其他各种活动中，例如与党团活动相结合，融合在文化宣传活动中。

（5）志愿服务和勤工助学类活动。高校的志愿服务活动一般是指学生以志愿者身份参加各种社会公益活动，利用自己的空闲时间、专业知识和技能为他人、学校、社会各个部门提供各种无偿服务的公益活动，例如利用自己的专业知识进行环保知识的宣传与讲解、为同学进行心理辅导等公益性服务活动。勤工助学类活动与志愿服务活动不同，它是一种有偿服务活动，例如整理图书馆、清扫实验室、发放校园宣传单等。

（6）职业规划类活动。高校的职业规划类活动主要是指高校提供的生涯规划、职业规划、创新创业教育等活动。例如学生在教师的指导下，撰写职业规划，对自己的职业选择意向做一个评估，在校园内进行模拟就业，从而树立职业理想。同时，还包括高校支持高校学生自主创业的各项活动，例如举办创业计划竞赛、创业创新大赛等。

（7）对外交流类活动。高校的对外交流类活动是指通过组织高校学生走出校园到校外进行交流学习的活动，例如本校与外校合作组织的夏令营活动、交换生活动等。

（8）党团日活动。高校的党团日活动是高校基层党团支部针对党员、团员开展的主题鲜明、内容充实、效果良好的基本活动，主要目的是加强党、团的基层组织建设、强化成员的政治意识和组织观念，提升青年党员、团员的政治文化修养，例如组织开展民主生活会、党史党章知识竞赛活动等。

（9）社会调查类活动。高校的社会调查类活动是当前高校学生校外实践教育最常见的活动类型，主要是指组织高校学生根据一定的主题到政府部门、企事业单位、部队、农村、社区等地开展调查研究活动，例如对某个地区的风土人情、周边环境、经济发展状况的调查。

（10）参观体验类活动。高校的参观体验类活动主要是指组织高校学生参观一些特定场馆或景点，例如红色教育基地或革命纪念馆等，目的是使高校学生能够具有身临其境的体验感，更深入地了解理论知识和历史文化。

（三）我国高校学生活动的特点

我国高校学生活动主要有以下六个特点：

一是自主性。大多数情况下，高校学生参加学校组织的各类学生活动都是自愿参与的，他们可以根据自己的兴趣动机来选择加入一些活动组织。同时高校许多活动的内部组织和安排工作，例如活动设计、活动安排等是可以由学生自主决定的，教师一般担任辅助和指导的角色。能够自主地决定活动的开展是高校学生参与活动的重要显性特征。

二是社会实践性。高校的学生活动大多具有社会实践性，通常需要高校学生深入社会，在活动过程中加深对社会的了解和熟悉，遵守社会中的制度、道德、风俗等社会规范，并在社会实践中逐渐掌握学习、生活的基本方法，提高社会认知能力，提升自己对法律、道德、生活以及情感的认识，促进自身的社会化进程。

三是开放性。高校学生活动是连接学生主观世界和客观世界的枢纽，使主客体之间能够相互开放。同时高校学生活动的内容、范围也是开放的，它不局限于课堂，而是超越了国界和地域界限，面向社会的方方面面以及各行各业。高校学生活动突破了学校课堂教学的相对封闭性，一般没有严格的时限规定，高校学生可以根据自己的课外兴趣、认知结构、学习方法等实际情况，适时选择参与相应的社会实践活动。高校学生活动面临的环境更为开放，从校内延伸到了社会。

四是专业性。高校学生活动的一个显著特点是与高校学生的所学专业相结合。高等教育是以培养高级专门人才为宗旨的专业教育，课业学习的专门化程度较高，职业选择的定向性较强，高校学生从学校毕业后，其中的大多数都需要在社会的各个领域从事与自己专业相关的职业活动和社会服务，因此高校学生参与的社会实践活动具有鲜明的专业性。例如在高校的暑期社会实践活动中，农学专业的学生侧重于参与"三农"方面的科普知识宣讲和有关农业与农产品的新技术、新产品的推广活动，医学专业的学生更多的是开展义务查体、疾病预防宣讲等实践活动，教育学专业的学生则通常参与义务支教活动。

五是时代性。高校学生活动的时代性，突出表现在活动内容一般都体现着一定历史发展时期的社会特征和时代特色。每个时期的高校学生活动都有鲜明的活动主题，这些多数都与党和国家在特定时期内的政策规定及工作重点有关，这一特点在高校的党团活动、主题教育活动中尤为明显。

六是广泛性。高校学生活动的参与人群广泛。高校内部组织的一些大型学生活动，例如学校运动会、大型文艺歌舞汇演、歌唱比赛等，通常会受到全体师生的关注，一般是全校或全学院范围内的学生都会参与其中，影响十分广泛。此外，高校学生活动的内容广泛，学生通过参与广阔的大自然改造和丰富的社会生活，亲自接触和感知各种人、事、物，从而学习更为广泛的知识。

二、高校学生活动的道德性及其体现

高等学校承担着为全社会培养人才的重任，高校学生活动是落实立德树人根本任务的重要载体，具有不可替代的育人价值，具有鲜明的道德性。

（一）高校学生活动是一种成长性实践

青年时期是高校学生身心发展的成长期，是他们的世界观、人生观、价值观形成的关键期，也是其了解和适应社会、扮演社会角色、承担社会责任的过渡期。高校学生活动的道德性体现为高校学生在参与活动过程中的成长、成熟、成才。高校学生参与校园活动的过程就是他们获得成长的过程，在这个过程中，学生会经历学业的深化、精神的完善、身心的成长。

高校学生的成长过程不仅仅是他们生理成熟变化的过程，更是其精神完善和品质形成的过程。高校学生参与活动是一种形成、提高和完善自身思想素质、政治素质、道德素质与心理素质的成长性实践，也是高校学生获得成长、提升精神境界的重要途径。高校学生的校园活动相对较为丰富，具有高度的开放性和自主性。高校学生在参与活动的过程中能够获得广泛的交流，拓宽自己的人际关系和对世界的认识，并在这个过程中逐渐树立科学的世界观、人生观和价值观，形成健康的人格与包容之心，学会处理各种复杂的社会关系，能够协调个人利益与集体利益之间的矛盾。因此，参与活动能够帮助高校学生改造主观世界，并在参与活动的过程中获得逐步成长，实现自我精神的不断完善与升华。

参与活动是高校学生深化自身学业发展，增长经验的必然路径。高校学生在参与活动的过程中能够实现书本知识与实践应用的统一。高校学生活动本身就具有一定的专业性，例如不同学科的知识竞赛活动、学科应用技能活动等，学生通过参与这些与自身所学专业相关的活动，有利于促进学业发展，提升专业水平。

（二）高校学生活动是一种社会化实践

从某种意义上讲，高校学生活动也是一种社会化实践，能够帮助学生在活动的实践过程中做好职业定位和选择，学习社会化的生存方式。高校学生在参与活动的过程中，通过接触真实的社会环境，结识更广泛的社会群体，不断深入了解国家和社会，从而及时调整自身的角色定位，并做好履行社会职责、服务社会的身心准备。

高校学生在校期间广泛参与各种社会实践活动，有利于其早日明确自身的职业定位，并为将来的职业选择做好准备。在参与社会化实践的过程中，高校学生可以通过接触真实的社会环境以及人、事、物，具体了解与获取社会职业需求信息，主动结合自身所学专业与专长、个人兴趣与爱好，制订自己的职业生涯规划，修正自己的职业定位，校准关于职业、择业、就业和创业的运行轨迹，协调当前的职业选择与未来事业发展之间的关系。

高校学生通过活动实践，增强与社会的互动，积累现实社会生活与生产的基本知识和技能，习得并遵守社会通行的价值体系与规范，明确未来的生活目标、职业角色要求和其他社会角色标准，逐渐适应社会所需要的生存方式，是高校学生参与社会实践活动的基本道德任务。高校学生在参与活动的过程中，接受社会教化、了解社会需求、掌握相应的知识和技能，从学习成长性实践向劳动创造性实践逐步过渡，实现自身社会化身份的转换，为自身的社会化生存奠定良好的基础。

三、高校教师在学生活动指导中的道德要求

活动是主体和客体之间相互作用的过程，在活动中实现着主体的主观形态和活动的客观结果的双向转变。高校学生活动对学生的全面发展起着重要作用。高校教师应积极引导学生参与活动的方式和状态，以促进学生的健康发展。

高校教师在指导学生参与活动的过程中需要加强以下三个方面的工作。

第一，指导高校学生进行正确的人际交往。马克思曾指出，一个人的发展取决于和他直接或间接进行交往的其他一切人的发展。[①] 高校学生在学校内进行的交往主要包括师生之间的交往和学生之间的交往。师生之间的交往要求教师要加强个人的道德修养，提高自身的业务水平，做到热爱学生、尊重学生、平等真诚地对待学生、严格要求学生。教师除了自己应以正确的态度与学生进行交往以外，还应指导学生之间进行正确的交往。学生之间的交往是否正确，往往会通过其交往目的、交往对象、交往方式和交往方法表现出来。学生在学校的交往对象主要是同伴群体，学生可能会根据自身的家庭背景、学习成绩、地域、性别、兴趣爱好等方面的差异，形成相对稳定的交往圈。与不同的对象进行交往，将对学生产生不同的影响。因此，教师应指导学生树立明确的是非观念，坚持正确的交往原则。高校教师应在学生群体中倡导自主的交往方式，鼓励学生多参与人际交往和各种活动，使他们在人际交往中获得快乐，提高他们在人际交往中的信心。

第二，指导学生的闲暇生活。马克思曾经说过："时间实际上是人的积极存在，它不仅是人的生命的尺度，而且是人的发展的空间。"[②] 每个人都应该"有充分的闲暇时间去获得历史上遗留下来的文化——科学、艺术、交际方式等等——中一切真正有价值

---

① 马克思，恩格斯．马克思恩格斯全集：第3卷［M］．中共中央马克思恩格斯列宁斯大林著作编译局，编译．北京：人民出版社，1960：515.

② 马克思，恩格斯．马克思恩格斯全集：第37卷［M］．中共中央马克思恩格斯列宁斯大林著作编译局，编译．北京：人民出版社，2019：161.

的东西"[1]。因此，高校教师在组织和实施高校学生活动时，应对高校学生的闲暇时间进行指导，组织培训学生利用闲暇生活的技能和技巧，使他们逐渐掌握一些交际技能、文艺技能、体育技能、生活技能和鉴赏技能等，满足他们能力发展和精神享受的需要，从而使其得以充分自由地发展。闲暇时间的教育要坚持主体性原则，应鼓励学生根据自身的兴趣、爱好和特长来选择和规划，以满足不同的需求，使其真正成为闲暇时间的主人。

第三，开展心理健康教育。高校学生出现心理问题既是其个性不够健全的表现，也是阻碍其个性积极发展的重要原因。在高校的学生活动中增加心理健康教育日益必要和迫切。首先，高校要开展丰富多彩的学生活动，营造良好的校园氛围。丰富多彩的高校学生活动是培养高校学生积极向上、健康发展的有效载体，它可以陶冶人的情操、净化人的心灵。高校党团组织应积极地开展校园文化活动，为广大高校学生提供高雅、健康、多样的精神食粮。其次，高校要开展多种形式的心理辅导活动。通过专题讲座、主题活动等多种形式，利用橱窗展示、网络、广播、校报等多种媒体和手段，普及心理卫生常识，使高校学生掌握常见心理疾病的预防和矫正办法，让他们了解相关心理知识，提高他们应对挫折和困境、表达思维和情绪以及各种心理求助的能力。最后，有效开展心理健康咨询活动，通过面对面、电话或网络等方式更加直接、有针对性地为高校学生服务，及时疏导高校学生存在的心理障碍、心理冲突、心理困惑以及其他心理疾病，帮助高校学生走出心理困境。

［拓展阅读］
江苏省通过
大学生主题
实践活动奏
响时代强音

第三节　高校师生关系的道德性及其要求

师生关系是高校教师重要的人际关系，怎样认识和处理师生关系是高校教师职业道德修养的重要课题，也是高校教育教学活动的基本前提。了解高校师生关系的道德要求并付诸实践，有利于高等教育立德树人根本任务的落实。

一、高校师生关系在高校教育中的重要意义

高校师生关系是指在课堂教学、课外活动、科研指导等活动中教师与学生之间所建立起来的多重关系，是贯穿高等教育全过程并始终起重要作用的持久关系。良好的、理想状态的师生关系应该是亦师亦友、教学相长、民主和谐的关系。良好的师生关系是高

---

① 马克思，恩格斯．马克思恩格斯文集：第3卷［M］．中共中央马克思恩格斯列宁斯大林著作编译局，编译．北京：人民出版社，2009：258．

校教育取得预期效果以及学生健康成长的重要前提和必要条件。

（一）良好的高校师生关系有利于促进学生的学业发展

良好的高校师生关系能够满足学生对爱、关心和尊重的需要。当高校学生不仅能从教师那里得到知识，而且能够获得来自教师的爱护与支持时，学生便会更加积极地应对在学习中可能遇到的困境，更加积极地投入到学习之中。良好的师生关系能够正向地影响学生的学习动机和学习态度，从而能够促进学生的学业发展。

当高校学生处于一种和谐、友好、愉快的师生关系中时，可以在与教师的交往中感受到人际间的温情和愉悦，就会产生一种正向积极的学习兴趣、学习热情和学习信念，进而激发学生的学习动机。当师生关系处于一种紧张或不和谐的状态时，学生则通常会产生一种对抗或逆反的思维意识和冲动消极的情绪状态，从而本能的排斥与教师的交往，逃避教师的指导。

（二）良好的高校师生关系有利于培养学生的思想品德

在教学过程中，高校师生关系既是一种教学手段，也是教学的重要目的。它直接影响着高校学生的世界观、人生观和价值观，对高校学生具有道德示范的作用。高校学生认识人生和社会，总是先从认识自己、认识周围的环境和认识自己与他人的关系开始的。2014年9月，习近平总书记在同北京师范大学师生代表进行座谈时强调，"老师是学生道德修养的镜子"[①]。教师是学生的楷模，教师的一言一行都会对学生产生潜移默化的影响。正如孔子所说的"其身正，不令而行；其身不正，虽令不从"。教师对学生无私、宽厚、高尚的爱，是激励学生追求真理和社会进步事业的重要精神力量。高校教师以正确的道德规范处理师生关系，是培养高校学生健康成长的重要条件。

高校师生关系对学生具有道德示范的作用，是学生形成思想品德的直观教科书。当高校学生受到教师热忱的爱护和关怀，得到良好的感情体验时，会逐步懂得如何用高尚的道德情感去对待他人，学会正确处理人与人之间的关系，获得尊重他人、关心集体、与人为善、克己奉公等道德经验。反之，则会对高校学生的成长带来损害。

（三）良好的高校师生关系有利于培养学生的创新能力

心理学家通过大量的实验证明，好的情绪使学生精神振奋，不好的情绪则会抑制学生的智力活动。学生具有良好的创新能力，这通常发生在宽松、民主、和谐的良好师生关系和相处氛围中，当代高校学生的民主意识和自我成就意向逐渐增强，他们思想活跃，不受条条框框限制，喜欢平等地讨论问题。高校教师在师生交往过程中，要注意并

---

① 习近平.做党和人民满意的好老师：同北京师范大学师生代表座谈时的讲话［J］.中国高等教育，2014（18）：4-7.

关切到新时代高校学生的需求和特点，尝试营造轻松、民主、开放的师生交往氛围，这有利于充分调动高校学生的积极性和主动性，使高校学生始终保持良好的心理状态，产生积极的态度和体验。在这样的氛围中，高校学生的思维会更加敏捷、记忆会更加清晰牢固、想象会更加丰富广阔，从而有利于提高高校学生的创新能力和创新精神。

总之，良好的高校师生关系是高校教育教学活动顺利开展的重要保障，它可以带来积极愉悦的教学氛围和正向的感情心理状态。在良好的高校师生关系下，教师的工作积极性更高，在教学、科研工作中会投入更多的精力和热情，处于一种积极的教学情绪中。相应地，高校教师在教学工作中体现出来的热情态度、精神面貌和责任感也会感染高校学生，学生也会更加积极踊跃地参与到学习活动中，从而实现教与学的和谐共长。

二、当前我国高校师生关系存在的主要问题

高校师生关系受社会生活多方面因素的影响。相比于中小学的师生关系，高校师生关系更加开放和多元，也更易受到主体情感、理念及其所处社会环境的影响和制约。随着社会经济的发展、信息技术的变革和文化观念的更新，一方面，高校的师生关系呈现出一些新的特点，例如师生间的交往更趋于民主、平等与合作，但另一方面，不利于增进和改善高校师生关系的因素也在增多，例如商业化、虚拟化等对二者交往的冲击。在高校师生交往中，相对来说，教师处于更为强势和主动的地位。因此，高校教师能否规范、合理、正确地处理高校师生之间的矛盾，是高校良好师生关系构建的关键。

（一）高校师生关系的疏远与冷漠

随着高等教育的规模扩张，我国高校的师生比一直处于较高水平。一位高校教师要面对的学生数量越多，其与学生交往的时间就会越少。高校师生交往的减少，导致双方缺乏相互了解的情境和机会，进而致使高校师生关系的疏远与冷漠。对于这种现象，无论是高校教师，还是高校学生，都会有所感受。许多研究和实践也表明，这一现象不仅普遍存在，而且有加重的趋势。此外，随着网络技术的发展，越来越多的高校师生交往在"线上"进行，即使是与高校学生接触最多的高校辅导员，其身份也逐渐变成了QQ群或微信群的"群主"。加上受新冠肺炎疫情的影响，相当长一段时间内，许多高校学生只能通过线上与教师进行有限的交往，这种客观因素造成的教学环境分割也在无形之中使得高校师生之间的关系变得疏远。

（二）师生关系的实用与功利

高校是传播知识的场所、培养人才的基地，维系高校师生关系的纽带主要是知识、思想和情感，而不应是物质利益或其他。然而，随着市场化改革的加深和商业化的发展，原本纯洁的高校师生关系也受到了侵害，高校师生之间的交往也具有了功利性和实

用性的色彩。例如一些高校教师在创办公司或承担课题时，会将学生作为免费或廉价劳动力使用，甚至一些导师被自己的研究生称为"老板"，这使得高校师生之间教与学的关系被异化为雇佣关系；也有一些高校学生为了就业或升学，会利用教师的职权或地位获取荣誉，甚至冒用教师的知识成果来申报一些奖励，然后师生双方再互分利益。诸如此类的"怪现状"，实际上都反映了现今部分高校师生关系的异化、世俗化，甚至庸俗化。

（三）师生关系的对立与冲突

高校师生关系的对立与冲突有许多表现形式，归纳起来主要有以下两类。一类为公开的对立与冲突，表现为高校师生之间因各自认识、情感、思想等方面的严重分歧和矛盾激化，采取直接的语言和行为上的对抗或攻击。例如师生之间发生激烈的争论、争吵，甚至采用暴力攻击对方。另一类为隐性的对立与冲突，表现为高校师生双方对待分歧和矛盾时，采用间接的、来自心理和思想上的对抗。例如教师故意疏远、冷落与之产生冲突的学生，或借机惩罚学生等。当然，把高校师生关系中的对立和冲突分为公开和隐性的两类是相对的，因为二者之间没有绝对的界限和不可逾越的鸿沟，随时都可能发生相互转化。一般来说，高校师生间的隐性对立与冲突往往是公开对立与冲突的根源和前兆，而公开对立与冲突也可能是隐性对立与冲突的最后表现或不断加剧的结果。

三、调节教师与学生关系的道德规范

高校教师必须不断加强自身的职业道德修养，健全和完善自身人格。正如习近平总书记所说的那样，"好老师应该取法乎上、见贤思齐，不断提高道德修养，提升人格品质，并把正确的道德观传授给学生"①。高校教师应全身心地关爱学生；尊重学生的人格；尊重和培养学生的自尊心；尊重并培养学生的个性。

（一）关爱学生

高校教师在职业实践中，不断提高自身的道德认识和教育工作的责任心，这是其具有高尚师德的具体表现。高校教师对学生的关爱，是一种特殊的、具有社会意义和具体内容的爱，他们关爱的对象是教师职业劳动的对象。高校教师对学生的爱，是在教师履行培养青年一代的职责时所产生的感情，它是从教育事业的利益和学生的全面发展出发，这也显示出高校教师对于教育工作的强烈责任心和事业心。

为了做好教育工作，使每个学生都能够按照社会的正确要求健康成长，高校教师应

---

① 习近平. 做党和人民满意的好老师：同北京师范大学师生代表座谈时的讲话［J］. 中国高等教育，2014（18）：4-7.

当关心和爱护每一个学生，全身心地把爱的情感倾注到他们身上。高校教师对学生的关爱，要兼顾广大学生和整个教育事业的利益，以社会利益和人道主义原则为指导，这样才有利于学生的全面发展。

（二）尊重学生的人格

尊重学生的人格，这既是对高校教师提出的道德要求，又是教育规律的客观要求。尊重学生的人格，这是对学生的一种善意的行为倾向，其中包含着对学生个体存在价值和上进愿望的肯定，是调动学生积极性的关键。教师应当尊重学生的人格，循循善诱，这样才能形成和谐的师生关系，有利于学生的学习和思考。尊重学生的人格，就是要肯定、尊重学生的尊严和价值。这就要求高校教师在教育工作中做到以下四点。

首先，平等友好地对待学生。教师与学生相互之间在法律人格和道德人格上是平等的，没有尊卑、贵贱之分，高校教师在教育工作中应平等地对待学生，不能自视高人一等，粗暴地对待学生。爱因斯坦指出："我以为对于学校来说，最坏的事，是主要靠恐吓、暴力和人为的权威这些办法来进行工作。这种做法摧残学生的健康的感情、诚实和自信……只要教师使用的强制手段尽可能地少，使学生对教师的尊敬的唯一源泉在于教师的德和才。"[①]

其次，理解和信任学生。这是尊重学生人格的具体表现。高校教师与学生在年龄、社会阅历、知识水平等方面存在着差别，教师只有善于理解和信任学生，才能建立良好的师生关系。在学生遇到困难、挫折时，教师应给予同情、理解和帮助。在教育工作中，教师对学生的信任，是对学生的一种积极的暗示和激励。学生会在教师真诚的信任和期待中体验到人的尊严，从而激发自己努力进取，不断上进。

再次，善于控制情绪。高校教师在教育过程中，要善于控制自己的情绪，要有自我把握教育态度和行为的能力。教师只有善于控制情绪，才能保持教育上的机智和优势，维护教育事业的整体利益。同时教师善于控制情绪，也体现了他们对于学生的关爱和尊重的精神。

最后，善于向学生学习。高校教师善于向学生学习，其中包含着对学生人格的一种深层次的尊重。学生既是教师教育工作的对象，也是教师学习的对象。高校学生思想活跃，坦诚热情，富有进取心，善于学习和接受新事物。高校教师在教育工作中，要善于发现学生的优点，诚心诚意地学习学生的长处。高校教师善于学习学生的长处，不仅有利于增进师生之间的感情，调动学生的积极性，还能够直接给教师开展教育工作带来新的养料和活力，激励教师在思想和业务上不断进取。正如陶行知所说："只须你心甘情愿地跟你的学生做学生，他们便能把你的'思想青春'留住；他们能为你保险，使你永

---

① 赵中立，许良英.纪念爱因斯坦译文集［M］.上海：上海科学技术出版社，1979：68.

远不落伍。"①

（三）尊重和培养学生的自尊心

自尊心是学生追求真善美的内在动力和源泉，是学生要求得到他人重视和肯定的情感，是教育工作赖以开展的重要心理机制。高校学生的自尊心理与人格发展紧密相连。教师应当尊重和培养学生的自尊心，这能促使学生珍惜自己在集体中的荣誉，培养健全的人格。尊重和培养学生的自尊心，能够促使学生在专业学习和思想品德上奋勇争先，促进良好师生关系的形成。

教师应当尊重和培养学生的自尊心，在日常的教育和教学工作中，要从教育事业和学生利益出发，尊重和信任学生，认真负责地评价学生的行为。教师应恰当地运用教学机智教育学生，守护学生的自尊心。当学生拥有良好的自尊心理后，就能够积极履行个人对社会和他人应尽的义务，具有强烈的责任心，也能够更好地发扬自觉、勤奋、刻苦的精神。

（四）尊重并培养学生的个性

人的个性是社会关系在个体身上的凝聚和体现，其具有社会性的特征；主体性是个性的本质特征，只有能够独立自主地支配自己的意识和活动，才可能成为有个性的人；在个性结构中，创造性是个性的最高表现和最高层次，没有创造性的人，就不是个性鲜明的人；个性的一切特征、品质共处于同一个统一体中，在相互联系中发展；个性可以分为积极个性和消极个性，个性发展是个体个性品质的不断完善，包括积极个性品质的形成、发展和不良个性品质的矫正、克服。每一个学生都有独特的、与众不同的个性。在师生交往中，认同、接受、关切学生个体差异的存在，是教师构建良好师生关系的认识基础。

师生交往中的学生并非抽象的群体概念，每个学生都是有思想、有感情、有个性的个体。教师只有深入了解学生，发现学生的特点和优点，才能更好地促进学生的知识和品德成长。高校教师只有全面了解学生的思想表现、兴趣爱好、性格特征等，才能根据每个学生的个性，找到适合学生个体特点的教育途径和方法，因势利导地进行针对性的教育和教学，充分调动他们奋发向上的积极性。

学生的个性不仅仅表现为个体的差异性，更体现为学生个人的主体性，即主观能动性。在师生交往和教育教学过程中，高校教师应自觉树立个性教育的意识，不仅要从学生的实际出发，因材施教，寻找适当的"切入点"开展个性化的教育，还要注重激发学生学习的主体意识，充分发挥学生的主观能动性。高校教师应具备一定的敏感性和洞察

---

① 陶行知.陶行知教育文选［M］.中央教育科学研究所，编北京：教育科学出版社，1981：222.

力，在日常师生交往的多个场域中积极引导学生发挥自身的主体作用，在学习和活动中实现个性发展，例如引导学生进行自我规划、自我探究、自主评价、自我调控等。

（五）尊重学生的合法权益

学生是教育的对象，也是教育法律关系的主体之一。学生的法律地位是指学生以其权利能力和行为能力在具体法律关系中取得的一种主体资格。在教育领域，学生具有双重身份：一是国家公民；二是正在接受教育的公民。作为国家公民，学生享有宪法和法律赋予公民的一切权利，如受教育权，选举权与被选举权，言论、出版、集会、结社等自由权，人身自由权、人格权，批评、建议权，申诉、控告权等。作为正在接受教育的公民，学生具有特定的权利和义务，即受教育的权利和义务，包括参加教育教学计划安排的各种活动，使用教育教学设施、设备、图书资料；按照国家有关规定获得奖学金、贷学金、助学金；在学业成绩和品行上获得公正评价；完成规定的学业后获得相应的学业、学位证书，对学校给予的处分不服向有关部门提出申诉，对学校、教师侵犯其人身权、财产权等合法权益，提出申诉或者依法提起诉讼等。

高校教师在师生交往的过程中要尊重学生的合法权益，认真对待学生的合理要求。虽然《中华人民共和国教育法》《中华人民共和国教师法》等法律条文都对学生的各项权利作出了明确规定。但是由于种种因素的影响，在高校师生的交往过程和教育教学实践中，侵害学生合法权益的现象仍然时常发生，因此高校教师有必要了解、尊重学生的合法权利，这也是高校教师维护师生交往的道德关系的基本要求。

（六）严格、全面要求学生

高校教师对学生要宽严相济，把关爱尊重与严格教育、全面要求相结合和统一。马卡连柯认为，教育的基本原则永远是尽量多地要求一个人，也要尽可能地尊重一个人，这两者实质上是一个东西，对我们所不尊重的人，不可能提出更多的要求；当我们对一个人提出很多要求的时候，在这种要求里也包含着对这个人的尊重，正因为向他提出要求，正因为他完成了这种要求，所以他才赢得尊重。

《学记》里说："凡学之道，严师为难。师严然后道尊，道尊然后民知敬学。"这里既说明了做严师的不易，又说明了做严师的重要性。在高校教育教学的过程中，有的教师对学生"不愿管、不敢管、不会管"，对学生逃课、迟到、上课不听讲、不按时交作业、不参加集体活动等不闻不问，甚至有些教师迫于学生评教的得分压力而在课堂教学中放纵学生，不敢"得罪"学生，尽管在表面上营造了一种"和谐""民主"的师生关系，但这种不能严格、全面要求学生的、无原则的"老好人"形象，归根结底会对学生有害，只能贻误学生，危害教育事业。

教师对学生的严格、全面要求，体现在日常细小的教育和教学工作中。在课堂教学、实验辅导、论文指导、作业批改等过程中，都要注意对学生进行严格的训练和教导，使学生养成良好的习惯和作风。特别是在考试、考查，指导毕业论文、毕业设计中，更应精心指导，一丝不苟，严格把关。

高校教师对学生的严格、全面教育，也要掌握分寸。所谓掌握教育分寸，就是要注意方式、方法、措施、态度，注意要求上的适度与恰到好处。教师在选择自己的教育行为，对学生提出一定的要求之前，要认真考虑复杂的教育条件，对自身行为可能产生的后果进行预计，并对它负责任，选择最佳的教育行为和方式。亦即高校教师对学生的"严"应当从学生现有的实际情况出发，遵守教育规律。此外，教师对学生的严格要求，必须是合理的、有分寸的。要对不同的学生，不同的情况，采取不同的教育方式，选择不同的教育内容，而不能只考虑自己的主观愿望，不考虑教育所产生的后果。

教师应该辩证统一地认识、把握严格、全面要求与关爱学生之间的关系。教师的严格要求绝不是对学生冷漠无情，动辄训斥，而是应始终以对学生诚挚、深沉的爱为前提，让学生时时从自己的行为中，强烈地感受到教师真正关心他们，渴望他们健康成长的心。教师只有真心实意地关爱学生，关心学生的前途和命运，这样其对学生的每一个严格要求，才会被学生所理解和接受，在学生身上产生有益的影响。

四、高校教育惩戒的道德性及其要求

长期以来，教育惩戒问题一直是我国社会关注、群众关切的热点问题，也是我国教育领域近几年重点关注的问题。教育惩戒不是单纯的教育问题，而是随着人类社会道德文化、教育手段以及法治文明体系的发展而产生的问题。高校教师应该全面、深入地理解高校教育惩戒的内涵及其意义，了解教育惩戒的基本内容、道德要求等，从而做到合理、合法、合乎教育规律地行使惩戒权，促进高校良好教育生态的塑造和立德树人根本任务的落实。

（一）高校教育惩戒的内涵

2020 年 12 月，教育部颁布《中小学教育惩戒规则（试行）》，自 2021 年 3 月 1 日起施行。这里所称的教育惩戒，是指学校、教师基于教育目的，对违规违纪学生进行管理、训导或者以规定方式予以矫治，促使学生引以为戒、认识和改正错误的教育行为。[①] 这一规定，首先明确了教育惩戒的属性，其是在教育过程中发生的，学校、教师行使教育权的一种具体方式，而不是单独赋予学校、教师的一种权力；其次，明确了教育惩戒实施的对象和方式，是对违规违纪学生的管理、训导和矫治；再次，强调了行为的目的性，即要使学生认识和改正错误，而不能为了惩戒而惩戒。

《中小学教育惩戒规则（试行）》将教育惩戒的实施范围主要限定在中小学，很多

---

① 中小学教育惩戒规则（试行）[J].中华人民共和国国务院公报，2022（3）：21—24.

人因此认为只有中小学教师才享有教育惩戒权，然而事实并非如此。《中华人民共和国教育法》第四章第三十三条规定"教师享有法律规定的权利，履行法律规定的义务，忠诚于人民的教育事业"；《中华人民共和国教师法》第二章"权利和义务"第八条明确教师应当履行"制止有害于学生的行为或者其他侵犯学生合法权益的行为，批评和抵制有害于学生健康成长的现象"的义务；《中华人民共和国高等教育法》第六章"高等学校的学生"第五十三条指出"高等学校的学生应遵守法律、法规，遵守学生行为规范和学校的各项管理制度，尊敬师长，刻苦学习"；2017 年，教育部颁布的《普通高等学校学生管理规定》第五章"奖励与处分"第五十一条和第五十四条分别规定"对有违反法律法规、本规定以及学校纪律行为的学生，学校应当给予批评教育，并可视情节轻重，给予不同的纪律处分""学校给予学生处分，应当坚持教育与惩戒相结合，与学生违法、违纪行为的性质和过错的严重程度相适应。学校对学生的处分，应当做到证据充分、依据明确、定性准确、程序正当、处分适当"。由此可见，虽然我国没有明确的高等教育惩戒立法，但是上述法律法规都赋予了高等学校、高校教师相应的教育惩戒权。

高等学校教育惩戒由学校惩戒和教师惩戒两部分构成。学校惩戒是指高校作为主体对学生施行的具有法律效果和处分性质、会影响学生地位的惩戒，例如高校根据有关法律法规或规章制度，对学生进行警告、严重警告、记过、留校察看、开除学籍等影响其法律地位的处分。教师惩戒是指教师作为主体实施的不发生法律上的效果，针对某种具体事实行为的惩戒，例如教师在教育教学过程中对学生采取的言语批评、罚写额外作业等行为。高校教师是与学校并行的高等教育惩戒的主体，教师在教育教学过程中需要对扰乱课堂秩序与违规违纪的学生进行及时制止、管束与责罚，否则就会影响教育教学秩序，降低育人效果。

教育惩戒不同于"惩罚"和"体罚"。从法律意义上而言，惩罚是对一个有触犯法律或者命令的犯罪行为的人所施加的某种痛苦或者损失；从教育意义而言，惩罚是"教育者对受教育者的品行进行否定的一种较高的方式"[①]。"惩戒"是对错误的、不符合规范的行为给予一定的警示和警告，它的目的在于避免学生再次出现失范行为，在本质上它是教育活动的一种。惩戒以教育为目的，具有教育性，即为了促进学生发展，规范学生行为，对学生产生正面影响。"体罚"是指对学生的身体、心灵造成伤害的不恰当的惩戒，无论是否以教育为目的，其方式都过于极端，很明显与"惩戒"截然不同。

（二）高校教育惩戒的功能

教育惩戒问题关系到我国各级各类学校能否全面贯彻党的教育方针、落实立德树人根本任务，也直接影响我国良好教育生态的营造。立德树人是教师开展教育工作的出发

---

① 张念宏.教育百科辞典［M］.北京：中国农业科技出版社，1988：57.

点和最终目标。高校作为我国培养人才的教育重地，高校教师对学生的培养具有直接的责任和义务，在教育活动中，教师有必要对学生扰乱教学秩序、损害他人权益等违规行为施以惩戒，从而矫正学生的失范行为，正如苏霍姆林斯基所言"教育要对学生心灵里滋长的一切错误的东西采取毫不妥协的态度"[①]，具有惩戒的教育才是真正完整的教育，无论是中小学还是大学。

我国具有悠久的惩戒教育的传统。我国古代著作中的"惩"一般是指为某些过失、犯罪、犯法或犯规而加以惩罚，"戒"字则是指提醒某人注意的意思。[②] 我国甲骨文的"教"字是个会意字，其右是一只手拿了一条教鞭或棍子，左下方是个"子"（小孩），"子"上面的两个叉是被教鞭抽打的象征性符号。我国古代教师通常以教鞭、戒尺作为教育惩戒的手段工具。[③]"天地君亲师""严师出高徒""教不严，师之惰"等传统教育理念在我国延续至今。可见，我国自古以来，教师惩戒犯错学生通常情况下都是基本正当、合理的教育行为，并受到政府、家长的支持，因而我们有必要坚守这一传统教育文化，并赋予其新的内涵，充分发挥教师惩戒在现代教育中的重要作用。

合理的教育惩戒有助于学生形成坚强的性格，培养学生的责任感，锻炼学生的意志，促进学生人格的全面发展。具体而言，高校教师行使教育惩戒的功能主要有如下三点。

第一，即时矫治违规行为。当学生行为与学校要求不一致时，教师对其进行惩戒，使其懂得行为界限，明确是非观念，以及权利和义务的关系，增强道德责任感。这一方法对屡教不改的学生尤其有效。多次苦口婆心的说教可能会白费工夫，但一次严厉的惩戒会让学生刻骨铭心，知耻而后勇，这就是教师惩戒产生的矫治功能。合理适当的教育惩戒能够提高和发展学生的心理素质和道德素质，能够培养学生敢于担当、勇于负责的道德品质，能够使其养成遵守法律、规章制度、社会文明规则的意识习惯，使学生的言行符合社会规范。

第二，威慑预防违规行为。学生往往会通过观察别人的行为表现方式及行为结果间接得到经验，并不一定得之于亲历奖励或惩戒的直接体验。高校教师对违规的学生行为进行矫治、惩戒，对被惩戒的学生和其他学生分别起到了直接和间接的威慑效果，通过进行惩戒，促使他们各自清楚地认识到违规行为可能产生的后果、他们可能需要承担的责任和付出的代价，从而避免再犯。

---

① 苏霍姆林斯基.和青年校长的谈话［M］.赵玮，等译.杜殿坤，等校.北京：教育科学出版社，2009：122.

② 《韩非子》中有言"不诛过则民不惩而易为非"，《诗经》中有言"言之者无罪，闻之者足戒"。

③ 《尚书舜典》中记载："象以典刑，流宥五刑，鞭作官刑，扑作教刑，金作赎刑。"其中的"扑作教刑"，指对于不勤奋的学生用戒尺打，罚其体警其心。后常用戒尺责打不守教令的人。《礼记》中有言"夏楚二物，收其威也"，指教师用教鞭和戒尺惩戒不听话的学生，以儆效尤。

第三，服务高校组织管理。在当前的时代背景下，为满足社会对人才的需求，国家权力越来越多地参与到教育管理活动中，促进了高校规模化、制度化的教育体制的形成。教育制度中的学校是科层组织形式，师生的权利义务、职责地位以及师生间的互动关系，都逐步制度化。[①]教师作为教育教学活动的直接执行者，对学生违背规章制度、校规校纪和班规的行为，实施合理且必要的惩戒，有利于高校教育活动的有序开展、教育目标的实现，维护高校管理组织的形式、纪律，提升高校教育教学的工作效能。

（三）高校教育惩戒的内容

由于我国的教育法律法规并未提供明确的高校教师惩戒权依据，现有的教育法律法规中对高校教师的惩戒权基本持缄默的态度，既未肯定也未否定，同时还伴随着监督机制、救济机制的缺位，使得高校教师行使教育惩戒权常常处于"有实无名"的无序状态。一方面，高校老师在惩戒失范学生时拥有过大的自由裁量权，致使时常发生教师滥用惩戒权、惩戒过度乃至侵犯学生的合法权益的事件；另一方面，受学生评教制度、网络舆情影响，教师对某些学生行为应该施以惩戒时而没有及时惩戒，导致产生不作为、不敢惩戒的状态。

正是基于这样的背景，广大高校教师需要对教师惩戒的内容、原则、程序等方面有所认识，并积极合理地行使惩戒权，这不仅有利于高校学生的发展，也有利于推进高校教育惩戒的法制化。根据《中华人民共和国教育法》《中华人民共和国教师法》《中华人民共和国高等教育法》《普通高等学校学生管理规定》等法律法规的有关内容，我国高校教师惩戒的主要内容可以概括为以下三点。

一是为维护高校正常教育教学秩序而实施的惩戒。当学生出现扰乱课堂、实验活动等教育教学秩序的行为，例如大声喧哗、蓄意破坏实验器材，在教室、实验室等科研教学场所携带或使用危险物品、违禁物品，故意或拒绝完成课程教学任务，论文抄袭、考试作弊，不服从教师的教育、教学管理等情形，教师应当予以制止并进行批评教育，如有必要可酌情实施教育惩戒。

二是为维护高校师生正常生活秩序而实施的惩戒。当学生在课余生活、文体活动中出现辱骂、打骂同学、教师，欺凌同学或者侵害他人合法权益，私藏、携带违禁危险物品进入校园生活场所，诽谤、诋毁他人生活作风、个人名誉，非法挪用他人生活财物，伤害他人身心健康等情形，教师应当采取当场制止、批评教育等教育惩戒措施。

三是为维护高校学生自身身心健康发展而实施的惩戒。当学生出现影响自己身心健康的危险行为，如吸毒、酗酒、自虐、沉迷网络游戏等，或者其他违反高校学生管理规定的失范行为，教师应当予以制止、劝诫教育，并根据不同的行为程度实施教育惩戒。

---

① 劳凯声.变革社会中的教育权与受教育权：教育法基本问题研究［M］.北京：教育科学出版社，2003：379.

教师在课堂教学、日常管理中，如发现学生存有上述行为或类似性质行为，对于违规违纪情节较为轻微的学生，可以当场实施以下教育惩戒：点名批评；责令赔礼道歉、做口头或者书面检讨。情节较重或者经当场教育惩戒拒不改正的，教师可以将其交由辅导员或学生工作处予以训导和处理。当发生有可能对自己或他人造成伤害的紧急情况时，教师可采取必要措施，将学生带离教室或者教学现场，并予以教育管理。

（四）高校教师合理行使教育惩戒的道德要求

教育惩戒是教育活动中不可或缺的手段，同时也是一种特殊的教育方式，其实施主体是学校和教师，实施对象是违规违纪的学生，其目的是矫正学生过失、警示他人、维护秩序。高校和教师实施的合理的教育惩戒对于规范学生行为有积极影响，不当的教育惩戒则会给学生带来负面影响。高校教师在教育教学过程中实施惩戒时，需要遵循以下三点道德要求。

1. 遵循教育规律，注重育人效果

高校教师应当遵循教育规律，通过积极管教和教育惩戒的实施，及时纠正学生的错误言行，培养学生的规则意识、责任意识等，帮助学生个体实现更好的发展。"惩前毖后，治病救人"，教育惩戒的"惩"是手段，"戒"是目的。教育惩戒的目的是让学生对自己的过失有足够的认识，并且改过迁善，得到正向的成长发展。

高校教师实施惩戒应充分体现其教育性，教师惩戒学生如果是为了惩戒而惩戒，则会伤害学生的自尊，当学生感到人格被侮辱后，就会对教师产生抵触情绪，甚至自暴自弃。因此，教师实施惩戒不应有侮辱学生人格、让学生感受到痛苦和压制的动机和言行。教师惩戒学生时，不能进行辱骂或者以歧视性、侮辱性的言行侵犯学生的人格尊严。尤其切忌将学生的行为轻率地归结为他（她）的品德——"你是坏学生""你人品差"等；也不能用失望的、恶毒的，甚至仇恨的口吻——"你不是学习的料""你以后没有出息""你再不改正错误，走上社会就是犯罪的料"等。

除此之外，高校教师在实施教育惩戒的过程中，严禁出现体罚行为。体罚是通过某种手段和方法对学生的身体进行惩罚，并造成学生身心健康损害的侵权行为，也是我国现行法律明令禁止的行为。因此，高校教师实施惩戒时应尤为注意不能体罚，不能出现以击打、刺扎等方式直接造成身体痛苦，强制学生做不适的动作或者姿势，以及刻意孤立等间接伤害身体、心理的变相体罚行为。

2. 遵循法治原则，做到公平公正

高校教师实施教育惩戒之前，需要明确法律所赋予自身的权利与义务，也要明确法律赋予学生的权利与义务。教师在行使惩戒权的时候必须合理合法，不滥用自己的权利，不忽视、不侵犯学生的权利，在惩戒的同时也应切实维护学生的合法权益。高校教师对学生的教育惩戒必须要依法办事，以校纪校规为依据，也可以视情况征集来自包括其他教师和学生在内的集体意愿。教师采取这样的行为，犯错误的同学容易接受，不会认为是教师跟其"过不去",同时还可以培养学生的民主意识和法治精神。

高校教师惩戒学生,要做到公平公正,不得随意惩戒、滥用惩戒。在事前、事中、事后都应该遵守必要的惩戒程序。一般情况下教师在教学过程中出现的即时性的惩戒,可以自行决定,而正式的纪律处分就必须由学校决定。教师在做出惩戒决定之前,应当告知学生被惩戒的缘由和将要实施的惩戒;事中程序主要是明确惩戒主体,哪些惩戒由教师决定,哪些惩戒由学校决定;事后程序主要是惩戒决定下达后,告知学生其享有的申诉权。教师不能擅自私下惩戒学生,不可因个人或者少数人的违规违纪行为而惩罚全体学生;不能因个人情绪、好恶而实施或者选择性实施教育惩戒;更不能指派学生对其他学生实施教育惩戒,要严肃认真、合理公正地行使惩戒权。

3. 选择适当措施,做到"因材施惩"

教育惩戒应选择适当措施,与学生的过错程度相适应。以高校教师为主体发起的惩戒大多为适时性惩戒,即教师在教学过程中即时实施的惩戒,例如教师对影响课堂纪律的学生进行的口头训斥、要求书面检讨等行为。教师可以自行决定在什么时候行使惩戒权、选择何种惩戒形式。为了起到更好的惩戒效果,教师应该避免过度或无效的惩戒。若惩戒力度太轻,学生感知不到,没有起到应有的教育引导作用;若惩戒力度过重,学生会产生无所适从的逆反心理,反而背离了惩戒的初衷。因此要结合惩罚措施的可操作性、学生的心理承受能力,根据实际情况采用适度的惩戒方式,充分发挥惩戒的教育效用。

教师实施教育惩戒要把握时机,惩戒要及时,要"趁热打铁",在学生犯错的时候进行,这样有利于违规学生能够即时性地认识错误和反省自己,也有利于其他学生从具体事件中吸取教训,以规避一些违规事件发生的可能性,这也有助于学生加深对自身责任和义务的理解。及时惩戒能使学生的不安、内疚等体验更深,能使他们更清楚地看到错误造成的后果。延迟的惩戒和处理会因时过境迁而使学生忘记、淡化错误行为,惩戒的教育意义无法充分体现。教师对学生的错误行为不能听之任之,等到学生的错误行为造成危害后再来"揭伤疤""算总账",这样容易使学生产生情绪上的反感和对立,不利于学生从思想上认识错误和改正错误。

高校教师还应注意惩戒方式方法的多样化。教师惩戒需要具体问题具体分析,要注重把握学生的特点如年龄特征、性别差异、专业差异、学生本人对惩罚的态度与期望等,从而作出差异化的惩戒。在实施惩戒之后,教师也应当注重与被惩戒的学生进行一对一的沟通和安抚,对改过自新的学生予以鼓励,以巩固惩戒的育人成效。

[拓展阅读] 华中农业大学四大举措构建"师生融乐"新型师生关系,引导教师潜心育人

【本章小结】

道德性是教育的根本性质。教育是一种以培养人为目的的社会行动,教育的根本目

的在于立德树人,教育内容具有天然的道德性。高校学生活动是落实立德树人根本任务的重要载体,具有不可替代的育人价值和鲜明的道德性。高校教师应积极引导学生参加各项活动,这有利于高校建构活动协同育人机制。良好的师生关系有利于促进学生的发展、培养学生的良好品德、培养学生的创新能力,是高校教育取得预期效果以及学生健康成长的重要前提和必要条件。高校教师惩戒具有即时矫正违规行为、威慑预防违规行为、服务高校组织管理的功能。高校教师应遵循教育规律,注重育人效果、遵循法治原则,做到公平公正、选择适当措施,做到"因材施惩",从而合理行使教育惩戒。

【反思·实践·探究】

1. 试分析教育的道德属性。
2. 试分析高校学生活动的育人价值。
3. 良好的师生关系对于高校师生的成长有何重要意义?
4. 在师生关系方面,高校教师应该遵循哪些基本的道德规范?
5. 高校教师应如何施行教育惩戒?

【推荐阅读】

1. 杨锐.新时代高校学生事务管理理论与实践[M].长春:吉林人民出版社,2020.

2. 范媛吉,刘松,崔坤在,等.新时代师德师风建设[M].长沙:湖南大学出版社,2021.

3. 罗博·普莱文.建立以学习共同体为导向的师生关系:让教育的复杂问题变得简单[M].张静,译.北京:中国青年出版社,2019.

4. 张俭民.迷失与重建:大学师生关系探讨[M].武汉:华中师范大学出版社,2018.

5. 王文杰.高校学生事务管理工作案例选编[M].北京:光明日报出版社,2018.

6. 陈惠津,范士龙.教师职业道德与教育法规[M].武汉:华中师范大学出版社,2018.

7. 傅进军,等.大学生活动论:素质教育背景下的大学课外教育[M].北京:科学出版社,2008.

8. 全国人大常委会办公厅.中华人民共和国教师法[M].北京:中国民主法制出版社,2008.

9. 任海涛."教育惩戒"的概念界定[J].华东师范大学学报(教育科学版),2019,37(4):142-153.

10. 劳凯声,蔡春,寇彧,等.教育惩戒:价值、边界与规制(笔谈)[J].教育科学,2019,35(4):1-10.

第三章 高校教师的教学道德

【知识导图】

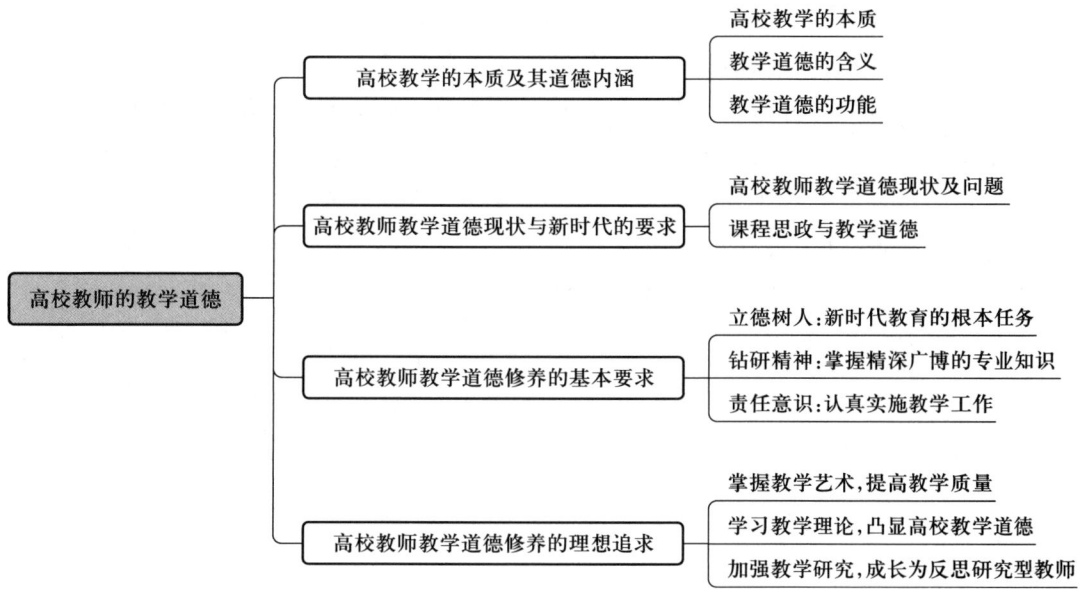

立德树人是高校的根本任务，人才培养是高校的中心工作，其主要途径便是教学。高校的教学目的是促进学生的全面发展，高校教师应遵循教学过程中的基本道德规范，形成明确恰切的教学本质观，使教学工作有序、有效地得以开展。同时，高校教师要对新时代的教学道德要求进行积极实践与思考，形成完善和自我驱动的教学道德体系。

第一节 高校教学的本质及其道德内涵

在教育教学工作中，教与学是一个过程的两个方面，教师与学生形成了一个矛盾统一体。教师的基本职责是"教"，即传播知识、培养能力和态度，而学生的职责是"学"，即学习知识、发展能力和态度。教学活动是教师的"教"与学生的"学"相互作用的动态过程。教与学的过程也是一种精神活动过程，教师在教学过程中促进学生精神世界的成长以及道德境界的完善。教师和学生为了一个共同的目标走进学校，教学活动就产生了，"教"与"学"的矛盾也就出现了。为了达到教学目的，有必要对整个教育教学活动进行调节，解决在教学过程中出现的各种矛盾。在这个过程中，教学道德的调节是一种很重要的调节手段。

一、高校教学的本质

如何正确理解教学的本质，是高校教师完成高质量教学和培养教学道德的前提和基础。从本质而言，高校教学是政府、高校、教师、学生以及社会多个主体共同推动发展的社会活动。同时，教学不是单纯的认知性活动，而是通过知识解放和发展人，使其直面生活世界的交往和实践。对于高校教师而言，高校教学的本质是教师作为道德能动者，在课堂教学中践行道德目的和道德规范的道德活动，是一种道德事业。因此，高校教师应正确认识自身在教学中的作用与地位，形成清晰明确的教学本质观，遵循教学的基本行为规范，通过有效选择教学方式和教学内容，加强对学生道德品质的培养，以及自身教学道德的完善。

（一）高校教学的独特性

高校教学的独特性具有以下三个特点。

第一，教学对象的特殊性。高校教学的主体对象多是成年后的青年，其认知和心理发展能力都进入了关键时期，包括高校学生的观察力、思维能力、社会实践经验与应用知识解决问题等多种能力。

高校教学应帮助高校学生发展和分析综合型的观察能力，引导高校学生学会观察的同时，经过思维的综合，加深对观察对象的深入理解，达成透过现象看本质的目的；高校学生的辩证思维能力得到发展，包括思维的逻辑性、独立性、批判性以及独创性；在社会实践经验与应用知识解决问题的能力发展方面，高校学生已有初步的社会实践经验，并逐渐通过更高层次的专业知识来解决复杂问题，而这种能力需要在高校的教学过程中积极加以引导和促进。

在这一时期，高校学生的自我意识、个性发展及社会交往，也进入了全新阶段。高校学生的自我意识包括自我认识、自我评价、自我监督以及自我控制的心理能力。高校学生的个性发展，包括学生的需求、动机、兴趣、理想、信念以及世界观、人生观与价值观。高校教师必须充分了解和意识到学生自我意识、个性发展和社会交往的特殊性。

第二，教学过程的特殊性。就高校教学的认识过程而言，具有三个明显的特点。一是知识的专门性，高校教学主要以学科专业知识为主。二是知识的高深性，高校教学的知识领域不仅仅是现有的、已知的知识，还包括探索人类未知的、不确定的领域。也可以称之为，高校教学过程具有"学习与发现"交互的特点。[①] 三是知识的职业性，即高校教学与相应的社会生产生活和职业领域相关联，并与就业市场相衔接。

第三，教学任务的特殊性。高等教育作为学校教育系统的最高层次，承担着为国家的经济建设发展输送人才的重任。高校的人才培养既要跟时代脉搏同频共振，引领社会的发展方向，"以社会需求为导向，走多样化人才培养之路"[②]，还要根据经济社会发展对人才的需要"深化教学改革，优化人才培养过程"[③]。高校教学面对着灵活多样、与时俱进的社会人才需求，在教学设计、教学过程以及教学评价的过程中，应充分考虑应用与实践的需求，不能机械化开展教学工作。

（二）教学观的发展

传统的教学观强调知识的真理性与不变性，忽视隐性知识的重要性，认为知识的专业分类之间壁垒分明，固守教师的绝对主体地位，给学生的发展带来了不利的影响。高校教师在教学过程中应尽量摒弃传统教学观，发展新的教学观。新的教学观对于教学主要有以下两种认识。

第一，教学是通过知识解放和发展人的道德实践活动。教学不是单纯地使人获得知识的认识过程，还是通过知识促进自身发展、自由和解放的价值过程。人的全面发展的最高境界是道德境界的完善，高校教学的本质在于育人，要培育具有良好道德素质的高校学生。

高校教学应该充分解放学生的思想和头脑，释放其精神活力。联合国教科文组织在 1972 年发布的《学会生存——教育世界的今天和明天》报告中就提出了"教育即解放"的观点，"人类发展的目的在于使人日臻完善；使他的人格丰富多彩，表达方式复杂多样；使他作为一个人，作为一个家庭和社会的成员，作为一个公民和生产者、技术

---

①　约翰·S.布鲁贝克.高等教育哲学［M］.王承绪，郑继伟，张维平，等译.3 版.杭州：浙江教育出版社，2001：13.

②　关于进一步加强高等学校本科教学工作的若干意见［J］.中国大学教学，2005（2）：4-5.

③　关于进一步加强高等学校本科教学工作的若干意见［J］.中国大学教学，2005（2）：4-5.

发明家和有创造性的理想家，来承担各种不同的责任"①。因此，高校教学不仅要传授高深的专业知识，还要塑造学生独立思考批判、创造和解决问题的能力，形成良好的人文素养，帮助学生获得精神成长、提高道德境界。2019 年 11 月，教育部等七部门印发的《关于加强和改进新时代师德师风建设的意见》中强调："突出课堂育德，在教育教学中提升师德素养。充分发挥课堂主渠道作用，引导广大教师守好讲台主阵地，将立德树人放在首要位置，融入渗透到教育教学全过程，以心育心、以德育德、以人格育人格。"② 因此，从本质上而言，高校教学是一种道德活动，是一项高校师生需要为之努力付出的道德事业。

第二，教学是主体间构建生活世界的生命交往实践。教学不只是单纯的认知活动，同时还是师生不同主体之间所展开的心灵对话和生命实践的交往活动。作为交往的教学具有自主性、多向性、开放性、平等性、互动性、建构性和生成性等特征，它不是封闭的、单一的、静态的和现成的，而是处于流动、变化和生成之中。换言之，教学资源及其过程从根本上并非外部规制和给定的固化实体，它是师生之间、生生之间、师生与文本之间、师生与自我内心之间展开的心灵对话、理解与交流的结果。③

高校教学中的交往，不是自然世界中随机的、个别的和偶发的行为，而是有目的和有计划的情境设计，其在各个方面都具有指向性和多样性的教育含义。在高校教学的交往场域中，课程体现着精深学术、专业实践、理想信念、社会规范和职业伦理的统一；教师不只是闻道在先的专家学者，还是为人师表的生活向导；学校其他的诸多要素包括物质、技术、社会、心理等也都体现着全方位全过程育人的精细构思。与此同时，高校环境中的学生，在参与高校教学的过程中，不是被动地等待和接受外部的给予和规训，其本身就是课程和教育的习得者、参与者、实践者及创造者。在这一意义上，高校教学既是意义的生成和创造过程，也是主体生命价值的展现过程。由于教师和学生在知识、认识、感受、个性、价值等方面存在着差异，使得教学交往中师生双方各自向着对方的精神世界自然敞开，进行心灵沟通、理性碰撞、情感交流，彼此互联、互动、互鉴、互生，构成一幅绚丽多彩、充满生命的生动景观。学生在高校教学中直接参与、理解、体验和建构，不仅能获得社会生活知识、技能和价值，也可以获得展示自我、发展自我的机会。显然，在师生交往的课堂生活世界里，学生不再是沉默者、旁观者和教学过程的配角，而是与教师一道共同编导、演绎和展现生命历程及其价值创造的主人；课本、教具、空间、试卷、表格等不再是冰冷和令人生厌的无机物，而是他们共同用心用情生产

---

① 联合国教科文组织国际教育发展委员会.学会生存：教育世界的今天和明天［M］.华东师范大学比较教育研究所，译.北京：教育科学出版社，1996：2.

② 教育部等七部门印发《关于加强和改进新时代师德师风建设的意见》的通知［J］.中华人民共和国教育部公报，2019（12）：22-26.

③ 刘振天.高校课堂教学革命：实际、实质与实现［J］.高等教育研究，2020，41（7）：58-69.

的产品。[①]

二、教学道德的含义

教学道德贯穿于学校的整个教育教学活动之中，对教育教学活动的内容和方式提出道德目的和道德任务，对作为道德能动者的教师提出道德要求和道德规范。高校教师要清楚地意识到，所有与教学相关的行为必须在教育教学活动中符合教学道德的基本要求，同时其自身也必须为实现教学道德的理想追求不懈努力。

具体来说，教学道德是指在高校的特定场所中，具有特定身份的教师在完成教学任务的过程中所应当遵循的行为准则，例如精心备课、按时上课、认真设计课堂活动、仔细批改作业等。高校教师通常应该把教学任务看作一项道德的工作，课程内容、教学方法以及评价手段的选择均需体现道德性，发挥教学对学生道德品行发展的作用。总体来说，教学道德包括高校教师对于根本任务"立德树人"的理解与践行，对于自身专业以及教学相关知识的不断钻研，对于教学工作的认真负责。

教学道德具有以下三个显著的特点。第一，教学道德是高校教师从事教学活动的行为规范。在高校的教学活动中，高校教师必须遵守各种行为规范，教学道德是保证教学顺利进行和提高教学效果的必要条件。第二，教学道德是一种场合道德。这是指在高校这个特定场所、特定空间中形成的道德，是高校教师为了履行自己的教书育人责任而必须遵守的道德规范体系，主要是指在教学过程中应该遵循的道德规范。第三，教学道德是高校教师职业道德的核心内容。认真教学是高校教师义不容辞的责任，评价高校教师，教学质量是其中的一个重要方面。

三、教学道德的功能

教学道德在具体的教育教学过程中发挥着特有的功能，调节着教育教学过程中教与学的矛盾，使二者能够达到和谐统一。教学道德主要有以下三个功能。

（一）沟通功能

教学过程是知识与能力进行传递和接受的过程，在其中，道德情感的沟通显得尤为重要。道德情感沟通的好坏直接影响到知识传播与接受的质量。良好的教学道德能使知识传播的渠道更加顺畅，使学生的学习效率更高。高校师生之间的良好沟通，有利于教师所传授的知识转化为学生学习到的知识和能力，有效地解决了高校教学中教与学的矛盾。

---

① 刘振天.高校课堂教学革命：实际、实质与实现［J］.高等教育研究，2020，41（7）：58-69.

（二）激励功能

高校的教学活动是一种精神活动，是一种创造性的、能够体现特定目的的社会活动，在教学活动中，要遵循一定的教学道德规范。特定目的和道德规范一旦得到高校师生的认同和接纳，就会在双方心中化作精神动力，并激励着师生们的品行，使之对教学产生热情，并用以指导自身行为，较好地调节了教与学之间的矛盾，使教育活动能够符合社会的总体需要，达到教育目的。在教学活动中，高校的师生双方都会在教学道德中受到激励。教学道德一方面会激励教师坚持正确的教育方针，建立良好的师生关系并以身作则，不断丰富自己的知识，努力探索教学经验，认真施教；另一方面能够激励学生刻苦学习，努力成才。

（三）调节功能

教学道德对教师的教学过程和学生的学习过程具有双向调节作用。首先，教学道德调节着高校师生双方的行为。教学道德作为一种行为规范，规定着教师和学生在教学过程中能做什么、不能做什么，应该做什么、不应该做什么，从而保证了教学任务的完成。其次，教学道德调节着高校师生之间的关系。教师在教学过程中能够更好地发展自己，同时还代表社会的要求，履行着社会责任。学生在教学过程中可以获得知识，发展自身能力。师生双方在实现各自目标的时候就会形成矛盾的两个方面，而这主要依靠教学道德来调节。教学道德就是在解决矛盾的过程中，保持教师和学生关系的平衡，寻求双方利益的最佳结合点。

总之，教学道德通过特有的沟通功能、激励功能以及调节功能，有利于师生双方的情感交流，让师生双方得到共同提高，调节着教育教学活动中的各个环节，有效地解决了教育教学过程中教与学之间的矛盾，达到教育目的，为社会培养合格人才。

第二节　高校教师教学道德现状与新时代的要求

当今世界产业结构转型升级加快，信息技术、互联网、大数据和人工智能向纵深发展，同时随着人才供给需求关系发生变化，产业形态急需转变和创新，这些都对高等教育提出了全新的挑战，不仅要求高等教育为其提供基础和支撑，更要求高等教育发挥前瞻和引领作用。新时代要求必须关注高校教师的教学道德培养，在基础的教学活动中充分发挥立德树人的育人功能。

一、高校教师教学道德现状及问题

（一）部分教师责任意识薄弱，教书与育人无法统一

在市场化与商业化的影响下，高校教学存在部分功利化与物质化的倾向。高校教师过多地承担了校外咨询服务、学术兼职等工作，在有限的时间和精力范围内，冲击着教师对教学责任、义务的践履。[①]有的教师认为，教师与学生的关系是市场经济中商品运动的一种表现形式，学生交学费上学是人力资本的投入行为，教师教学是一种谋生手段。除了有报酬的正常本职工作外，其他工作都被归属为"额外劳动"。因此，这些教师不愿承担社会工作，缺乏与学生的沟通与交流，只授课不育人，把教师与学校和学生的关系，演化成一种商业行为。这种现象的出现，有其客观因素，但是有的教师在主观上也没有和学生交流的愿望，课程结束后就离开，课余时间学生很少见到自己的任课教师。

高校教师群体中存在着消极应付的现象，有些教师从感情上提不起对教学工作的兴趣，只是这份职业对其有一种约束作用，使其不得不尽一份教师的义务。这些教师对自己的工作失去了起码的热情和积极的态度，根本谈不上潜心钻研。更为严重的是，有些教师在讲课时，十几年甚至几十年使用同一份讲义，不去更新知识；有些教师基本不布置课堂作业或不批改作业，指导论文不认真；有些教师授课时不执行教学计划，不认真备课，无讲稿、教案授课；有些教师根本不维持课堂纪律，自顾自地在课堂上进行"独白"式的讲课。由于缺乏责任心，这些教师的教学效果较差，引起了学生的不满，严重地损害了人民教师的形象。

（二）教学思想略显陈旧，课堂缺乏生活意义和生命价值

有些教师并不热爱教师这一职业和工作，他们只是把自己所从事的工作看作是用以维持生计的一种基本手段，是不得已而为之的事情。他们关心的是在课堂上如何讲完自己的内容，不管学生是否理解和接受，只是使学生沉浸在对繁杂的概念、观点和理论的记忆和理解中，模式化的理性生活成为课堂教学的基本内容，因此，照本宣科、填鸭灌输是有些高校教师使用最多的方法。这样做的必然结果是，课堂缺乏生活意义和生命价值；教师的教学能力退化，教师的活力被磨灭；学生的个性被抹杀，学生的精神世界成了被遗忘的角落；师生关系变得越来越紧张。因为这样显示出在教师眼里只有物化的知识标准，却没有作为人的学生生命个体。在课堂上，作为学生的人格尊严没有得到应有的尊重，师生之间存在着巨大的鸿沟，课堂内等级森严，师生分属两个截然不同的世界，学生没有办法实现求知的愿望。

---

① 高义吉，王夫艳.大学教学的道德性：消解与回归［J］.思想理论教育，2021（2）：68-73.

（三）教学内容脱离社会实际，不能完全满足学生的求知欲望

我国高校课程体系由各专业统一设置，并根据实际情况不断调整，但每门课程的教学内容主要由教师个人根据自己的知识结构和理解来决定，随着教师个人担任本门课程年限的延长，教学内容陈旧、结构不合理、人才培养模式落后等状况必然出现，具体表现在以下三个方面。一是课程的具体知识和内容陈旧。无论在自然科学、技术科学还是人文社会科学领域，与国际先进水平相比，仍存在着一定的知识差距，有些知识、观点和材料已经落后于时代发展，在我国仍然作为主导观点加以传播。二是过分重视陈述性、事实性和记忆性知识的教学，忽视原理性、策略性、发展性和创造性知识的教学；过分重视确定性的内容，忽视不确定性的、前沿性的内容，课程及教材缺乏对学生智力发展的刺激性和挑战性。三是部分课程结构和人才培养模式较为僵化与封闭，重视同一学科的完整性而忽视不同学科的结合，学科与学习者的结合，学科与社会的结合；课程计划刚性过强，弹性不足，限制了学生自由选择与发展的空间。

（四）教学方法相对简单，缺乏创新性和实用性

长期以来，教学方法一直是高校教师关注的重点和改革"痛点"，然而步履艰难、问题存在已久。其一，教学方法仍以讲授法为主。教师不善于采用多种教学方法并及时变化，习惯采用单一的讲授法。其二，教学方法的有效性低。有研究发现，学生中认为教学方法较好和非常好的占 34.1%，一般的占 53.3%，差和很差的占 12.5%。[1]教师发现采用讲授法进行教学最为轻松，尤其在科研压力比较大的情况下，这是一种比较容易应付教学任务的教学方法。[2]

对于这种单一的单向讲授法，对于教师而言可以更容易、更快速地完成教学任务，但这种教学方法常常导致教师的"满堂灌"，教师站在讲台上当演员，学生坐在下边当听众，这种"老师讲、学生听"的单一教学模式，千篇一律、枯燥无味，学生处于被动的学习状态，严重缺乏学习的主动性、积极性和创造性，直接影响教学效果。教师的"满堂灌"导致学生上课听讲，下课背笔记，考试靠死记硬背。这种灌输式的"背多分"方法很难促进学生的全面发展。这种方法偏重于对概念与理论知识的讲解，从书本到书本，脱离实际应用；不少学生仍习惯于死记硬背，为应付考试而学，结果是考完就遗忘，谈不上运用所学知识去分析和解决实际问题，更谈不上创新能力的发展。"中国大学普遍的沉闷状态是令人忧郁的，课堂本是一个应激起大脑风暴的地方，但是它寂静得

---

[1]　姚利民，曹霞，黄书真．高校教师课堂有效教学调查与分析［J］．中国大学教学，2011（10）：77-81.

[2]　王洪才．论大学传统教学与大学创新教学［J］．苏州大学学报（教育科学版），2017，5（4）：10-19.

令人可怕。"① 较少进行思想交流与碰撞的"沉默式"课堂是当下大学的普遍现状。

在实验教学中，大部分也沿袭传统的讲授教学方法，即"一听老师讲解，二看操作步骤，照方抓药，三填写统一模式的实验报告"。这样做的结果是学生的能力得不到发展，潜能难以挖掘，必然不利于学生综合应用能力的提高和创新意识的培养。

（五）少数教师使用不正确的课堂语言，言行失德

语言作为一种特殊的社会现象，是约定俗成的符号系统，是不同个体之间相互交流的桥梁。在教学过程中，无论是与学生进行知识信息的传递反馈，感情交流，对学生个性的熏陶感化，还是引导、思考、观察、记忆、思维、想象等智力活动，都要借助语言。一个成功的教师是一个语言艺术家。高校教师的语言应发音准确，表达连贯，语义明确，重点突出，条理分明，有针对性，有严密的逻辑，以引导学生形成概念，作出判断，进行推理，形成理论。所以，教师在课堂上的语言表达非常重要。但是，有些教师在课堂上语言不规范，不能很好地表达自己的教学内容；语言不精练，拖泥带水，语病丛生，带有许多"这个""那个""就是"等口头禅；语言不纯洁，甚至有时是肮脏不文明。有的教师在教育少数行为不端的学生，以及维持课堂纪律时，缺乏自控、自制力，对学生进行歇斯底里地破口大骂，或者用尖酸刻薄的语言对学生进行讽刺挖苦、训斥奚落。这种不正确、极端的课堂语言，必然会给学生带来心灵的创伤。

（六）在课堂上偶尔流露消极心态，散播极端个人言论

教师的个性、情感、意志都会对学生产生作用，教师有着什么样的精神风貌对学生具有潜移默化的作用。高校是一个相对开放、宽松的环境，有些教师就把这误认为可以"放任自流"，有些教师把个人好恶和个人的喜怒哀乐带入课堂，在课堂上散布一些不正确的言论，或是发牢骚、或是泄私愤，有的表达社会的不公，有的表达对学校的不满，这些言行将会在学生中产生负面影响。

社会与文化是多元的，但是教育必须具有规范性和导向性，高校教师对于课堂必须心怀敬畏。高校学生多为刚成年的青年，其思想价值导向正处于思考和成长阶段，高校教师需要在一个多元文化并存的社会里，明确为全社会普遍认可和共享的价值导向，以此来促进学生的道德发展，增强他们做出正确道德选择和行动的能力。在信息高度共享和快速传播的当下，有些高校教师肆意在课堂散播极端的、有违社会主义核心价值观的个人言论，不仅对学校的学生造成严重的负面影响，严重违背了教学道德和学校法纪，还影响了社会风气和舆论。

---

① 张楚廷 . 大学里，什么是一堂好课 ［J］. 高等教育研究，2007（3）：73-76.

二、课程思政与教学道德

课程思政的核心是立德树人，应将其作为高校教师教学道德修养的核心内容。高校教师应该清晰掌握课程思政的内涵，明确课程思政的目标要求与细则。

（一）课程思政的内涵

习近平总书记在全国高校思想政治工作会议上指出："要用好课堂教学这个主渠道，思想政治理论课要坚持在改进中加强，提升思想政治教育亲和力和针对性，满足学生成长发展需求和期待，其他各门课都要守好一段渠、种好责任田，使各类课程与思想政治理论课同向同行，形成协同效应。"[①]

课程思政正是对习近平总书记提出的"同向而行"和"协同效应"的积极回应。2020 年 6 月，教育部印发的《高等学校课程思政建设指导纲要》中明确指出，高等学校人才培养是育人和育才相统一的过程。建设高水平人才培养体系，必须将思想政治工作体系贯通其中，必须抓好课程思政建设，解决好专业教育和思政教育"两张皮"问题。要牢固确立人才培养的中心地位，围绕构建高水平人才培养体系，不断完善课程思政工作体系、教学体系和内容体系。高校主要负责同志要直接抓人才培养工作，统筹做好各学科专业、各类课程的课程思政建设。要紧紧围绕国家和区域发展需求，结合学校发展定位和人才培养目标，构建全面

［拓展阅读］
教育部关于印
发《高等学校
课程思政建设
指导纲要》的
通知

覆盖、类型丰富、层次递进、相互支撑的课程思政体系。要切实把教育教学作为最基础最根本的工作，深入挖掘各类课程和教学方式中蕴含的思想政治教育资源，让学生通过学习，掌握事物发展规律，通晓天下道理，丰富学识，增长见识，塑造品格，努力成为德智体美劳全面发展的社会主义建设者和接班人。

课程思政是将马克思主义理论贯穿于教学和研究全过程，深入发掘和应用各类课程的思想政治理论教育资源，从战略高度构建思想政治理论课、综合素养课程、专业教育课程"三位一体"的思想政治教育课程体系，促使各专业的教育教学，都善于运用马克思主义的立场、观点和方法，探索实践各类课程与思想政治理论课同向同行，形成协同效应的重要途径。

（二）课程思政的目标要求和内容重点

课程思政建设工作要围绕全面提高人才培养能力这个核心点，在全国所有高校、所

---

① 习近平在全国高校思想政治工作会议上强调：把思想政治工作贯穿教育教学全过程 开创我国高等教育事业发展新局面［J］.实践（思想理论版），2017（2）：30-31.

有学科专业全面推进，促使课程思政的理念形成广泛共识，广大教师开展课程思政建设的意识和能力全面提升，协同推进课程思政建设的体制机制基本健全，高校立德树人成效进一步提高。课程思政建设内容要紧紧围绕坚定学生理想信念，以爱党、爱国、爱社会主义、爱人民、爱集体为主线，围绕政治认同、家国情怀、文化素养、宪法法治意识、道德修养等重点优化课程思政内容供给，系统进行中国特色社会主义和中国梦教育、社会主义核心价值观教育、法治教育、劳动教育、心理健康教育、中华优秀传统文化教育。

第一，推进习近平新时代中国特色社会主义思想进教材进课堂进头脑。坚持不懈用习近平新时代中国特色社会主义思想铸魂育人，引导学生了解世情国情党情民情，增强对党的创新理论的政治认同、思想认同、情感认同，坚定中国特色社会主义道路自信、理论自信、制度自信、文化自信。

第二，培育和践行社会主义核心价值观。教育引导学生把国家、社会、公民的价值要求融为一体，提高个人的爱国、敬业、诚信、友善修养，自觉把小我融入大我，不断追求国家的富强、民主、文明、和谐和社会的自由、平等、公正、法治，将社会主义核心价值观内化为精神追求、外化为自觉行动。

第三，加强中华优秀传统文化教育。大力弘扬以爱国主义为核心的民族精神和以改革创新为核心的时代精神，教育引导学生深刻理解中华优秀传统文化中讲仁爱、重民本、守诚信、崇正义、尚和合、求大同的思想精华和时代价值，教育引导学生传承中华文脉，富有中国心、饱含中国情、充满中国味。

第四，深入开展宪法法治教育。教育引导学生学思践悟习近平全面依法治国新理念新思想新战略，牢固树立法治观念，坚定走中国特色社会主义法治道路的理想和信念，深化对法治理念、法治原则、重要法律概念的认知，提高运用法治思维和法治方式维护自身权利、参与社会公共事务、化解矛盾纠纷的意识和能力。

第五，深化职业理想和职业道德教育。教育引导学生深刻理解并自觉实践各行业的职业精神和职业规范，增强职业责任感，培养遵纪守法、爱岗敬业、无私奉献、诚实守信、公道办事、开拓创新的职业品格和行为习惯。

（三）教师作为课程思政建设的关键要素

全面推进课程思政建设，教师是关键。《高等学校课程思政建设指导纲要》明确指出，要推动广大教师进一步强化育人意识，找准育人角度，提升育人能力，确保课程思政建设落地落实、见功见效。要加强教师课程思政能力建设，建立健全优质资源共享机制，支持各地各高校搭建课程思政建设交流平台，分区域、分学科专业领域开展经常性的典型经验交流、现场教学观摩、教师教学培训等活动，充分利用现代信息技术手段，促进优质资源在各区域、层次、类型的高校间共享共用。依托高校教师网络培训中心、教师教学发展中心等，深入开展马克思主义政治经济学、马克思主义新闻观、中国特色社会主义法治理论、法律职业伦理、工程伦理、医学人文教育等专题培训。支持高校将课程思政纳入教师岗前培训、在岗培训和师德师风、教学能力专题培训等。充分发挥教研室、教学团队、课程组等基层教学组织作用，建立课程思政集体教研制度。鼓励支持思政课教师与专业课教师合作教学教研，鼓励支持院士、"长江学者"、"杰青"、国家级教学名师等带头开展课程思政建设。加强课程思政建设重点、难点、前瞻性问题的研究，在教育部哲学社会科学研究项目中积极支持课程思政类研究选题。充分发挥高校课程思政教学研究中心、思想政治工作创新发展中心、马克思主义学院和相关学科专业教学组织的作用，构建多层次课程思政建设研究体系。

第三节　高校教师教学道德修养的基本要求

教学道德修养的基本要求是高校教师在教学过程中必须遵循的行为规范，具体内容分为三个方面，包括立德树人、钻研精神和责任意识。

［拓展阅读］
防灾减灾工程学：坚持知识性与价值性相统一，培养学生防灾减灾使命感

一、立德树人：新时代教育的根本任务

习近平总书记高度重视高校培养什么样的人、如何培养人以及为谁培养人这个教育的根本问题，强调"要坚持把立德树人作为中心环节，把思想政治工作贯穿教育教学全过程，实现全程育人、全方位育人""高校立身之本在于立德树人"。① 因此，立德树人是高校教育的根本任务，是高校工作的中心环节。高校要想实现立德树人的目标，应该充分利用课堂教学的主渠道，以教学道德的培养为中心，而教学道德的培养建设就要以课程思政策略为核心指导。习近平总书记指出，"教师承担着最庄严、最神圣的使命……教师要时刻铭记教书育人的使命，甘当人梯，甘当铺路石，以人格魅力引导学生心灵，以学术造诣开启学生的智慧之门"②。高校教师的基本职责就是把人类社会不断积累和创造的知识传授给学生，使他们获得从事社会工作本领的同时，培养学生具有高尚的道德情操，将专业知识教学和道德教育同步推进。

（一）教书与育人必须统一

教书是指高校教师向学生传授系统的、专业的科学文化知识，培养学生的科学文化素质，发展学生的智能。育人是指高校教师通过课上及课下的教学活动和师生之间相互

---

① 习近平. 习近平谈治国理政：第2卷［M］. 北京：外文出版社，2017：376–377.

② 习近平. 习近平谈治国理政［M］. 北京：外文出版社，2014：175.

作用的过程以及教师言行对学生进行的一些思想道德教育，从而促进学生的身心全面发展。教书育人是高校教师根据社会发展的需要和学生身心发展的规律，在教育教学过程中，自觉地把教育和教学结合起来，既传授科学文化知识，又进行道德教育，把学生培养成为德智体美劳全面发展的、为社会所需要的人才。2019 年 11 月，教育部等七部门印发的《关于加强和改进新时代师德师风建设的意见》中指出："突出课堂育德，在教育教学中提升师德素养。充分发挥课堂主渠道作用，引导广大教师守好讲台主阵地，将立德树人放在首要位置，融入渗透到教育教学全过程，以心育心、以德育德、以人格育人格。"[①] 教书必须回归育人的初心，教育是培养人、塑造人的工作，在教育工作中，通过有目的、有计划、有组织的影响，可以使学生得到有效和积极的发展，成为一个为社会所需要的人。具体地说，就是使受教育者在掌握知识技能和发展智能的同时，形成正确的世界观、人生观和价值观，在这个意义上讲，教书和育人是一个统一的过程。培养德智体美劳全面发展的人，需要将教书与育人在教育教学实践统一起来。如果只强调教书，不重视育人，不教学生如何做人，那么培养出来的学生可能会是一个没有正确世界观、人生观、价值观和道德观的人。相反，如果只强调育人，而不认真教书，不仅影响学生科学文化知识和技能的掌握，学生也很难形成良好的思想道德品质。一名优秀的高校教师绝不只是简单的"教书匠"和传授知识的"工具"，还应该是知识的传播者，是学生生活的导师，是学生道德的领路人。

[拓展阅读]
普通物理实
验：格物致
知育新人

（二）课程思政是新时代高校教师的基本教学道德规范

课程思政已经成为新时代高校教师的基本教学道德规范，只有教师明确并落实自身的教学道德和责任，才能够深入学生的心灵，引领学生思想和精神的攀升，促进学生思想政治素质的提高。全面推进课程思政建设是落实立德树人根本任务的战略举措。全面推进课程思政建设，就是要寓价值观引导于知识传授和能力培养之中，帮助学生塑造正确的世界观、人生观、价值观，这是人才培养的应有之义，更是必备内容。这一战略举措，影响甚至决定着国家未来的接班人问题，影响甚至决定着国家的长治久安，影响甚至决定着民族复兴和国家崛起。要紧紧抓住教师队伍"主力军"、课程建设"主战场"、课堂教学"主渠道"，让所有高校、所有教师、所有课程都承担好育人责任，守好一段渠、种好责任田，使各类课程与思政课程同向同行，将显性教育和隐性教育相统一，形成协同效应，构建全员全程全方位育人大格局。习近平总书记高度重视对青年学生进行社会主义核心价值观教育。在他看来，青年学生处在价值观形成和确立的时期，抓好这一时期的价值观养成十分重要。青年的价值取向决定了未来整个社会的价值取向，而青

---

① 教育部等七部门印发《关于加强和改进新时代师德师风建设的意见》的通知 [J] . 中华人民共和国教育部公报，2019（12）：22-26.

年又处在价值观形成和确立的时期，抓好这一时期的价值观养成十分重要。[①]

要达成这样的培养目标，落实在具体的教师职业行为上就是通过教师的劳动培养人，塑造人，改造人，促进人的全面发展。因此，"道德教育者"应该成为高校教师必备的身份角色，在育人的同时，也要完善自身的道德修养。因此，课程思政建设所提出的对于教师的要求，既是教师的基本职责，也是教师应当遵循的道德规范。

课程思政是新时代的要求，强调教师对学生德行的培养，要求教师既要精心教书，又要好好育人，这是教育领域的共识。教师是人类灵魂的工程师，是学生进步成长的导师，对于提高学生的思想政治素质乃至全面发展具有持久、深远、不可替代的影响。教师良好的政治素质和道德修养是一部最好的教科书，教师的人格力量及其世界观、人生观和价值观在潜移默化中对学生的影响有着巨大的示范和引导作用。因此，教师不仅要教好书，还要育好人，每位教师都必须把这一要求作为自己行为的规范，认真履行好这一职责。

（三）课程思政建设的具体要求

1. 科学设计课程思政教学体系

高校要有针对性地修订人才培养方案，切实落实高等学校专业教学标准、本科专业类教学质量国家标准和一级学科、专业学位类别（领域）博士硕士学位基本要求，构建科学合理的课程思政教学体系。要坚持学生中心、产出导向、持续改进，不断提升学生的课程学习体验、学习效果，坚决防止"贴标签""两张皮"。

（1）公共基础课程。要重点建设一批提高大学生思想道德修养、人文素质、科学精神、宪法法治意识、国家安全意识和认知能力的课程，注重在潜移默化中坚定学生理想信念、厚植爱国主义情怀、加强品德修养、增长知识见识、培养奋斗精神，提升学生综合素质。打造一批有特色的体育、美育类课程，帮助学生在体育锻炼中享受乐趣、增强体质、健全人格、锤炼意志，在美育教学中提升审美素养、陶冶情操、温润心灵、激发创造创新活力。

（2）专业教育课程。要根据不同学科专业的特色和优势，深入研究不同专业的育人目标，深度挖掘提炼专业知识体系中所蕴含的思想价值和精神内涵，科学合理拓展专业课程的广度、深度和温度，从课程所涉专业、行业、国家、国际、文化、历史等角度，增加课程的知识性、人文性，提升引领性、时代性和开放性。

（3）实践类课程。专业实验实践课程，要注重学思结合、知行统一，增强学生勇于探索的创新精神、善于解决问题的实践能力。创新创业教育课程，要注重让学生"敢闯会创"，在亲身参与中增强创新精神、创造意识和创业能力。社会实践类课程，要注重教育和引导学生弘扬劳动精神，将"读万卷书"与"行万里路"相结合，扎根中国大地

---

① 习近平.青年要自觉践行社会主义核心价值观［N］.人民日报，2014-05-05（2）.

了解国情民情，在实践中增长智慧才干，在艰苦奋斗中锤炼意志品质。

2. 结合专业特点分类推进课程思政建设

专业课程是课程思政建设的基本载体。要深入梳理专业课教学内容，结合不同课程特点、思维方法和价值理念，深入挖掘课程思政元素，有机融入课程教学，达到润物无声的育人效果。

（1）文学、历史学、哲学类专业课程。要在课程教学中帮助学生掌握马克思主义世界观和方法论，从历史与现实、理论与实践等维度深刻理解习近平新时代中国特色社会主义思想。要结合专业知识教育引导学生深刻理解社会主义核心价值观，自觉弘扬中华优秀传统文化、革命文化、社会主义先进文化。

（2）经济学、管理学、法学类专业课程。要在课程教学中坚持以马克思主义为指导，加快构建中国特色哲学社会科学学科体系、学术体系、话语体系。要帮助学生了解相关专业和行业领域的国家战略、法律法规和相关政策，引导学生深入社会实践、关注现实问题，培育学生经世济民、诚信服务、德法兼修的职业素养。

（3）教育学类专业课程。要在课程教学中注重加强师德师风教育，突出课堂育德、典型树德、规则立德，引导学生树立学为人师、行为世范的职业理想，培育爱国守法、规范从教的职业操守，培养学生传道情怀、授业底蕴、解惑能力，把对家国的爱、对教育的爱、对学生的爱融为一体，自觉以德立身、以德立学、以德施教，争做有理想信念、有道德情操、有扎实学识、有仁爱之心的"四有"好老师，坚定不移走中国特色社会主义教育发展道路。体育类课程要树立健康第一的教育理念，注重爱国主义教育和传统文化教育，培养学生顽强拼搏、奋斗有我的信念，激发学生提升全民族身体素质的责任感。

（4）理学、工学类专业课程。要在课程教学中把马克思主义立场观点方法的教育与科学精神的培养结合起来，提高学生正确认识问题、分析问题和解决问题的能力。理学类专业课程，要注重科学思维方法的训练和科学伦理的教育，培养学生探索未知、追求真理、勇攀科学高峰的责任感和使命感。工学类专业课程，要注重强化学生工程伦理教育，培养学生精益求精的大国工匠精神，激发学生科技报国的家国情怀和使命担当。

（5）农学类专业课程。要在课程教学中加强生态文明教育，引导学生树立和践行绿水青山就是金山银山的理念。要注重培养学生的"大国三农"情怀，引导学生以强农兴农为己任，"懂农业、爱农村、爱农民"，树立把论文写在祖国大地上的意识和信念，增强学生服务农业农村现代化、服务乡村全面振兴的使命感和责任感，培养知农爱农创新人才。

（6）医学类专业课程。要在课程教学中注重加强医德医风教育，着力培养学生"敬佑生命、救死扶伤、甘于奉献、大爱无疆"的医者精神，注重加强医者仁心教育，在培养精湛医术的同时，教育引导学生始终把人民群众生命安全和身体健康放在首位，尊重患者，善于沟通，提升综合素养和人文修养，提升依法应对重大突发公共卫生事件能力，做党和人民信赖的好医生。

（7）艺术学类专业课程。要在课程教学中教育引导学生立足时代、扎根人民、深入生活，树立正确的艺术观和创作观。要坚持以美育人、以美化人，积极弘扬中华美育精神，引导学生自觉传承和弘扬中华优秀传统文化，全面提高学生的审美和人文素养，增强文化自信。

高等职业学校要结合高职专业分类和课程设置情况，落实好分类推进相关要求。

3. 将课程思政融入课堂教学建设全过程

高校课程思政要融入课堂教学建设，作为课程设置、教学大纲核准和教案评价的重要内容，落实到课程目标设计、教学大纲修订、教材编审选用、教案课件编写各方面，贯穿于课堂授课、教学研讨、实验实训、作业论文各环节。要讲好用好马工程重点教材，推进教材内容进人才培养方案、进教案课件、进考试。要创新课堂教学模式，推进现代信息技术在课程思政教学中的应用，激发学生学习兴趣，引导学生深入思考。要健全高校课堂教学管理体系，改进课堂教学过程管理，提高课程思政内涵融入课堂教学的水平。要综合运用第一课堂和第二课堂，组织开展"中国政法实务大讲堂""新闻实务大讲堂"等系列讲堂，深入开展"青年红色筑梦之旅""百万师生大实践"等社会实践、志愿服务、实习实训活动，不断拓展课程思政建设方法和途径。

二、钻研精神：掌握精深广博的专业知识

高校教师对于自身知识结构的动态认知和把握，以及如何让专业知识结构更好地服务于教学和研究，对于教师自身发展和提高高等教育质量有着重大意义。高校教师掌握精深广博的专业知识意味着自身多元综合的知识组成和深度，"精深"意味着教师的所属专业知识，包括科研和教学所必备的基础知识、知识教学以及知识管理，"广博"意味着教师的一般文化知识，包括教师的跨学科知识以及知识领域的共享合作技能。

（一）掌握精深广博的专业知识的重要性

高校教师是以传授知识和培养人才为己任的专业人员，同时也是学生在知识领域进行探索的领路人。在知识传授的过程中，除了教师单向的知识输出外，还有教师与学生之间双向的知识交流与思想碰撞。因此，教师必须具有饱满热忱的求知热情、严谨考究的科学态度、好学钻研的精神，这样才能真正激发学生的知识热情，最大程度地挖掘学生的知识潜能。

对于教师而言，掌握广博精深的科学文化知识是为师者必须具备的起码条件，否则难为人师。明清之际的著名思想家黄宗羲在《续师说》中指出："道者未闻，业之未精，有惑而不能解，则非师矣。"教育实践反复证明，教师的科学文化素质直接影响着教学质量的高低。一个教师，如果孤陋寡闻，学疏才浅，或一问三不知，或传授了错误的知

识，那将是最大的失职，也是不道德的行为。因此，教师能否认真钻研业务，掌握广博精深的知识，不单是一个业务问题，也是一个道德问题。

教师掌握精深广博的知识，从本质上来说，是为了推进与教学活动相关的多元主体的发展和进步。正如习近平总书记所说："过去讲，要给学生一碗水，教师要有一桶水，现在看，这个要求已经不够了，应该是要有一潭水。""学生往往可以原谅老师严厉刻板，但不能原谅老师学识浅薄。'水之积也不厚，则其负大舟也无力。'知识储备不足、视野不够，教学中必然捉襟见肘，更谈不上游刃有余。"①高校教师有无精深广博的知识，能否满足学生的求知需要，关系到学生能否更快更好地成才，以及学生的才智发展和人生幸福感。学生需要教师满足他们的求知欲望，使其掌握科学文化知识和提高自身的道德修养。因此，如果高校教师要适应学生及自身事业发展的需要，就要不断提高知识水平，精通专业知识，这是对教师业务素质的道德要求。学生所需要的教师，是能把关爱教育、关爱学生的道德素质与知识的丰富性融为一体的人。因此，每一位教师都必须刻苦钻研业务，提高自身素质。

教师掌握精深广博的知识是为了顺利完成教学任务的需要。教学是教师与学生之间的动态知识传递、深化和相互启发的过程，教师的主要任务之一是把系统的科学知识有目的、有计划、有步骤地传授给学生，以开阔他们的视野，发展他们的智力，培养他们的能力。因此，传递知识成为教师和学生之间交流思想感情、探讨真理的桥梁，也成为教师塑造人才的主要手段。教师掌握精深广博的知识是为了教育事业发展的需要。教师只有掌握精深广博的知识，才能提高高等教育机构的质量，促进高质量教师队伍的建成。只有建设好教师队伍，才能真正促进中国教育事业的发展。教师掌握精深广博的知识是为了社会发展的需要。教师掌握精深广博的专业知识，不仅是向学生进行简单的知识传递和输出，还需要带领学生共同进行知识创新，促进科技应用领域的革新发展。高校教师只有在教学培养过程中，真正启发学生的创新意识和精神，才能让学生成为社会需要的创新型人才，满足社会不断更新的人才需求。

（二）高校教师应具备的知识类型

在具体的教育教学过程中，教师应具备哪些知识呢？美国教育家舒尔曼认为教师应该具备以下知识：教材内容知识、学科教学法知识、课程知识、一般教学法知识、有关学习者的知识、教育目的的知识、其他学科的知识。美国教育学家伯利纳认为，教师知识包括学科内容知识、学科教学法知识、一般教学法知识。美国教育家格罗斯曼认为教师知识包括学科内容知识、学习者和学习的知识、一般教学法知识、课程知识、教育目的的知识、自我的知识。我国学者叶澜提出了多层次复合教师的知识结构，主要有三

---

① 习近平.做党和人民满意的好老师：同北京师范大学师生代表座谈时的讲话［J］.中国高等教育，2014（18）：4-7.

层：最基础层面的当代科学和人文基本知识，学科的专门性知识与技能，教育学科类知识。上述分析和归纳，都说明一名好的教师必须具有较高的知识修养和合理的知识结构。具体来说，高校教师应具备的知识应包括以下四种类型。

1. 掌握精深的专业学科知识，具备科学研究的能力

高校教师的专业知识是教师教育学生的工具，教师的专业知识是否精深，关系到其能否为学生提供足够的营养，从而影响到课堂教学质量以及学生的成长。这需要教师既要有扎实的专业基础知识，又要能够对本专业的基本概念、基本原理、典型材料等熟练掌握、灵活运用，还要对本专业的学术动态、理论前沿有所了解。苏霍姆林斯基指出："一个好教师应精通他所教的科目据以建立的那门科学，热爱那门科学，并了解它的发展情况——最新的发现，正在进行的研究以及最近取得的成果。此外，本人若能热心于本门科学正在探讨的问题，并具备进行独立研究的能力，这样的教师则可成为学校的骄傲。"[①]

2. 掌握广博丰富的跨学科知识，要从整体看待问题

随着现代科学的发展，自然科学和社会科学之间相互影响，各门学科内部的专门知识之间也逐渐相互渗透。在科技日益发达的信息时代，作为一名现代教师，就要掌握广博丰富的跨学科知识，从整体来看待问题。德国教育家雅斯贝尔斯要求高校教师必须具备整体性知识和整体看待问题的眼光。他认为，"离开了存在之整体，科学也就丧失了意义。而从另外的方面来说，有了存在的整体，即使最细微的科学分支也都会是意义深远、充满生机的"[②]。

习近平总书记说："国外有教育家说过：'为了使学生获得一点知识的亮光，教师应吸进整个光的海洋。'在信息时代做好老师，自己所知道的必须大大超过要教给学生的范围，不仅要有胜任教学的专业知识，还要有广博的通用知识和宽阔的胸怀视野。"[③]苏霍姆林斯基说："教师应当知道的东西，要比他教给学生的东西多十倍、二十倍；至于教科书对他来说，只不过是他应当善于弹离的跳板而已。"[④]掌握广博丰富知识的教师在教学时总是旁征博引，深入浅出，并取得良好的教学效果。反之，如果一个教师知识贫乏，教学时只能照本宣科，则会令学生大失所望。高校教师只有具备广博丰富的跨学科知识，才能满足学生广泛的求知欲。因为，当教师掌握了广博丰富的知识后，就能更好地开阔学生的视野，激发学生的学习兴趣，启迪学生的思路，挖掘学生的潜力，培养学

---

① 苏霍姆林斯基.帕夫雷什中学［M］.赵玮，王义高，蔡兴文，等译.北京：教育科学出版社，1983：21.

② 雅斯贝尔斯.大学之理念［M］.邱立波，译.上海：上海人民出版社，2007：45.

③ 习近平.做党和人民满意的好老师：同北京师范大学师生代表座谈时的讲话［J］.中国高等教育，2014（18）：4-7.

④ 苏霍姆林斯基.给教师的建议［M］.修订本全一册.杜殿坤，编译.北京：教育科学出版社，1984：223.

生的创造力。

3. 掌握新的科学知识和信息，不断更新知识内容

教师是人类精神文明的继承者和传播者，不断更新自身已有的知识内容和结构，向新的科学知识和信息探索，这是信息时代对教师职业劳动提出的必然要求。

在当下的信息化与大数据时代，知识具有高储存性、易获取性、可共享性的特点，因此，高校教师必须不断更新自身已有的知识，转变为知识的学习者，这既是教师重建自身知识权威的前提，也是教师对学生应尽的职业道德义务。正如著名教育家斯霞老师之言："教师的知识必须是长流水，如涓涓细流般地沟通着知识的海洋。"高校教师在面临学生知识量可能超越自身的背景下，若要重建学生的知识信任感，就须先丰富自身的知识储备，走在学生的前头。教师应学会借助信息技术工具，不断钻研专业知识，树立终身学习的理念，努力重塑专业学科领域的精英形象。[①]不断地更新自身知识，坚定学习者的心态和理念，不仅是高校教师重建自身知识权威的前提，还是其保持自身魅力和维持教学热情的需要。陶行知说："我们要继续不断地学，才能继续不断地教。"[②]高校教师只有学而不厌，锐意进取，才能不断地更新知识和观念，提高教学效果，逐渐充实自己的精神世界，完善自身的教学道德，保持良好的教师形象和魅力。

4. 重视隐性知识在教学中的作用，不断地优化知识结构

英国科学哲学家波兰尼将知识划分为显性知识与隐性知识（又称缄默知识），他认为，显性知识易于进行整理和编码，具有单一的含义和内容，而隐性知识则是存在于个人的头脑中和某个特定的环境下，不需用语言表达的知识。在信息化时代下，高校教师在显性知识的教学传授过程中相对容易，学生可以通过各种类型的平台、资源去获取海量多元化的专业学科知识。而隐性知识由于必须通过高校教师与学生之间互动交流的经验行为加以呈现和传递，属于难以察觉却又对学生具有深刻影响的知识，例如教师的语言能力、应变能力以及自身的风度风采等。

因此，高校教师的任务即是要在平衡显性知识与隐性知识的储备与应用中实现知识结构的优化。对于大数据平台传播显性知识的优势，教师可以在深入掌握自身学科教学知识的基础上，锻造引导学生汲取显性知识的能力。在这个过程中，要努力发挥隐性知识在教学过程中的不可替代性。高校教师要在教学实践活动中积极构建隐性知识体系，将隐性知识显性化，从而传递给学生。例如教师之间交流对话、创建反思性札记、教育博客与教育论坛、录像教学等活动是提升缄默知识水平的有效途径。[③]

① 李荣华，田友谊.大数据时代大学教师知识权威的式微与重建［J］.高教探索，2018（4）：104-110.

② 陶行知.陶行知教育箴言［M］.哈尔滨：哈尔滨出版社，2011：46.

③ 李荣华，田友谊.大数据时代大学教师知识权威的式微与重建［J］.高教探索，2018（4）：104-110.

三、责任意识：认真实施教学工作

2018 年 8 月，教育部印发《关于狠抓新时代全国高等教育本科教育工作会议精神落实的通知》，其中明确指出：各高校要全面梳理各门课程的教学内容，淘汰"水课"、打造"金课"，合理提升学业挑战度、增加课程难度、拓展课程深度，切实提高课程教学质量。2018 年 10 月，教育部又印发了《关于加快建设高水平本科教育　全面提高人才培养能力的意见》，其中指出："改革教学管理制度。坚持从严治校，依法依规加强教学管理，规范本科教学秩序。推进辅修专业制度改革，探索将辅修专业制度纳入国家学籍学历管理体系，允许学生自主选择辅修专业。完善学分制，推动健全学分制收费管理制度，扩大学生学习自主权、选择权，鼓励学生跨学科、跨专业学习，允许学生自主选择专业和课程。鼓励学生通过参加社会实践、科学研究、创新创业、竞赛活动等获取学分。支持有条件的高校探索为优秀毕业生颁发荣誉学位，增强学生学习的荣誉感和主动性。推动课堂教学革命。以学生发展为中心，通过教学改革促进学习革命，积极推广小班化教学、混合式教学、翻转课堂，大力推进智慧教室建设，构建线上线下相结合的教学模式。因课制宜选择课堂教学方式方法，科学设计课程考核内容和方式，不断提高课堂教学质量。积极引导学生自我管理、主动学习，激发求知欲望，提高学习效率，提升自主学习能力。"[①] 高校教师具有高度的教学责任心、较高的教学水平，掌握较高的教学技巧，是创造一流教育的重要条件，直接关系到学生知识水平的提高。

（一）认真负责，做好教学工作的基本环节

教好书是高校教师的主要职责之一，而这就需要教师认真对待整个教学过程的各个环节，包括备课、讲课、作业设计与批改以及重视课外活动和校外活动等，这是成为一个合格教师的基本要求。

1. 备课是教学工作的第一步

备课的主要工作，首先是要保证课程内容必须紧跟时代和学科前沿知识。教师所教和学生所学的内容，要根据社会和人的发展需要，经过教师有意识的选择，这需要教师自身具备精深的知识。

其次是了解学生。作为授课对象的学生，他们的知识背景不同，素质与能力存在个体差异，个性鲜明，高校教师应该深入了解学生的不同状态，以便在教学的方式方法上作必要调整，从而有效地实施教育教学工作。高校教师只有全面了解学生的知识背景、思想表现、兴趣爱好、性格特征、身体状况、家庭环境等，才能根据每个学生的不同特

---

① 教育部关于加快建设高水平本科教育　全面提高人才培养能力的意见［J］.中华人民共和国教育部公报，2018（9）：18—24.

点，找到合适的教育途径和方法，因势利导地开展有针对性的教育和教学，挖掘每个学生的潜能，充分调动他们奋发向上的积极性。

再次是设计教学活动方案以及制订教学方法，编写教案。高校教师在备课过程中，要注意教学活动方案的设计，包括每一活动环节的目的是否明确、效果是否明显、所起的教育作用是否达到，教学过程中的每一个步骤是否具有探究性等。教师可以在一起进行集体备课，针对教学中普遍存在的困惑或教师专业发展中普遍欠缺的能力进行集体攻关，每个教师都积极参与其中，自由发表见解，提出自己的问题解决思路，这样可使教案更加完善。

2. 讲课是整个教学工作的中心环节

讲课，是教师向学生传递知识的基本方法和途径，能够激发学生的求知欲，指引学生走上关爱科学、崇尚真理之路。因此，教师应认真组织好课堂教学，虚心听取学生对讲课的建议，不断提高教学质量。讲课的形式多种多样，有讲授、课堂讨论、实验等，都需要教师充分调动学生的积极性，让学生成为课堂的主人，让课堂焕发生命活力，促进学生的学思结合。高校课堂有五重境界：沉默、问答、对话、质疑和辩论。课堂讲授的重点不是将教材规定内容的所有重点、难点和疑点全部解决，为其画上一个个"句号"，而是不断地画出"问号"，引导学生主动思考，鼓励学生自己将"问号"变成"句号"。[①]

3. 作业设计与批改是课堂教学的继续

高校教师应认真设计作业，能够让学生在完成作业的过程中，把课堂所学知识与自己的生活、未来职业要求结合起来，引导学生综合运用所学知识，使作业具有探索性、研究性，从而培养学生的研究品质。教师要认真批改作业，注意提高学生独立运用知识的能力，使学生能够理解和巩固课堂教学中所获得的知识，培养学生的技能，扩大学生的知识领域，发挥学生学习的主动性和创造精神，提高学生分析问题和解决问题的能力。

4. 重视课外活动和校外活动

高校教师向学生传授知识，提高学生的学习积极性，启发学生对知识的向往，应是多方面、多渠道、多形式、多层次的。因而，教师的教学工作不能只局限在课堂上，需要适当组织课外活动和校外活动。高校教师要善于结合教学内容和青年学生的特点，在课余时间里组织丰富多样的、生动活泼的社团、科研小组，开展课外考察、社会调查等活动，使高校学生对知识产生浓厚的兴趣，提高学习的自觉性，挖掘学生的创造力，从而促进课堂教学，提高教学质量。

（二）精心组织教学，努力提高教学水平

在某种意义上讲，教学活动是一种求真、求善、求美的活动，教学活动过程是致力

---

① 李志义．"水课"与"金课"之我见［J］．中国大学教学，2018（12）：24-29.

于学生全面、自由、充分发展的过程，因而每一位高校教师都必须精心组织教学。

1. 采用科学的教育教学方式

高校教师开展教学的真正目的，不仅是向学生传授一定的科学文化知识，更重要的是要在教学过程中传授科学的学习方法，指导学生学会接受、选择和运用信息，发展学生的创造力，培养学生日后的独立探索能力。高校教师应当用启发的方式完成教学。在课堂教学内容和教学方法上，采取灵活多样的手段，变教师的指令性教育教学为学生的自觉、主动的行为。教师还应不断钻研先进的教学方法和教学手段，并且教会学生科学的学习方法，发展学生的兴趣，培养学生的能力，培养出高素质的人才。祖国的现代化建设，要求高校教师对于教学工作具有高度的社会责任感，在教学过程中，重视指导学生掌握科学的学习方法调动学生内在的学习积极性，培养学生独立思考的能力，使他们能够运用已经获得的知识去解决面临的新问题。

对于教学方法的改革与创新，当代教学研究提出了诸多理解，形成了供教师参考的理论基础。[①] 第一，知识建构式教学。知识建构式教学观认为，"知识"并不是靠教师传递、灌输给学生的，而是学生自己建构的，教学要引导学生主动建构知识，调动学生学习的积极性，因此要采取启发式、探究式、参与式等教学方法，引导学生主动探索和发现。第二，对话性教学。对话性教学观认为，教与学是教师与学生在社会交往中形成的一种特有的社会现象，它让学生参与课堂教学，为师生对话、生生对话创造机会、提供条件，因而在对话性教学中要采取讨论式、问答式、师生互动式教学方法。第三，求知范式教学。求知范式教学观认为，教学不应该满足于传递知识（教授），而应该创设有利于引导学生自主发现和建构知识的环境，让学生学会学习与研究（求知），据此，求知范式教学要采取培养学生学习和研究能力的启发式、探究式、参与式等教学方法。第四，学习促进型教学。学习促进型教学观认为，教学是教师激发学生的学习兴趣和热情，并培养学生自主学习能力的过程，因而应该注重采用探究式、启发式、指导式等教学方法。第五，生成性教学。生成性教学观认为，教学并不完全是静态预设的，而是动态生成的，教师选用的教学方法应该根据教学情境的变化选择适合的方法。第六，即兴演奏式教学。即兴演奏式教学观认为，教学有"即兴"的性质，要注意与现场的互动，根据现场的气氛、状况进行即兴发挥，因时因境而变。

高校教师应对这些教学方法有所了解，然后有所选择，这样才能使自己的课堂变得丰富多彩，教学充满吸引力和活力。

2. 加强师生之间的沟通对话和情感交流

巴西教育家保罗·弗莱雷曾说，教学的过程本质上就是交往的过程，这个交往就是交流和对话，没有对话就没有交流，没有交流就没有真正的教育。灌输式的教育正是

---

① 姚利民，段文彧.高校教学方法改革探讨［J］.中国大学教学，2013（8）：60-64.

一种反对话的教育，而提问式的教育才是一种注重对话的教育。[①] 在课堂教与学的互动关系中，学生的"学"离不开教师"教"的引导与激励，教师的"教"也离不开学生"学"的反馈与回应。课堂教学因为师生之间的互动对话而产生联系，因为教与学过程中的交流启发而相互作用，沟通对话正是链接教学两端最有效的途径。

除了在教学中进行沟通和对话外，教师应尽可能地与学生多交流，爱护、关心学生，做到师生之间真诚相待。良好的师生关系是一种无形的、潜在的教育因素，它制约着学生接受教育的效果，影响着教学过程，对学生的思想、道德、心理和学习产生着重要影响。

教学相长，既是教学工作的规律之一，也是教师对待教学应有的态度。对于高校教师来说，教和学是相互促进、相互影响的，教的过程也是学的过程，可以使自己逐步在理论与实践的结合上获得新知，掌握真知，不断提高教学工作的水平。

3. 因材施教

教师的教学劳动对象，即学生，在个人禀赋、才能、爱好、性格等方面存在个性差异，高校教师要按照学生的不同个性特点，把他们培养成为不同类型的现代化人才，是社会发展对教育提出的要求。高校教师不能用一个固定的尺度、框架去要求学生，而是要尊重学生的个性差异，使自己的教育思想和教学方法，有利于学生的发展和成长。对于在某些方面存在专长的学生，要采用不同的方式施以专门教育，加以精心培养，帮助和鼓励他们努力学习，锐意进取，发扬专长，为我国社会主义现代化建设服务。

第四节　高校教师教学道德修养的理想追求

教学道德的理想追求是指教师在教学过程中对自己提出的更高要求或社会对教师提出的更高要求，达到这些要求是成为一名优秀教师的必备条件。高校教师教学道德修养的理想追求主要有以下三个方面。

一、掌握教学艺术，提高教学质量

教学质量的提高受到许多因素制约，而掌握教学艺术对于提高教学质量，完成教学目标，培养高素质人才具有更为直接和重要的作用。教学艺术是指教师在其教学实践过程中具备艺术的基本特征，即情感性、个性化和创造性。

---

① 保罗·弗莱雷. 被压迫者教育学［M］.30 周年纪念版. 顾建新，赵友华，何曙荣，等译. 上海：华东师范大学出版社，2001：40.

（一）注意教学的情感性

在教学过程中，信息传递的同时总是伴随着人的情感交流。高校教师在教学中的情感表现，不仅影响着学生的认知学习，而且影响着学生的情感发展。高校教学应具有像文学艺术一样的感染力，使学生从中获得情感的陶冶和美的感受，做到"以情感人"。在情感性的陶冶中接受教育，体现了一种更高的教学境界，可以启迪学生的心灵。高校教师在教学中，既要传授知识、启迪智慧，又要满足学生相应的情感需求，产生情感交融的精神愉悦，达到良好的教学效果。

教学艺术的情感，直接涉及教学对象，贯穿于其求知心理的全过程。它以情感为纽带，将各种心理因素作客观而理智的观察，热情而冷静的交流，促进学生在求知欲、好奇心、惊讶感以及知识层面获得满足。教师应以生动活泼、形式多样的教学方法，激发学生的情感，让他们积极、主动地探求新知，形成积极探求的学习心态。高校教师要将教学内容生动化，发掘其内在魅力，提高教学内容对学生的吸引力，激发学生对所学内容本身的兴趣。同时，教师要处理好与学生的关系，尊重学生，与学生多加沟通，对学生以诚相待，缩小师生间的距离，增加彼此之间的亲切感；教师要相信和理解学生，对学生多加鼓励和肯定，创造一种宽松、和谐的自由交流氛围。

（二）注重教学的个性化

由于教学对象发生了变化，高校教学对教学内容的选择与讲解，对教学目的的特殊要求，给予了教师充分发挥个性、施展才能的余地，不同的教师表现出了不同的个性风格：有的精雕细刻，课堂讲授面面俱到；有的大刀阔斧，抓住重点难点，使疑难问题迎刃而解；有的善于归纳推理，用逻辑思维本身的魅力吸引学生；有的以含蓄、幽默的方式，使学生在课堂上感到轻松愉快，充满学习、研究和探索的乐趣。这其中所蕴含的激情、智慧、幽默或严肃等不同的情绪，既是教师对课堂气氛紧张与活跃度的把握，又展现出了教师的个性特征，是教师个性的自然流露。

因此，教学个性化的基本内涵是教师个性地教、学生个性地学，以此来促进学生个体健康人格的形成和发展。同时，个性化教学本身就蕴涵着尊重教师个性，发挥教师特长，让教师积极主动发展的含义。对于教师而言，教师个性化教学大致要经历模仿 – 修正 – 创造 – 定型的过程。[①] 在个性化教学的初步形成阶段，教师多在学习和模仿教育理论和经验所倡导的教学理念、模式和方法，这个时候更倾向于科学化、标准化的教学秩序建立，往往会存在生搬硬套的情况。到了有经验的阶段，教师的教学趋于平稳和熟练，可以根据自身的教育理念、学科特性和学生特点，充分发挥自身的主观能动性进行修正，融合自身教学积累的独特经验。在创造阶段，教师的创造基于个性化的自我培养

---

① 李伟.个性化教学的教师之维与建构［J］.教育研究，2013，34（5）：134-138.

与发现，基于每次教学灵感的捕捉和教学经验的反思，这个阶段的教师开始有了独特的教学理念和模式，生成了可分享的、个性的实践经验。在最后的定型阶段，教师的教学模式已具备了充分的个性与张力，同时形成了标志性教学特征。教师在分阶段的教学个性化生成过程中，既形成了鲜明的教学风格与特征，也丰富了自身教育生命的内涵与价值。

（三）重视教学的创造性

教学是一门有规律可循的科学，同时又是一门具有很强的创造性和实践性的艺术，其中包含着"求异"和"独创"的成分。高校教学重视充分的学术自由，活跃的学术讨论，灵活的教授方式，各种风格兼收并蓄。同一门课程可以选用不同的教材，可以发表不同的学术观点，体现不同的学术风格，因此，严格说来，高校的课堂教学具有不可模仿性和不可重复性。在高校教学中，教师和学生都要学会创造，倡导多样化的理解、领会活动特点，求同存异，使教学能够适应时代对于人才素质的要求，而从教学艺术的角度去观察、设计、改造教学，正是从根本上达到上述目标的重要途径之一。高校教学艺术的创造性不仅要体现在方式方法的独创上，而且还要通过阐述问题角度的独特与创新来培养学生的创造才能与创造意识。未来社会所需要的人才不是能背诵现成的知识，而是要具备创新才能。①

二、学习教学理论，凸显高校教学道德

（一）教育理论的重要作用

不同教育理念指导下的高校教学，其教育宗旨、教学目标、教学方法、教学评价必然会呈现不同的特点。高校教师应该学习多种教学理论，吸取不同教学理论的思想精髓，加深对教学本质的认识，形成自己的教学观念，从而更好地履行教学职责，完成教学任务。高校教师要认真学习教育理论，可以提高教师的教学认识水平，改进教师的教学行为，塑造教师的教学理念，最重要的是能够凸显高校教师教学道德的品格。

教育理论能够揭示教育的本质和发展规律，并对过去或当前的教育现象作出科学的说明和阐释，增进人们对教育现象的认识和了解；教育理论所揭示的教育规律和本质联系，能够使人们推导出关于未来教育现象的科学判断，帮助教师根据教育规律的认识预测教育未来可能发生的变化，帮助教师充满信心地描绘未来的教育实践蓝图。②一种成功、深刻的教育理论，能给实践者以人性的陶冶、价值的体悟和视界的拓展。教育理论

---

① 尹慧茹．试论大学教学艺术的特征［J］．黑龙江高教研究，2001（3）：97-99.

② 彭泽平．"教育理论指导实践"命题的再追问：从命题合理度、作用机制的角度进行分析［J］．教育理论与实践，2002（9）：1-6.

的重要功能就是促进实践者的教育思考和自觉，从而更深刻地领悟教育的价值和意义，而不只是提供教育实践的方案和建议。[①]

一个成熟的教育理论不仅能向教师提供一种新的教育理念参照，同时，应该促进教师自觉审视教育实践中各种自认为无可非议的信念、不证自明的真理以及实践者常识性的理解，增加教师的理性自主。不仅启发教师的信念和理解，而且把教师从不合理的理念和误解中"解放"出来，使教师自己处于更理性的自我控制之下，使他们以更明智、更有效的方式从事实践活动。教育理论只有通过使实践中现存的实践信念及其辩护经受理性的批判，才能以改造体验和理解实践的方式来改进实践，实现从非理性到理性、从无知和习惯到理解和反思的转变。[②]

体现时代精神的教育理论，总是能够反映出一定时代的价值导向和追求，能对高校教师进行价值的启蒙和价值批判意识的培育，从而使教师在新的时代背景下对教育实践工作始终保持一种正确的态度。教育理论对实践最重要的价值，在于能够给实践者以启迪，使之可以获得从事教育实践工作的方向和价值意识。因为教育理论对教育实践具有指导、解释等作用，所以教师应该认真学习教育理论，反思自己的教育理念，用理论指导行为，提升教育实践能力。

（二）教学理论的核心

教学理论丰富复杂，不同的流派有不同的主张，不同的学科有不同的教学方法论，但对高校教师来说，教学理论的核心是树立新的课堂教学本质观和重新认识课堂教学价值观。

1. 树立新的课堂教学本质观

课堂是高校师生教学活动的场所，也是高校人才培养的主渠道。树立新的课堂教学本质观是时代需求，主要包括以下两点。一是为了完善人才培养规格。当今世界，科技革命日新月异，经济产业更新迭代的速度加快，社会文明进步的步伐不断提速，高等教育不仅要培养更多的高级专门人才，而且要培养能够适应经济社会转型发展和科学技术变革要求的新型人才。这样的人才最突出的特点主要表现为"两强一高"，即创新创业能力强、应用动手能力强、品德修养综合素质高。树立新的课堂教学本质观，就是要让高校的课堂教学更富有创新性、实践性，在手脑并用中锻炼学生的综合素质。二是为了提高人才培养质量。高校的课堂教学要从根本上扭转人才培养质量不高的局面，升高我

---

① 彭泽平. "教育理论指导实践"命题的再追问：从命题合理度、作用机制的角度进行分析
[J]. 教育理论与实践，2002（9）：1-6.

② 彭泽平. "教育理论指导实践"命题的再追问：从命题合理度、作用机制的角度进行分析
[J]. 教育理论与实践，2002（9）：1-6.

国高等教育质量重心，奠定高等教育强国的牢固基础。[①]

高校的课堂教学观要具有丰富复杂的课堂教学过程，从整体的生命活动出发，它重视每个独立的个体，处于不同状态下的教师与学生在课堂教学过程中的多种需要与潜在能力，还要关注作为共同活动的师生群体，在课堂教学活动中双边多向、多种形式的交互作用和创造力。

首先，课堂教学对于参与者具有个体生命价值。课堂教学应被看作是高校师生人生中的一段重要的生命经历，是他们生命的、有意义的构成部分。对于高校学生而言，课堂教学是其学校生活的最基本构成，其质量直接影响了学生当下及今后的多方面发展和成长；对于高校教师而言，课堂教学是其职业生活最基本的构成，其质量直接影响了教师对职业的感受与态度和专业水平的发展及生命价值的体现。这里必须看到的是课堂教学质量对教师个体生命质量的意义。课堂教学对于高校教师而言，不只是为学生成长所作的付出，不只是完成别人交付的任务，同时也是自我生命价值的体现。每一个关爱学生和自我生命及生活的教师，都不应轻视作为生命实践组成部分的课堂教学，由此而积极地投入教学改革。

其次，课堂教学应全面体现培养目标，促进学生多方面、多维度的发展，而不是只局限于认识方面。学校教育的培养目标，即学生发展的理想目标，必须要顾及人的发展全面性。在日常的教育教学实践中，常常会把某一类活动，或以某种内容为主的活动，视作只为学生某一方面的发展而服务的。但无论教师或是学生，都是以整体的生命，而不是生命的某一方面投入到学校的各种教育活动中去的。因此，任何学校教育活动都会对人的身心产生多方面或积极或消极的影响。所以，每一项学校教育活动，尤其是课堂教学都应顾及学生不同方面的发展。

2. 重新认识课堂教学价值观

课堂教学的价值观需要转变为培养能在当代社会中实现主动、健康发展的一代新人。学科、书本知识在课堂教学中是"育人"的资源与手段，应服务于"育人"这一教育的根本目的。在课堂教学中，教师要通过"教书"实现"育人"，应把学生形成主动、健康发展的意识与能力作为核心价值，在教育的一切活动中加以体现。培养个体主动发展的能力应视为开发人的生命潜能的最本质的任务，从自身发展的角度来看，个体的主动性是十分重要的关键性因素。个体主动性的发生，总是在对外界和自我及其关系、对将发生的行为价值等有了认识并产生意愿后作出的选择与行动。个体实践的主动性，对处于今日变化急剧、不确定因素增多的生存环境中的每个人来说尤其重要。因此，高校学生在复杂背景下的自我选择的意识与能力，对于人生的意义与价值，就显得更为重要和必要。由此可见，采用"主动"一词来界定"发展"，是因为它既体现了活动状态，

---

① 别敦荣.大学课堂革命的主要任务、重点、难点和突破口［J］.中国高教研究，2019（6）：
1-7.

又内含了主体自觉，还体现了时代要求。"健康"表达的是要求个体行为应有利于个体身心和人类社会发展的积极向上的指向[①]。

三、加强教学研究，成长为反思研究型教师

当前，教师的专业化发展已成为国际教师教育改革的趋势，受到世界各国的重视，也是我国教育改革实践提出的一个具有重大理论意义的课题。在教师专业化发展中，教师已由传统的"传道、授业、解惑"的角色转为教育活动的组织者、设计者、合作者，教师职业角色、职能的转化要求其自身发展具有可持续性。因此，教师必须树立正确的持续发展理念。从教师专业化探索的过程来看，教师要想获得持续发展，适应教育变革及其新要求，就不能局限于做一名"学习者"，更需要教师有能力对自己的教育行动加以反思、研究、改进，即树立"教师即研究者"的专业发展理念，并成长为反思型及研究型教师。

（一）反思对教师职业成长的意义

反思，一般是指行为主体立足于自我，批判地考察自身行为及其所处情境的能力。教师的反思是指教师在教育教学实践中，以自我行为表现及其行为依据的"异位"解析和修正，进而不断提高自身教育教学效能和素养的过程。其主要特征有以下五个方面：一是实践性，是指直接指向自己的教学行为和情境，旨在提高自己的教学效能；二是针对性，是指教师对自我"现行的"行为观念的解剖分析；三是反省性，是指教师对于自身教学实践方式和情境，立足于自我以外的多视角、多层次的思考，是教师自觉意识和能力的体现；四是时效性，是指教师对当下自身存在的非理性行为、观念的及时觉察、纠偏、矫正和完善，意即可以缩短教师的成长周期；五是过程性，一方面是指教师具体的反思是一个过程，要经过意识期、思索期和修正期，另一方面是指教师在整个职业成长期要经过长期不懈的自我修炼，才能成为一个专家型教师。

教师的职业成长，就其途径和方式而言，包括两个大的方面：一是外在的影响，指对教师进行有计划、有组织的培训和提高，它源于社会进步和教育发展对教师角色与行为改善的规范、要求和期望；二是教师内在因素的影响，指教师的自我完善，它源于教师的自我角色愿望、需要以及实践和追求。注重教师自身的反思性发展，强调教师对自己教学实践的考察，立足于对自己的行为表现及其行为依据的回顾、诊断、自我监控和自我调适，达到对不良行为、方法和策略的优化和改善，提高教师的教学能力和水平，并加深对教学活动规律的认识和理解，从而适应不断发展变化的教育要求。

---

① 叶澜. 重建课堂教学价值观［J］. 教育研究，2002（5）：3-7.

（二）教师开展反思研究的必然性与必要性

高校教师有必要开展反思研究，可以从教师专业发展的外部条件和内部动因加以分析。从教师专业发展的外部条件来看，首先，随着时代和社会的发展以及科学的进步，教学内容不断丰富，原来的某些教育内容已经不适应新的发展，许多新的教育内容又在不断地涌现，这就要求高校教师自觉跟上时代的步伐，不断更新自身的知识结构，追求新知，并有意识地运用于教育教学活动中，并具备终身学习的观念和浓厚的科研意识。因此，反思是时代发展对教师的要求。

其次，高校课程一般没有统一的课程标准，在课程目标的制订、课程内容的选择、课程方法的运用、课程评价等方面，教师拥有很大的自主权，这就需要教师认真学习和研究课程理论，掌握课程编订的一些基本原则，开发适合学生需要的课程。教师要认真进行教学研究，让学生掌握本学科的基础知识和前沿问题，同时发展学生各方面的能力和健全的人格。总之，高校教师不仅是课程的消费者和被动的实施者，而且要在某种程度上成为课程的生产者和主动的设计者。高校课程开发要源于学校的教学实践，也就是说，要在教学实践中发现问题，采集数据，明确课程开发的顺序和方法，在这个过程中，教师既是课程的实施者，同时又是课程的研究者。这就要求教师运用自身所拥有的知识对自己的教育实践经验进行多层次、多角度、多学科的分析，发现其中的长处与不足，为以后的改进作好准备。课程开发要求高校教师作为一个研究者的身份进入课堂教学实践，并成为一个对自身实践不断反思的研究者。

再次，高校教师要在保持知识结构具有开放性的同时，还必须学习和提高自己"转识成智"的能力，即用智慧去驾驭信息和知识。这就要求教师不仅要转换知识观，而且要了解不同学科、不同场合、不同目的所使用的不同知识形态，采取不同的传递方式，指导和帮助学生善于进行判断、选择、取舍，并能够对不同知识进行组合、转换，引导学生学会发现问题、提出问题和解决问题。教师工作的特点必然要求教师要研究所传递的知识及其构成，研究传递知识的方法与途径，研究学生，研究教学，将知识、方法、价值融为一体。

最后，高校教师的教学活动和学生的学习活动本身也是一个创造新知识的过程。在这个过程中，高校教师和学生都是作为主体进入教育过程的，他们通过协商、互动的方式共同对知识进行理解和建构，这就意味着对高校教师素质、能力方面的要求有所提高。高校教师必须是一个教学研究者，才有资格、有能力担负起建构性知识的教学任务，创造性地设计一种开放的、有助于师生合作及学生独立探究的学习情境，在积极、主动、具有创造性的学习活动氛围和背景中，帮助学生去发现、组织和管理知识，并对他们加以引导。

从教师专业发展的内部动因分析，教师反思是教师自身获得成长的必要条件。首先，教师知识是教师专业发展的基础。就教师的知识结构而言，从知识的功用出发，可将教师知识分为本体性知识（即教师所具有的特定的学科知识）、条件性知识（即教育学和心理学的知识）和实践性知识（即关于课堂情境及与之相关的知识）。其中，最重要的是实践性知识，因其特有的个体性、情境性、开放性和探索性特征，要求高校教师通过自我实践的反思和训练才能获得和确认。从这个角度来看，教师成为反思者是教师职业发展的决定性因素。

其次，从新手教师成为熟手教师或有经验的教师，大致需要经历掌握学科知识、获得教学技能、探索教育教学规律三个阶段。知识是通过职前和职后的学习获得的，技能的提高主要靠自我感悟与经验的积累。要想成为熟手教师或有经验的教师，需要高校教师具有探索精神，带着充满理性的目光，审视自己所有正在使用的方法与正在讲授的知识，要思考设定活动的目的，把握教学的过程，并根据整体的需要加以调整，主动、超前地研究教育教学中各种可能出现的问题，勇于进行教学改革，创造性地改进自己的工作，并在更高的层次上拓宽和完善自身的知识结构，形成个性化的教学技能，使自己成为一个学者型和专家型教师。

最后，教师反思是教师形成教育信念的必要前提。教育信念是教师确证、认定、坚信并执着追求的教育思想和教育理想，是支配教育者做出相应教育行为的内驱力。高校教师的教育思想和教育理想一旦上升为教育信念，就会成为其生活、工作的内在动力和自觉愉快的追求。教育信念是使教师摆脱"教书匠"的困惑，使教学工作得以升华，变得更富有价值的关键所在。但教师的教育信念不是其头脑里固有的，它除了受理论的指导，对经验加以总结外，更是通过对自身已有教育思想和教育实践的审视、反思和辨析，以及理论的钻研和探索，敢于坚持自己的教育观念，并不懈地确信、恪守、实践，才能形成自身特有的教育信念。

（三）高校教师如何开展教育研究

教师的工作具有研究和创造的性质，教师是教育研究的主体。教育研究有其特殊性，突出表现在研究的目的应从追求理论走向增长实践性知识，从校外研究、实验室研究走向校本研究，从独白式思辨、旁观式研究走向行动研究。

1. 增长实践性学识

教师研究不是单纯地抽取纯粹的理论，不是简单地把具体事例归于普遍规则，而是要求教师在具体的实际情况中进行探索，有意识地改进自己的教育行为，增进实践性知识。实践性知识显示出不同于研究者的"理论知识"的不同性质，主要有以下五点：其一，教师的"实践知识"是依存于特定背景的经验性知识，与研究者的"理论性学识"相比，缺乏严密性与普遍性，但却是异常丰富生动、充满弹性的功能性知识。其二，它是指特定的教师，在特定的课堂，以特定的教材、特定的学生为对象形成的知识，是作为"案例知识"加以累积、传承的。其三，它是综合多种学术领域的知识所获得的知识，是超越了已知学术知识的框架，深入探究不确定的状况，求得未知问题解决的知识。其四，它不仅是意识化、显性化了的知识，而且也包含了教师无意识的"默会知识"。其五，它具有个人性质，是基于每一个教师的个性经验与反思而形成的。

承认、尊重高校教师的实践性知识，不仅可以提高其从事教育研究的兴趣和自信心，增强他们的反思能力，而且可以促使其参与到教育研究和知识生产过程中来，从而使教师研究注重改进自己的实践，将充满教师智慧的实践知识纳入教育研究的制度话语之中，使教育实践成为理论生长的源头活水，使教育研究成为洋溢着创造力的生活实践。

2. 以校（主要是课堂）为本进行研究

20 世纪 60 年代前后，校本研究首先发生在英美等国，它是伴随着"教师即研究者"的运动兴起的。当时人们越来越多地认识到，没有学校特别是教师参与的教育研究，无法将教育研究成果很好地在教育实际中加以运用。校本研究将学校实践活动与研究活动密切结合在一起，它有三方面的含义：一是为了学校，二是在学校中，三是基于学校。[①] 为了学校，意指要以改进学校实践、解决学校中所面临的各类教育问题为指向；在学校中，意指学校自身存在的问题，要由学校中的人来解决，即通过校长、教师、学生的共同探讨、分析，形成的解决方案要在学校中加以有效实施；基于学校，意指要从学校的实际出发，所组织的各种活动，都应充分考虑学校的实际，更充分地利用学校的资源，让学校的生命活力释放得更彻底。

教师要以研究的眼光观察、发现和了解学校的发展、课程的更新、学生的变化，进而更新自身的教育教学观念、改进自己的教育教学活动。教师熟悉教育教学和学生的情况，形成丰富的教育教学经验，容易取得教育科研和教改实验的第一手资料，并可以将研究成果直接应用于教育教学实践，因此教师拥有从事实践性研究的条件。

教育研究以校为本，学校工作以课堂为重点。许多教育热点与难点在课堂里汇集，许多教育教学思想常常在这里互动，许多教育教学经验和成果在这里产生，课堂是孕育、展现先进教育理念和教改实验方案及实施的研究基地，教师研究的"主阵地"理所当然在课堂。随着教育改革的深入发展，各种理论、各种研究成果不断呈现在教师面前。这为推进教育教学改革提供了理论基础。在研究过程中，教师要注重结合自己的教育教学实际，改进自己的课堂教学，将理论植根于教育实践的沃土当中，才能开花、结果。

教师进行校本研究的目的是提升教育教学水平，增进实践性知识。教师进行校本研究，必须要关注自身的生活状态和职业生存方式，围绕自身的专业发展来展开。教师素养的提高不仅仅是学历层次的提高，也不仅仅是专业知识与教育教学知识的获取，还包括教育教学研究水平的提升，教师能将研究成果融入教育教学过程，用先进的教育教学理念审视、反思自己的教育教学行为，分析和解决自己在教育教学过程中遇到的问题，这种研究过程即是教师增进实践性知识的过程。

---

① 郑金洲.走向"校本"［J］.教育理论与实践，2000（6）：11-14.

3. 在行动中开展研究

教师的实践性知识是一种独特的知识形态，它呈内隐状态，具有隐蔽性、非系统性和缄默性等特征，在很大程度上是不能以语言的方式加以传递和陈述的，一般情况下，只能在行动中加以展现和被觉察。高校教师要使实践性知识得以生长，就必须要在行动中研究。行动研究是由一线教师和研究者围绕学校生活而协作进行的研究活动，是以解决教育教学中的实际问题为目标的"诊断性研究"，其宗旨在于判明教学现场面临的实际问题的实质，改善教师和学生的学校生活，"参与"和"改进"是行动研究的核心目的。

教师在行动中开展研究，不仅可以验证某种理论假设的可行性，而且能够在问题解决中改善教学技能和策略，包括自己的认知图式，形成新的观点，并有机会应用于教学活动。在行动中考察、探索、反思是教师实践性知识增长的重要途径。在行动中研究、反思、在教学实践中体验与感悟，反思与提炼，可以帮助教师把处于零散状态的知识重新组织起来，建立起新的解释性框架，重新解释自己的教学行为，能够帮助教师把缄默的知识显性化，使这些知识发挥更明确的作用，并对其加以组织，使之成为实践性知识。

行动研究于20世纪50年代进入教育研究领域，赋予教师研究的权利，承认教师是教育实践活动的研究者，鼓励教师在行动中研究，主动剖析自己的真实想法，对自己的教育教学实践活动进行积极思考，在交流与对话中调整和提升自己的实践性知识。每一位教师都应经过反思与实践行动来修正或改变自己所持有的内隐理论，并不断地把一些新的理念和价值观念整合到现存的认知结构中。教师在行动中研究，显著地改变了教师教育的观念和教师专业发展的方向。到了20世纪80年代，在反思取向教育思潮的影响和推动下，行动研究更加受到重视，并成为世界各国主要的教师培养模式。

同时，"教育叙事"作为教师反思性实践的一种可行性选择，日益受到关注。教育叙事研究是以叙事的方式开展的研究，是教师在自然情境中以研究者自身及其经验为中介，自下而上地对自己亲历或见证的教育事实进行解释，对教育意义进行建构。相对于量化研究而言，叙事研究更强调与教师自身教育经验的联系，并通过故事叙述来表达教师自身在自然情况下的教育经验、教育意义。叙事的本质是反思，叙事研究也是一种反思性研究，离开了反思，就会变成为了叙事而叙事，从而失去其作为研究的目的与意义。教师叙述自己的教育故事，阐述自身的生命经历与生活实践，表达其对自身生活经历以及他人经历的理解和感悟。教育叙事不是简单地再现过去发生的事情，而是在一定程度上借助所发生的事情，来理解生活、自己、他人和社会。这是将自己的愿望和需要清晰化的过程，是对自身的生活状态进行评析的过程，也是对过去生活经验的现时反思、体验的过程。

（四）如何成为反思型教师

著名教育家胡森在其主编的《国际教育百科全书》中对"反思性教学"下了一个定

义："反思性教学是教师借助发展逻辑推理的技能和仔细推敲的判断以及支持反思的态度进行的批判性分析的过程。"[①] 通俗地说，反思性教学指的是教师在先进教育理论的指导下，借助于行动研究，不断地对自身的教育实践进行反思，积极探索与解决教育实践中的问题，努力提升教育实践的科学性、合理性，并使自己逐渐成长为专家型教师的过程。反思性教学能力是当代新型教师素质的核心成分，是教师教育能力的深层结构。总的来说，反思型教师实际上就是以具体的教育教学理论和专家型教师的教育教学实践等作为参照，在回顾自身教学过程的基础上辨析其中的优劣之处，并据此来寻求解决对策、付诸行动以促进自身专业发展的教师。[②]

教师的教学反思应该是多视角、多维度的，不仅要对各种假定、信念进行审视，而且要从自身经历、学生的反馈、同事的评价和理论的解读中对自己的知识、教学实践及其背景进行反思。

第一，从自身经历中反思。每一位教师的成长经历都蕴含着他（她）的体验和经验，反映出他（她）所处的环境和所过的生活。教师应把自己的学习和教学经历叙述、记录下来，它对于教师教学的理解、洞察和体认具有非同寻常的价值和意义，甚至比一般的教学理论著作对教师教学实践的影响还要大。高校教师通过对自我经历的分析与回顾，发现自身的人格特征和认知特点、知识结构、对个人成长的决定性因素以及个人专业发展的转折点和关键事件、个人常用的教学方法、教学成功案例和教学诀窍等，这有助于教师认识和了解自己，而不是一味地听从别人，盲目地崇拜权威。通过对自身经历的回顾与反思，教师对各种教育理论、假设、信念和自己的教育实践有了更加清晰的认识和理解，对一些教育概念能够进行再次诠释，同时获得专业发展。

第二，通过学生的眼睛审视自己。从学生的角度来反思自身的教学行为及其结果是高校教师教学的重要保证。反思型教师通过观察学生和自身行为，不时地进行自我评价和反思。在课堂上，教师根据学生表现出来的理解程度和行为来度量教学目标的达成程度，通过学生的反应和学习效果来调控教学进程和教学行为，并把学生的学习效果作为自身教学成效的日常反思尺度。

第三，从同事的评价中检查自己。高校教师只有借助于他人的评价，尤其是同事的建议和帮助，才能在观察、认识自己的教学实践时更客观，批判性反思也才更有效。教师的行动需要得到密切关注和批判性评价，而他人的感受可以帮助教师更清晰地了解自己的行动。进行批判性反思是专业人员的一个特征，而合作是教师专业生活不可缺少的一个方面。每一位教师都应该欢迎那些"批判性的他人"，因为他们能够和自己分享、探讨教学实践，并为自己的思想和行动提供具有挑战性、学术性、友好而有益的反馈信息和建议。对许多教师来说，学习批判性反思的最好机会就是与他人进行交流和对话，

① 柳海民.教育学［M］.2版.北京：中央广播电视大学出版社，2011：239.
② 韩雪军.反思型教师专业成长机制探析［J］.教育理论与实践，2016，36（35）：37-39.

让他人倾听自己的故事，通过对专业生活故事的叙述，他人可以把所看到的、听到的内容反馈回来，以让教师进行反思。与他人的对话为教师教学实践的改进提供了新的可能性，为教师解决自身困惑提供了新的思路和方法。

第四，从理论解读中反省自己。高校教师要做到反思意识的觉醒、能力的增强，系统的理论学习是必要的。只有将教育实践中反映出来的问题上升到理论层面加以剖析，才能探寻到根源，使主体的合理性水平得到提升和拓展。这是一个漫长和持续的修炼过程。因为任何新观念的内化一般都要经历接受、反应、评价、组织和个性化等由浅入深、由不稳定到稳定的过程。实践的超越性在很大程度上依赖于理论对现实的反思精神，如果理论缺乏指导性，那些表面上看来联系实际的做法在本质上很可能背离了实践的要求，会导致教育实践偏离了教育理论，甚至有悖于目标达成。

【本章小结】

本章分别从以下四个方面展开探讨了高校教师的教学道德：高校教学的本质及其道德内涵、高校教师教学道德现状与新时代要求、高校教师教学道德修养的基本要求、高校教师教学道德修养的理想追求。树立新的教学本质观是理解高校教师教学道德的前提，基于教学的本质，教学道德对教育教学活动和方式提出了道德目的和道德任务，对作为道德能动者的教师提出了道德要求和规范。基于目前高校教师的教学道德现状和时代要求，以立德树人为核心的"课程思政"建设必须成为高校教师的基本教学道德规范。高校教师的教学道德基本要求包括掌握精神广博专业知识，认真实施教学工作。在推进教育现代化的过程中，在追求效率与规模的发展背景下，教学的个性与创造、理论与品格、研究与反思，教学道德的落实与培养，是高校教师完善职业道德修养的基础，更是高校教师实现自身生命价值的关键。

【反思·实践·探究】

1. 如何理解高校教学的本质及教学道德？
2. 高校教师应该遵循哪些基本的教学道德？
3. 高校教师怎样实现教学道德理想？

【推荐阅读】

1. 李波.高校教师教学素养提升的理论与实践［M］.济南：山东大学出版社，2020.

2. 小威廉·E.多尔.后现代课程观［M］.王红宇，译.2版.北京：教育科学出版社，2015.

3. 约翰·哈蒂，南希·弗雷，道格拉斯·费舍.可见的学习与深度学习：最大化学生的技能、意志力和兴奋感［M］.杨洋，译.北京：中国青年出版社，2020.

4. 张红霞，吕林海，孙志凤.大学课程与教学：原理与问题［M］.北京：教育科学出版社，2015.

5. 刘庆昌.操作意义上的教学论实践关怀［J］.课程·教材·教法，2022，42（4）：65-72.

6. 蒋有录.高校教师如何做好教学研究［J］.中国大学教学，2022（Z1）：4-8.

7. 颜建勇，张帅，黄珊.大学教师教学学术能力的生成发展逻辑探析［J］.江苏高教，2021（6）：86-93.

8. 赵菊珊.基于教学学术视角的高校教师教学发展思考［J］.中国大学教学，2021（8）：92-96.

9. 陈勤，史秋衡.可见的大学教学：内涵、特征与实践［J］.江苏高教，2021（1）：89-96.

10. 张静华.高校教师本科教学能力存在的问题及对策研究［J］.中国高教研究，2020（5）：9-16.

第四章　高校教师的科研道德

【知识导图】

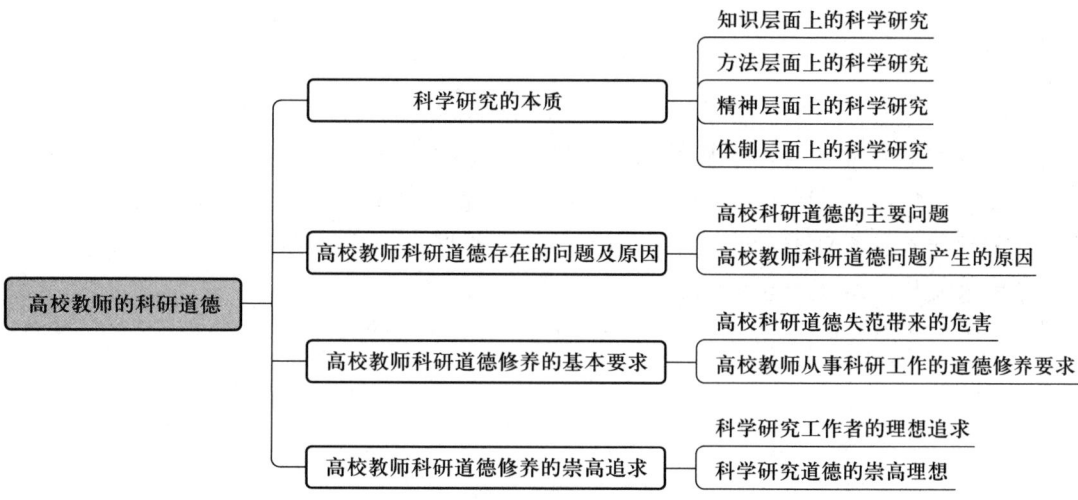

2019年7月，习近平总书记主持召开中央全面深化改革委员会第九次会议。会议指出，科技伦理是科技活动必须遵守的价值准则。组建国家科技伦理委员会，目的就是要加强统筹规范和指导协调，推动构建覆盖全面、导向明确、规范有序、协调一致的科技伦理治理体系。[①] 作为科研主力军的高校教师，在科研过程中遵循基本的道德规范，弘扬高尚的道德理想，不仅直接影响着我国的科学技术发展，而且关系到学生科研道德素养的形成。

---

　　① 习近平：紧密结合"不忘初心、牢记使命"主题教育　推动改革补短板强弱项激活力抓落实［J］.旗帜，2019（8）：6-7.

第一节　科学研究的本质

科学研究是指运用一定的科学方法为探讨和发现科学知识而进行的活动，它是一个有结构的过程，包括主体、客体、中介以及语境等四个要素。科学研究的主体是指具有知识经验、方法技能、价值标准和科学实践的特殊性的人，其在认识活动中处于主动地位，具有主观能动性，是科学技术活动中的认识者与组织者。科学研究的客体是指进入主体认识和实践范围内的客观事物，是不以主体的主观意志为转移的客观实在，例如自然界和人类社会。科学研究的中介包括工具系统，例如物质化的工具、仪器（身体的延伸）和精神性中介、已有的理论规则以及科学方法等。科学研究的语境是指要把科学研究作为系统的环境，科学研究就是在这种语境下，主体、客体和中介之间展开的一种认识上的矛盾运动。作为一种人类认识活动，科学研究主要涉及四个层面的问题，即知识层面、方法层面、精神层面以及体制层面。

一、知识层面上的科学研究

从知识层面而言，科学研究的目的是为了获得科学知识。科学本身就是关于自然、社会和思维的知识体系。从"科学"的词源看，它源于拉丁文 scientic，意即"某一学科的知识"，泛指一切有系统的学问，不仅包括自然科学，也包括社会科学和人文学科。

科学知识主要有以下六个特点：

（1）真理性。科学知识具有不以人的意志为转移的客观内容，是对于外部客观世界的认识。科学知识必须能够正确地反映客观事物的本质及其规律性，建立科学知识所凭借的事实材料必须是经过实践检验且被证明是真实的，根据这些事实材料所提出的假定性已经得到实践的确认和证明，并经得起实践的进一步检验。

（2）公共性。科学知识不是来自于个体的所见所闻和经验，而是人类共有的、表征人类认识结果的学问、学识和知识，它是客观的、普遍的，能被不同认识主体所重复理解，也能接受不同认识主体用实验进行检验，并在不同认识主体之间进行讨论、交流，因而科学知识本身没有阶级性和地域性，它是科学发现获得社会承认的基本条件。

（3）可检验性。科学研究的结论或所获得的相关知识必须在一定的范围内经过科学方法的检验、证实或者证伪。

（4）系统性。科学知识不是各种孤立概念、原理的简单堆砌，也不是互不相关的各种论点、论据的机械组合，而是根据所要认识事物之间的有机联系，由它们的知识单元（概念、原理、定律）按照系统性原则组成的、有内在结构的知识体系。

（5）逻辑性。科学知识不是杂乱无章的，它是由一系列概念和判断构成的具有逻辑性的知识体系。科学知识必须概念明确、判断恰当、论证严密，即合乎逻辑。事物的概念和规律是依次推导出来的，它们彼此之间有着前后一贯的内在联系。科学理论一般具有演绎的逻辑结构、逻辑上的无矛盾性和完备性等特点。

（6）生产性。科学知识具有生产力属性，是一种潜在的生产力，是从知识形态的生产力转化为直接生产力的中间环节。

科学知识具有三大功能：一是解释功能，指能运用科学知识，对现象进行解释，寻找现象的原因与根据，来回答为什么的问题；二是预测功能，指能利用科学知识预测事物未来的发展趋势；三是生产力功能，指在没有进入生产过程之前，科学知识是知识形态的生产力，当把科学知识应用于生产后，这种一般社会生产力就转变为直接生产力。

二、方法层面上的科学研究

科学知识需要经过一整套复杂而严格的操作程序才能获得，这种操作程序就是科学方法。之所以能够从科学研究中获取科学知识，核心就在于科学方法。也就是说，只有运用科学的方法，才能最大限度地保证得到科学的知识。

从方法论的角度而言，科学研究的过程一般包括提出问题和解决问题两个方面。科学研究是指人们富有创造性的能动的活动。无论是基础研究还是应用研究，都是为了解决问题，探索未知的过程。科学研究并不消极地等待客观对象"暴露"其自身的规律，而是积极地探索自然界的奥秘，进行着合乎规律的发明创造。所以从科学研究的程序上看，科学研究是从科学问题的提出开始的，它是不断提出问题和解决问题的过程，发现和选定问题是科学研究的起点。爱因斯坦曾经说过："提出一个问题比解决一个问题更重要。因为解决问题也许仅仅是一个数学上或实验上的技能而已，而提出新的问题、新的可能性，从新的角度看待旧的问题，却需要有创造性的想象力，而且标志着科学的真正进步。"[①]

所谓科学问题就是在当时知识背景下（时代性）的、关于科学认识和实践中需要解决而又未能解决的矛盾，其中包含着一定的求解目标（指向性）和求解范围（应答域），但尚无确定的答案。科学问题的提出是非常复杂的过程，它可以从科学实践与科学理论的矛盾中产生，即原理论不能解释新现象和新事实；可以从科学理论内部的矛盾中产生；可以从不同学派理论之间的矛盾中产生；也可以从社会不同需要的矛盾中产生。对于人的思维而言，提出问题是一个逻辑思维和想象力高度结合的过程。

对于解决问题而言，科学研究包括发现科学事实、形成科学假说和得出科学理论三个方面：

---

① A.爱因斯坦，L.英费尔德.物理学的进化［M］.周肇威，译.上海：上海科学技术出版社，1962：66.

（1）科学事实。科学事实是通过观察和实验获得的、并经过整理和鉴定的经验事实，它是科学研究的基础，是对科学假说和科学理论进行评价的基本手段和依据。科学事实主要包括：客体与仪器相互作用结果的表征，例如观测仪器上记录和显示的数据、图像等以及对观察实验所得结果的陈述和判断。科学事实不是个别存在的，应具有可重复性以及精确性和系统性。获得科学事实主要是靠观察与实验两种具体方法。观察是指人们有目的、有计划地感知和描述处于自然状态下的客观事物，以获取感性材料；实验是根据一定的科研目的，用一定的物质手段（科学仪器和设备），在人为控制或变革客观事物的条件下获得科学事实。

（2）科学假说。科学假说是指根据已有的科学知识和新的科学事实，对所研究的问题作出的猜测性说明和尝试性解答。构成科学假说的基本要素有事实基础、背景理论、对现象和规律的猜测、推导出的预言和预见。科学假说是形成和发展科学理论的必要途径，是发挥思维能动性的有效方式，也是形成科学创造性的重要标志。不同科学假说之间的争论有利于科学的发展，科学假说经过实践的检验，具备了解释性和预见性，才转化为科学理论。

（3）科学理论。科学理论是系统化的科学知识，是对关于客观事物的本质及其规律性的相对正确的认识，是经过了逻辑论证和实践检验，由一系列概念、判断和推理表达出来的知识体系。

对科学操作程序和各种研究方法的反思通常被称为科学方法论，其探讨的是科学研究活动本身的一般规律和一般方法，例如科学研究的程序、模式和手段，科学理论建构和评价的基本原则，科学发展的总体图景等；是关于科学研究中一般常用方法的理论；是关于科学研究一般方法的性质、特点、内在联系和变化发展的理论体系。具体的科学方法分为三个层次：具体科学、技术学科的特殊研究方法，例如光谱分析法、条件反射法、同位素示踪法等；各门科学、技术的一般研究方法，例如观察实验法、假说法、技术预测和评估法、系统法、数学方法等；哲学层次上的方法，例如归纳法、演绎法、矛盾分析法等，具有普遍适用性。

三、精神层面上的科学研究

科学作为一种观念形态或文化现象，具有巨大的精神价值，集中体现在科学精神之中。科学精神是由科学知识和科学方法升华而成的一种精神气质和人格力量，是科学内在于心、外化于行的最高体现。著名的科学社会学家默顿探讨了科学共同体的精神气质，提出了科学研究必须遵循的五条原则：普遍主义，即科学成果的承认与成果提出者的身份、种族、信仰、国籍等无关，只建立在成果自身的科学价值的基础上；公有性，即承认科学发现本质上是社会合作的产物，它属于整个共同体以至整个社会；无私利性，即科学家应为科学而科学研究；有组织的怀疑主义，即决不未加分析批判就盲目地接受一切，有责任评价其他科学家的成果，也要容许别人对自己的成果的怀疑。[①]

科学研究的精神可以概括为以下三种。

一是科学研究具有求真的精神。科学研究是一种探索未知世界的活动，从事科学研究需要科学家付出艰苦的劳动，忍受精神上的困惑甚至是物质生活的清贫，敢于冒种种挫折与失败的风险。科学研究的上述特点，要求科学研究者要养成坚忍不拔、不屈不挠、执着追求、奋斗献身的思想道德品质，把追求真理作为自己的天职。科学研究者对真理坚定不移的无私追求精神，给人类思想道德境界的提升提供了价值目标。

二是科学研究具有公有精神。科学研究的成果具有公有性和无私利性，这要求科学研究者必须具有公有精神，即不能把科学知识看成是个人的私有财产，而是要将其公之于众，造福社会。正如习近平总书记所讲，"科学绝不是一种自私自利的享乐，有幸能够致力于科学研究的人，首先应该拿自己的学识为人类服务[②]"。科学知识是公共的，而不是私人的。科学的"知识产权"是为了保护科学家继续进行创新知识的动力。通过"科学"追求"利益"需要遵循一定的规则，其中之一就是不能要求生产出来的科学知识直接为生产者自身的"利益"服务，科学共同体需要排除科学知识中因个人利益而导致的偏见和错误，使科学知识逐步从个人知识转为值得信赖的公共知识。

三是科学研究具有务实的实践精神。科学研究不仅是一种认识活动，而且是一种利用认识规律为人类造福的实践活动，它应该具有一种务实精神，以及为人类自由和幸福而奋斗的精神。人只有充分认识事物发展的规律，并用以改造客观世界，才能获得自由。从这个层面来讲，科技的发展意味着人的自由的进步。科学的务实实践精神启迪人们独立思考、实事求是、开拓进取，同时也是科学家进行工作的动力之一。

四、体制层面上的科学研究

既然知识生产是一种社会活动，科学研究就必然有相应的社会建制，也被称为体制化的过程。而知识生产的社会建制，亦即该活动成为社会构成中的一个相对独立的社会部门和职业门类。知识生产的体制化主要包括外部和内部两个层面。外部层面主要是表明知识生产的社会组织机构及其之间的关系。从目前来看，社会上主要有三类机构从事专门的知识生产工作，即高等院校、企业和政府科研机构，每一种机构都是国家创新系统的重要组成部分。除了外部社会建制之外，知识生产机构内部也有社会建制，即机构的内部组织结构和制度安排，而不同类型的知识生产机构，例如企业和大学的内部组织

---

①　R. K. 默顿. 科学社会学：理论与经验研究：上册［M］. 鲁旭东，林聚任，译. 北京：商务印书馆，2017：385-396.

②　习近平. 在中国科学院第十七次院士大会、中国工程院第十二次院士大会上的讲话［N］. 人民日报，2014-06-10（2）.

结构和制度安排是不一样的，图 4-1 可以表明这种关系。

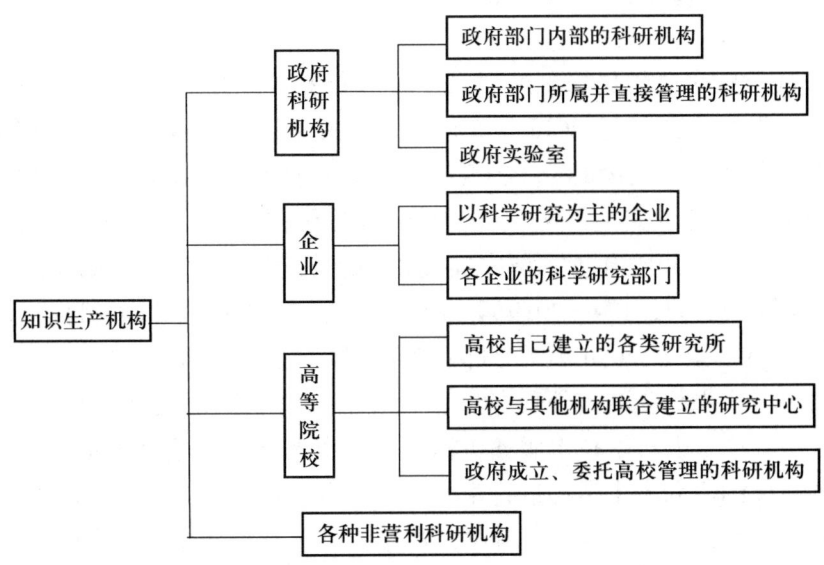

图 4-1 知识生产的社会组织机构及其内部组织结构①

总之，在知识和方法上，科学研究是人类认识客观世界的一种思维活动，需要复杂和严格的科学方法，才能获得科学知识；在精神上，科学研究的内在核心是求真、公有、务实精神；在体制上，科学研究是以生产科学知识为目标的独立的社会建制。

第二节 高校教师科研道德存在的问题及原因

高校是科学研究的重要阵地，高校教师也是从事科学研究，尤其是基础研究的主体，因此高校教师必然要受到科学研究的道德约束。但是近些年来中国高校学术研究的道德失范问题仍旧存在，需要加以警惕。

有学者指出，学术腐败的形式主要有三种。一是违法，如行贿受贿，为了获得项目的资助去向专家或者管理人员行贿、专家和管理人员受贿。二是违纪，如抄袭、剽窃他人成果；评审科学家私下透露评审结果或者串联起来多投票和少投票等。三是违反科学道德，如人为编造实验结果，又如有的评选专家对基金评审进行暗示、诱导以达到个人的目的等。② 近年来，我国对学术不端和学术腐败的打击力度越来越大，严查彻查，力图肃清一个干净廉洁的学术环境。

---

① 殷朝晖. 论国家科研体制与研究型大学发展［D］. 武汉：华中科技大学，2005：69.

② 廖文根，任建民. 从制度上遏制"学术腐败"：访国家自然科学基金委员会副主任李主其［J］. 中国科学基金，2002（3）：21-22.

一、高校科研道德的主要问题

新时代赋予科研道德更深刻的意义。2016 年 6 月教育部印发的《高等学校预防与处理学术不端行为办法》，2018 年 5 月中共中央办公厅、国务院办公厅印发的《关于进一步加强科研诚信建设的若干意见》，2019 年 5 月中宣部等六部委印发的《哲学社会科学科研诚信建设实施办法》，2019 年 10 月科技部印发的《科研诚信案件调查处理规则（试行）》，2019 年 5 月国家新闻出版署发布的《学术出版规范——期刊学术不端行为界定（CY/T 174—2019）》，2020 年 7 月科技部印发的《科学技术活动违规行为处理暂行规定》，2020 年 12 月国家自然科学基金委员会印发的《国家自然科学基金项目科研不端行为调查处理办法》等文件，对科研人员、评审专家、科学技术活动实施单位、第三方科学技术服务机构及其工作人员、受托管理机构及其工作人员等不同学术主体的不同学术活动进行学术规范指导，以预防为主，以教育与惩戒结合为原则，坚持无禁区、全覆盖、零容忍，严肃查处违背科研诚信要求的行为，着力打造共建共享共治的科研诚信建设新格局。其中反复强调的科研道德问题主要包括以下九项。①

（1）剽窃、抄袭。剽窃、抄袭以及侵占他人科研学术成果或项目申请书，侵犯他人知识产权等几乎被历年所有文件定义为学术不端行为。剽窃和抄袭的范围包括观点、数据、图片和音视频、研究（实验）方法、文字表述、论文主体、他人发表成果等。剽窃和抄袭是最常见的学术不端行为，是与求真的科研精神相违背的。值得注意的是，如在论文中引用图片、音视频等任何他人成果，也是需注明出处、添加说明的。

（2）伪造、篡改。伪造数据、图片、实验过程、研究方法和结论、资料、注释、参考文献、资助来源、审稿意见、审稿人信息；篡改原始记录、实验数据、拼接图片、增加模糊或删改图片细节、改变引用文献本意、检测报告或用户使用报告等都属于学术不端行为。由于学术不端造成的论文撤稿的追溯期非常长，有些甚至可以追溯到 20 世纪 70 年代，其后果也非常严重，切不可抱侥幸心理。

（3）买卖代写论文。买卖、代写、代投论文或项目申请书，虚构专家评议意见都是不合法、合规的，且有可能带来其他损失。我国科技部等部门近年来严惩涉嫌论文代写、代发行为，将其记录在科研诚信档案，相关责任人轻则约谈，重则撤销职称等。

（4）一稿多投、重复发表。一稿多投是指将同一篇论文或只有细微差别的多篇论文投给两个及以上期刊，或者在约定期限内转投其他期刊的行为。学术界的惯例是一篇研究论文绝对不允许同时投往不同的刊物，只有在一种刊物退稿或超过约定期限内之后，

---

① 下述九项内容来自正文中所提及的多项文件，是综合而来的结果，并不局限于其中的某一项，特此说明。

才能投往另一刊物。重复发表是指在未引用或说明的情况下重复发表自己（或自己作为作者之一）已经发表过的文献中内容的行为，包括拼接多篇自己已发表的内容再次发表。不同论文引用同一个调查、实验数据也需作说明或加注释。被允许二次发表的文章应说明首次发表出处。

（5）不当署名。不当署名包括未参加研究或创作而在研究成果、学术论文上署名；未经他人许可而不当使用他人署名，虚构合作者共同署名；多人共同完成研究而在成果中未注明他人工作、贡献；违反论文署名规范，擅自标注或虚假标注获得科技计划（专利、基金等）等资助。署名作者是对论文或科研活动具有实质性贡献的人，所有的署名者都要对论文或科研活动负责。此外，提供虚假的作者职称、单位、学历、研究经历等信息也是违规的。

（6）虚假信息。在科研学术活动中，以下情况都属于由虚假信息引起的学术不端行为：在申报课题、成果、奖励和职务评审评定、申请学位等过程中提供虚假学术信息；弄虚作假，骗取科技计划（专项、基金等）项目、科研经费以及奖励、荣誉等；以故意提供虚假信息等弄虚作假的方式或采取贿赂、利益交换等不正当手段获得科研活动审批，获取科技计划项目（专项、基金等）、科研经费、奖励、荣誉、职务职称等；在科学技术活动的申报、评审、实施、验收、监督检查和评估评价等活动中提供虚假材料，实施"打招呼""走关系"等请托行为；虚构同行专家评议意见；包括提供虚假信息、隐瞒相关信息以及提供信息不准确等。

（7）泄密。泄密是指违反国家和学校有关保密规定，未经相关主管部门批准，擅自将应当保密的学术事项公开。小到故意泄露他人未公开发表的学术成果，大到泄露国家秘密危害国家安全，其不仅是违反学术道德的学术不端行为，同时也可能触犯法律。

（8）违反科研伦理。科研伦理是指科研人员与受试者和生态环境之间的伦理行为规范，是近年来得到广泛重视的学术规则。对科研伦理的尊崇包含着对自然和人类本身的敬畏之心。违背科研伦理的试验不仅在程序上不可接受，还有可能将人类推向不可知的风险。

（9）其他违反科研诚信的活动。针对项目申报、人才计划评审等科研活动，相关规定将以下行为列为学术不端：故意夸大研究基础、学术价值或科技成果的技术价值、社会经济效益，隐瞒技术风险，造成负面影响或财政资金损失；人才计划入选者、重大科研项目负责人在聘期内或项目执行期内擅自变更工作单位，造成负面影响或财政资金损失；故意拖延或拒不履行科学技术活动管理合同约定的主要义务；随意降低目标任务和约定要求，以项目实施周期外或不相关成果充抵交差；虚报、冒领、挪用、套取财政科研资金；不配合监督检查或评估评价工作，不整改、虚假整改或整改未达到要求；违反国家科学技术活动保密相关规定；通过贿赂或者利益交换等不正当方式获取科学基金项目；违反评审行为规范；利用管理、咨询、评价专家等身份或职务便利，在科研活动中为他人谋取利益；法律、行政法规、部门规章或规范性文件规定的其他相关违规行为。[①]

上述科研道德问题及行为一旦被认定，结合情节和性质可能会受到如下处理：通报批评；终止或者撤销相关的科研项目，并在一定期限内取消申请资格；撤销学术奖励或者荣誉称号；辞退或解聘；法律、法规及规章规定的其他处理措施。同时，可以依照有关规定，给予警告、记过、降低岗位等级或者撤职、开除等处分。在问责机制下，高校主要责任人对相关案件的监管力度不严、处理程度不足都会被追责。

二、高校教师科研道德问题产生的原因

高校教师科研道德问题确实存在，其产生的原因既有内在的个人道德修养问题，更有外在的体制机制方面的原因，这里主要从外部制度方面进行分析，有以下两个方面。

（一）科学研究的利益化色彩

伴随大科学时代的来临，科学研究再也不是完全属于个人的兴趣和爱好，而且也是国家和社会的一项非常重要的事业，直接决定着一个国家和社会的核心竞争力。高校作为科学研究的重地，能够为社会创造直接和间接的社会财富。因此，国家会投入相当大的资源去推动高校的科学研究。而科学研究本身也和产业转化以及商业利润紧密结合在一起。而市场经济大潮下的功利主义也加剧了科学研究功利化的进程，因此容易造成学术不端或学术腐败。单纯为了利益从事科学研究，只能在求真之路上越走越远。

（二）良好的科研精神没有得到完全培育

科学研究是对未知的探索，背后是求真精神，也就是要求创新，使知识能够增加。个体的学术不端行为也与整体的学术环境有关。2018 年的全国教育大会上，习近平总书记发表重要讲话，表示"要深化教育体制改革，健全立德树人落实机制，扭转不科学的教育评价导向，坚决克服唯分数、唯升学、唯文凭、唯论文、唯帽子的顽瘴痼疾，从根本上解决教育评价指挥棒问题"[②]。

2020 年 8 月，习近平总书记在经济社会领域专家座谈会上的讲话，不仅对经济社会领域的学者具有启发性，应该说对全体科研工作人员都有指导意义。他强调："一是从国情出发，从中国实践中来、到中国实践中去，把论文写在祖国大地上，使理论和政

① 此段见：关于印发《国家自然科学基金项目科研不端行为调查处理办法》的通知 [J].现代养生，2020，20（Z6）：7-12.科学技术活动违规行为处理暂行规定 [J].中华人民共和国国务院公报，2020，（25）：45-50.
② 坚持中国特色社会主义教育发展道路 培养德智体美劳全面发展的社会主义建设者和接班人 [J].紫光阁，2018（10）：8-9.

策创新符合中国实际、具有中国特色，不断发展中国特色社会主义政治经济学、社会学。二是深入调研，察实情、出实招，充分反映实际情况，使理论和政策创新有根有据、合情合理。三是把握规律，坚持马克思主义立场、观点、方法，透过现象看本质，从短期波动中探究长期趋势，使理论和政策创新充分体现先进性和科学性。四是树立国际视野，从中国和世界的联系互动中探讨人类面临的共同课题，为构建人类命运共同体贡献中国智慧、中国方案。"①

为响应习近平总书记的号召，解决价值追求扭曲，学风浮夸浮躁和急功近利等问题，教育部、科技部先后出台了不同的文件改进科研评价体系，树立正确的评价导向，推进人才称号回归学术性，探索"代表性成果"评价机制。高校教师作为科研工作者，更应该踏踏实实做有质量的学问，方能走长远的学术之路。

第三节　高校教师科研道德修养的基本要求

通常而言，高校科学研究主要会出现以下两种道德失范行为：一种是学术不端行为，包括虚构伪造结果或数据，在研究方案、研究结果和研究过程中不正当地运用他人成果；篡改（有选择的遗漏或更改）结果或数据；不提供适当的引文注释、不让同行得到珍贵的资料，用不适当的统计或测量方式抬高研究发现的意义等；弄虚作假，篡改、捏造、故意遗漏数据，提供伪证予以包庇。另一种是学术腐败行为，即通过不正当的手段谋求学术资源。

一、高校科研道德失范带来的危害

高校科学研究道德的失范带来的危害非常巨大，不仅危及学术和高校本身，而且危及国家和社会的利益和进步，更是危及下一代人的健康成长。

（一）阻碍学术进步

科学研究是富有探索性和创造性的智力活动，同时也是研究者发挥自身才能造福社会的崇高精神活动，是一项严肃和神圣的事业。科学研究道德的失范会导致学术研究停滞不前甚至倒退，阻碍了学术的进步和发展。

（二）造成高校信任危机

培养高级专门人才、发展科学和开展社会服务是高校的三项基本社会职能，学术道

---

① 习近平.在经济社会领域专家座谈会上的讲话［N］.人民日报，2020-08-25（2）.

德失范严重，会给创新人才培养工作带来极大的负面影响，也大大阻滞了科学的发展。高校学术道德失范会降低学术研究主体的学术道德素养，进而削弱其学术研究能力。高校师生学术研究能力的降低必然导致高校发展科学、为社会提供服务的职能难以得到有效实现，从而引发高校立身于社会的合法性危机。

（三）危及国家利益和社会进步

科学研究不仅是研究者的个人事业，同时也是国家和社会的事业，是增强国家竞争力、促进社会发展的重要力量。科学是求真和求善相统一的过程，代表的是客观和公正。高校作为科学研究的重地，不仅会对社会政治、经济发展等重大问题的判断和决策产生影响，而且也在区分善恶、建立信念、认识真理等诸多方面起到引领作用。如果高校的科学道德失范，那么就会危及国家的利益，阻碍社会的进步。

（四）有损学风

培养人才是高校的重要职能，高校学生的成长环境在一定程度上将决定他们未来的科研水平。若是高校科学研究道德出现失范的现象，那么就会有损学风，不利于学生的科学研究创新。

道德的基本要求是相对于更高的道德层次或理想而言的，指一个人或社会必须具备的最低道德水准，是道德的最后界限，是人类社会的最后屏障。正如北京大学何怀宏教授所言，从伦理学的角度来说，"底线伦理即每一个社会成员自觉遵守最低限度的道德规范"[①]。从法律学的角度来说，"法律是最底线的道德"。

对于人类的生存和发展来说，科学研究的后果具有正负两方面的效应，它既可以造福人类，也可以损害人类，科学研究事实上具有伦理道德的属性。国内外现代化进程的历史经验告诉我们，科学研究一旦丧失了伦理规范和伦理价值的导引，就会偏离人们的主观愿望，进而最终损害人类的根本利益。无论从研究手段还是从研究目的来看，科学家的行为都和其他人的行为一样，时刻处在社会各阶层的关注之下，受制于社会普遍的伦理道德规范和标准。正如爱因斯坦所说："科学是一种强有力的工具。怎样用它，究竟是给人带来幸福还是带来灾害，全取决于人自己，而不取决于工具。"[②]

二、高校教师从事科研工作的道德修养要求

对于科学研究来说，最低限度的道德规范，不是固定不变的，而是随着人类的发展

---

① 范有好，刘芫生.校长的思索［M］.上海：上海教育出版社，2012：78.
② 爱因斯坦.爱因斯坦文集：第3卷［M］.纪念版.许良英，赵中立，张宣三，编译.北京：商务印书馆，2017：69.

而被逐渐丰富和完善起来的。任何科学研究工作者，无论抱有什么样的人生理想、追求怎样的价值目标，都必须坚定不移地恪守道德底线。高校教师从事科学研究的道德修养要求主要有以下七点。

（一）遵纪守法

高校教师在科学研究活动中应严格遵守相关法律、法规、规章制度的规定和伦理道德的要求。2009 年 3 月，《教育部关于严肃处理高等学校学术不端行为的通知》中提出，高等学校对学术不端行为，必须严肃处理。2016 年 9 月，《高等学校预防与处理学术不端行为办法》发布，其中提出，高等学校预防与处理学术不端行为应坚持预防为主、教育与惩戒结合的原则。2019 年 7 月，国家新闻出版署发布《学术出版规范 期刊学术不端行为界定》，此标准界定了学术期刊论文作者、审稿专家、编辑人员可能涉及的学术不端行为，适用于学术期刊论文出版过程中各类学术不端行为的判断和处理，其他学术出版物可参照使用。2020 年 12 月，国家自然科学基金委员会修订通过了《国家自然科学基金项目科研不端行为调查处理办法》，此文件适用于在国家自然科学基金项目的申请、评审、实施、结题和成果发表与应用等活动中发生的科研不端行为的调查处理。这些政策性文件不仅彰显了国家对科学研究过程中的诚信的重视，而且几乎包含了对所有相关主体的各项科研活动的规范性意见。

（二）实事求是

实事求是要求科学研究工作者不弄虚作假、不隐瞒或夸大事实。从事科学研究的高校教师，应该实事求是地汇报自己的科学研究成果，不能进行过分夸大或宣传，也不应无限扩大应用前景以谋求不应得的荣誉或利益。实事求是要求科学研究工作者尊重原始实验数据，全面引用数据（包括不良反应和不良事件）。与研究相关的原始实验数据和记录，应妥善保存、备查。忠实于原始数据是科学研究工作者必须遵循的基本准则，绝对不能对原始数据做任何人为的修改。同时，实事求是要求科学研究工作者正确面对研究过程中可能出现的错误。在科学研究工作中，当他人已经对自己的工作提出质疑，自己也发现错误之后，不能置之不理，而是应该在以后发表的有关论文中，主动给出正确的结果或结论，改正错误。

实事求是对科学研究工作者的基本要求就是诚实守信，即对待科学研究要诚实、不欺骗、有信用、不虚假、言行一致。每个科学研究工作者只有诚实地发布自己的发现，客观地陈述自己所遇到的问题，仔细衡量自己的证据，确保数据的有效性和准确性，才能为建造真理大厦提供可靠的基础。

（三）尊重知识产权

在科学研究工作中，如果要引用其他成果，必须如实地逐一注明出处。被引用的内容不构成引用人作品的主要部分或实质部分，借鉴或参考其他成果的应明确说明。在引用评价自己或他人的成果时，应全面引用、分析、评价、不断章取义，不抄袭、不剽窃他人的文章及专著。科学研究要建立在前人的基础上，对重要文献作者署名的遗漏或有意不提，可以视为抄袭剽窃行为。不一稿多投和重复发表相关学术成果。从他人作品转引第三人成果时，如实注明转引出处。

尊重知识产权的核心要求是尊重优先权。"优先权"分配是科学共同体最重要的激励机制。只有公正地对待他人的工作、实事求是地承认他人的贡献，发自内心地尊重他人的努力，坦诚直率地进行学术争论，才能形成科学研究中必要的合作机制和相互激荡的思想氛围，使每个科学研究工作者的独特才能得到最大限度的发挥。

（四）规范署名

科学研究论文的作者必须以严肃的态度对所发表论文的结果和观点承担责任，只有对科学研究论文从选题设计、具体实验过程，一直到得出必要结论的全过程有所了解，并确实对其中的一个或几个环节作出了具体贡献，才能在论文中署名。科学研究成果的署名应与相关人员的贡献大小相符合。每位作者均必须对科学研究成果有实质性学术贡献并应事先审阅且同意，任何人不得假冒他人对成果及学术承诺署名。合作科学研究成果在发表前要经过所有署名人审阅，并签署确认书。所有署名人对研究成果负责，合作研究的主持人对研究成果整体负责。

（五）客观公正

在参与推荐、评审、论证、鉴定、答辩、评奖等科学研究活动中，行为人应坚持学术评价的客观公正原则，不得徇私舞弊或谋求不正当利益。科学研究工作者不应为商业广告做不符合实际的宣传。有些商家企图以高价借助高校知名学者的学术形象扩大自己的广告效应。如果为了商业利益，高校教师对商业产品作出过高的，甚至是完全不符合实际的评价，这是一种极不严肃的做法，也是不负责任的表现，从而违反了高校教师科学研究道德。

（六）保守秘密

科学研究活动应严守保密原则，涉及国家安全、信息安全、生态安全、人民生命健康安全，或涉及人体的生物医学研究等属于保密范畴的，未经相关部门批准，科学研究工作者不得擅自将应当保密的学术事项公开。

（七）学术界共同遵循的其他科学研究规范

正确对待科学研究活动中存在的直接、间接或潜在的利益关系，不利用学术活动谋取不正当利益；积极弘扬科学精神、传播科学思想和科学方法；尊重科学规律，正确对待各种自然现象，不得参与、支持任何形式的伪科学。

此外，高校教师还应对其指导的学生进行学术规范、学术诚信教育和指导，对学生的学术成果是否符合学术规范、学术诚信要求进行必要的检查与审核，并对学生的学术不端行为负相应责任。高校教师应培养学生的科学研究态度、科学精神、科学思维，共同维护干净的科学研究生态环境，正确引导学生走向长久的科学研究道路。

总之，重视和强化科学研究道德的最低要求并不意味着要降低科学研究道德标准，放弃对科学研究道德理想的追求。实现崇高的科学研究道德理想，成就高尚的科学研究道德人格，就必须从基本的科学研究道德义务履行开始。科学研究的基本要求，是每一个从事科学研究的高校教师都必须自觉遵守的、最低限度的科学研究道德规范，任何对科学研究基本要求的践踏都必将受到舆论的谴责和相关法律的制裁。只有严守科学研究的基本要求，高深学问才能得以守护，学术增量才有可能得到保证。

第四节　高校教师科研道德修养的崇高追求

2021 年 5 月，习近平总书记在中国科学院第二十次院士大会、中国工程院第十五次院士大会、中国科协第十次全国代表大会上发表重要讲话指出，党的十九大以来，党中央全面分析国际科技创新竞争态势，深入研判国内外发展形势，针对我国科技事业面临的突出问题和挑战，坚持把科技创新摆在国家发展全局的核心位置，全面谋划科技创新工作。[1] 近些年来在党中央的有力领导下，在社会各界的共同努力下，我国的科技实力正在从量的积累迈向质的飞跃、从点的突破迈向系统能力提升，科技创新取得新的历史性成就：基础研究和原始创新取得重要进展，战略高技术领域取得新跨越，高端产业取得新突破，科技在新冠肺炎疫情防控中发挥了重要作用，民生科技领域取得显著成效，国防科技创新取得重大成就。广大科技工作者正在以与时俱进的精神、革故鼎新的勇气、坚忍不拔的定力，面向世界科技前沿、面向经济主战场、面向国家重大需求、面向人民生命健康，把握大势、抢占先机，直面问题、迎难而上，肩负起时代赋予的重任，努力实现高水平科技自立自强。

一、科学研究工作者的理想追求

科学研究工作者的崇高追求是相对于现实而言的，表现了人们在科学研究方面的期冀和期望，具有一定的超越性，并非直接指向现实或当下，而是高于和优于现实，它能

① 习近平.在中国科学院第二十次院士大会、中国工程院第十五次院士大会、中国科协第十次全国代表大会上的讲话［N］.人民日报，2021-05-29（2）.

让科学研究工作者坚定自己的价值追求。

（一）科技工作者的理想追求

做胸怀祖国、服务人民的表率。在中华民族伟大复兴的征程上，一代又一代科学家心系祖国和人民，不畏艰难，无私奉献，为科学技术进步、人民生活改善、中华民族发展作出了重大贡献。新时代更需要继承发扬以国家民族命运为己任的爱国主义精神，更需要继续发扬以爱国主义为底色的科学家精神。广大院士要不忘初心、牢记使命，响应党的号召，听从祖国召唤，保持深厚的家国情怀和强烈的社会责任感，为党、为祖国、为人民鞠躬尽瘁、不懈奋斗！

做追求真理、勇攀高峰的表率。科学以探究真理、发现新知为使命。一切真正原创的知识，都需要冲破现有的知识体系。"善学者尽其理，善行者究其难。"广大院士要勇攀科学高峰，敢为人先，追求卓越，努力探索科学前沿，发现和解决新的科学问题，提出新的概念、理论、方法，开辟新的领域和方向，形成新的前沿学派。要攻坚克难、集智攻关，瞄准"卡脖子"的关键核心技术难题，带领团队作出重大突破。

做坚守学术道德、严谨治学的表率。诚信是科学精神的必然要求。广大院士要做学术道德的楷模，坚守学术道德和科研伦理，践行学术规范，让学术道德和科学精神内化于心、外化于行，涵养风清气正的科研环境，培育严谨求是的科学文化。人的精力是有限的，院士们要更加专注于科研，尽量减少兼职，更加聚焦本专业领域。

做甘为人梯、奖掖后学的表率。"江山代有才人出"，"自古英雄出少年"。广大院士要在创新人才培养中发挥识才、育才、用才的导师作用。"才者，材也，养之贵素，使之贵器。"要言传身教，发扬学术民主，甘做提携后学的铺路石和领路人，大力破除论资排辈、圈子文化，鼓励年轻人大胆创新、勇于创新，让青年才俊像泉水一样奔涌而出。

（二）哲学社会科学工作者的理想追求

坚持以马克思主义为指导，自觉把中国特色社会主义理论体系贯穿于研究和教学全过程，转化为清醒的理论自觉、坚定的政治信念、科学的思维方法。马克思主义为研究哲学社会科学的各个学科各个领域提供了基本的世界观、方法论。坚持以马克思主义为指导，就是要求我国广大哲学社会科学工作者树立为人民做学问的理想，自觉把个人学术追求同国家和民族发展联系在一起。坚持以马克思主义为指导，必须坚持问题导向。我国广大哲学社会科学工作者要关注和研究我国发展和中国共产党执政面临的重大理论和实践问题，提出解决问题的正确思路和有效办法。

加快构建中国特色哲学社会科学。习近平总书记指出，中国特色哲学社会科学应该具有三个方面的主要特点：一是体现继承性、民族性；二是体现原创性、时代性；三是体现系统性、专业性。建设中国特色哲学社会科学，要按照立足中国、借鉴国外，挖掘历史、把握当代，关怀人类、面向未来的思路，着力构建中国特色哲学社会科学，在指导思想、学科体系、学术体系、话语体系等方面充分体现中国特色、中国风格、中国气派。

（三）文艺工作者的理想追求

心系民族复兴伟业，热忱描绘新时代新征程的恢宏气象。实现中华民族伟大复兴，是近代以来中国人民和中华民族最伟大的梦想。广大文艺工作者要深刻把握民族复兴的时代主题，把人生追求、艺术生命同国家前途、民族命运、人民愿望紧密结合起来，以文弘业、以文培元，以文立心、以文铸魂，把文艺创造写到民族复兴的历史上、写在人民奋斗的征程中。

坚守人民立场，书写生生不息的人民史诗。中国人民历来具有深厚的天下情怀，当代中国文艺要把目光投向世界、投向人类。广大文艺工作者要有信息和抱负，承百代之流，会当今之变，创作更多彰显中国审美旨趣、传播当代中国价值观念、反映全人类共同价值追求的优秀作品。

坚持守正创新，用跟上时代的精品力作开拓文艺新境界。广大文艺工作者要精益求精，勇于创新，不断提升作品的精神能量、文化内涵、艺术价值，抵制照搬跟风、克隆山寨，迈向更加广阔的创作天地。

用情用力讲好中国故事，向世界展现可信、可爱、可敬的中国形象。中国人民历来具有深厚的天下情怀，当代中国文艺要把目光投向世界、投向人类。广大文艺工作者要有信心和抱负，承百代之流，会当今之变，创作更多彰显中国审美旨趣、传播当代中国价值观念、反映全人类共同价值追求的优秀作品。

坚持弘扬正道，在追求德艺双馨中成就人生价值。文艺承担着成风化人的职责。文艺工作者要把个人的道德修养与作品的社会效果统一起来，坚守艺术理想，追求德艺双馨，努力以高尚的操守和文质兼美的作品，为历史存正气、为世人弘美德、为自身留清名。

二、科学研究道德的崇高理想

高校教师要秉持崇高的理想道德追求，其对科学研究道德的崇高追求，表现了高校教师在科学研究道德方面的一种期望，体现了他们对科学研究道德的追求和向往，能够指向未来，具有一定的超越性。高校教师科学研究道德的崇高理想应体现在如下七个方面。

（一）心系家国

2016年4月，习近平总书记在知识分子、劳动模范、青年代表座谈会上指出，"我国知识分子历来有浓厚的家国情怀，有强烈的社会责任感。'修身齐家治国平天下''为天地立心、为生民立命、为往圣继绝学、为万世开太平''先天下之忧而忧，后天下之乐而乐'，这些思想为一代又一代知识分子所尊崇"[①]。高校教师作为知识分子的一员，应坚持国家至上、民族至上、人民至上，始终胸怀大局，心有大我，将个人理想和国家发展、民族复兴、人民福祉紧密结合在一起，明大德，立大志，树立高远的理想追求和深沉的家国情怀，做有信仰有担当的大先生，始终将"为人民服务，为中国共产党治国理政服务，为巩固和发展中国特色社会主义制度服务，为改革开放和社会主义现代化建设服务"作为科学研究的重要检验标准。

（二）造福人类

科学研究的实际结果具有双重性，其中必然内生出对科学研究工作者的一种重要规范：必须保证科学成果能够造福人类。科学研究工作者的社会责任中首要的一点就是要增进人类的利益，使自己所从事的科学活动以造福人类为最高追求目标，以确保人类的生存和促进人类的发展作为自身科学研究的终极目的。任何科学研究都要尊重、维护人类的利益，这里的利益不是某个地区或国家的利益，而是全人类的整体利益。科学研究不仅是一个"求真"的过程，同时也是一个"求善"的过程。

（三）捍卫真理

科学研究的本质在于探求真理，为增进真正的知识作出贡献，这就决定了科学研究工作者要以追求真理和捍卫真理为己任。追求真理的目标要求高校教师要关爱科学，能以科学的态度对待科学研究，实事求是、严格要求，能经得起困难和挫折的打击，以及胜利和成功的考验。

（四）维护社会公正

科学研究除了要充分尊重个体生命的利益和权利外，也必须肯定和维护社会的公正。缺少必要的科学知识会导致许多人处于社会生活的"边缘"，科学研究工作者在为国家和社会决策服务时，应当用科学知识维护社会公正，而不是服务于少数利益集团。

（五）勇于创新

2014年6月，习近平总书记在中国科学院第十七次院士大会、中国工程院第十二次院士大会上的讲话中指出，科技是国家强盛之基，创新是民族进步之魂。[②]中华民族是富有创新精神的民族，引领创新是科学研究工作者的应有之义。高校教师要增强创新

---

① 习近平.在知识分子、劳动模范、青年代表座谈会上的讲话［N］.人民日报，2016-4-30（2）.
② 习近平.在中国科学院第十七次院士大会、中国工程院第十二次院士大会上的讲话［N］.人民日报，2014-6-10（2）.

意识，把握创新特点，以创新推动科技进步，为我国日益增长的国际竞争力贡献智慧，并使创新成果造福社会和人民。

（六）弘扬科学精神

2019 年 6 月，中共中央办公厅、国务院办公厅印发《关于进一步弘扬科学家精神加强作风和学风建设的意见》，其中指出，要自觉践行、大力弘扬新时代科学家精神，包括胸怀祖国、服务人民的爱国精神；勇攀高峰、敢为人先的创新精神；追求真理、严谨治学的求实精神；淡泊名利、潜心研究的奉献精神；集智攻关、团结协作的协同精神；甘为人梯、奖掖后学的育人精神。同时要加强作风和学风建设，营造风清气正的科研环境，包括崇尚学术民主，坚守诚信底线，反对浮夸浮躁、投机取巧；反对科研领域"圈子"文化。[①]2020 年 9 月，习近平在科学家座谈会上发表重要讲话，着重强调了爱国精神和创新精神，强调科研工作者要把自己的科学追求融入建设社会主义现代化国家的伟大事业中去……广大科技工作者要树立敢于创造的雄心壮志，敢于提出新理论、开辟新领域、探索新路径，在独创独有上下功夫。[②]

（七）着力培养高质量的高级专门人才

从事精深学问研究的高校教师，要潜心从事科学研究，不断提高相应的学术水平，从而使自己能够把握学科发展的前沿动态，充实教学内容，同时又能以自己研究的心得体会熏陶学生，使学生对科学研究的认识不断提高，科学精神不断得以培育。高校教师应把科学研究和教学工作紧密结合起来，带领学生一起进行科学研究，坚持以科学精神教育学生，不断提高教学水平和科学研究水平。从事科研工作有助于培养高质量的高级专门人才，它体现着高等教育以培养人才为根本任务的理想追求。

总之，高校教师从事科学研究，应立足中国国情，进而造福人类命运共同体。2016 年 5 月，习近平总书记在哲学社会科学工作座谈会上的讲话中指出："要推出具有独创性的研究成果，就要从我国实际出发，坚持实践的观点、历史的观点、辩证的观点、发展的观点，在实践中认识真理、检验真理、发展真理。"[③]高校教师作为科学研究工作者，要从本国国情出发，深入调研，研究现实问题，树立国际视野，让研究成果惠及全人类。

高校教师要响应新时代的召唤，坚持教书和育人相统一，言传和身教相统一，潜心问道和关注社会相统一，学术自由和学术规范相统一，做有理想信念、有道德情操、有

---

① 中共中央办公厅　国务院办公厅印发《关于进一步弘扬科学家精神加强作风和学风建设的意见 [J].中华人民共和国国务院公报，2019（18）：20–24.

② 习近平.在科学家座谈会上的讲话.[J].中华人民共和国国务院公报，2020（27）：6–9.

③ 习近平.在哲学社会科学工作座谈会上的讲话 [N].人民日报，2016–05–19（2）.

扎实学识、有仁爱之心的好老师。高校教师除了教书育人外，在从事科学研究时，要保持诚实、高尚、协作的精神；要了解自己所从事科学研究工作的意义和目的使科学研究的成果有益于全人类的发展。

【本章小结】

本章分别从以下四个方面展开探讨了高校教师的科研道德：科学研究的本质、高校教师科研道德存在的问题及原因、高校科研道德修养的基本要求、高校科研道德修养的崇高追求。

正确理解科学研究的本质是高校教师坚守科研道德的前提。一般可以从知识层面、方法层面、精神层面、体制层面四个方面去认识科学研究。目前，我国高校科学研究道德主要存在的问题有：剽窃、抄袭；伪造、篡改；买卖代写论文；一稿多投、重复发表；不当署名；虚假信息；泄密；违反科研伦理；其他违法科研诚信活动。这些问题产生的原因主要有如下两个方面：科学研究的利益化色彩，良好的科研精神没有得到完全培育。高校教师科研道德修养的基本要求是科学研究者必须坚守的道德底线，包括遵纪守法，实事求是，尊重知识产权，规范署名，客观公正，保守秘密等其他学术界共同遵循的学术规范。高校教师科研道德修养的崇高追求包括科研人员应该心系国家，造福人类，捍卫真理，维护社会公正，勇于创新，弘扬科学精神，着力培养高质量的高级专门人才。

【反思·实践·探究】

1. 谈谈你对科学研究的理解。
2. 高校教师科研道德的底线与理想各有哪些具体内容？
3. 试论如何加强高校教师科研道德建设以提高高校教师的科研道德水平。

【推荐阅读】

1. 席德强. 改变世界的一粒种子：记杂交水稻之父袁隆平［M］. 北京：北京大学出版社，2021.

2. 吕成冬. 科学与忠诚：钱学森的人生答卷［M］. 北京：人民邮电出版社，2021.

3. 樊锦诗，顾春芳. 樊锦诗自述：我心归处是敦煌［M］. 南京：译林出版社，2019.

4.《画说科研诚信》编写组. 画说科研诚信［M］. 北京：科学技术文献出版社，2018.

5. 阿尔伯特·爱因斯坦. 我的世界观〔M〕. 方在庆，编译，北京：中信出版社，2018.

6. 方正怡，方鸿辉. 院士怎样做人与事〔M〕. 上海：上海教育出版社，2011.

7. 科学技术部科研诚信建设办公室. 科研诚信知识读本〔M〕. 北京：科学技术文献出版社，2009.

8. 美国医学科学院，美国科学三院国家科研委员会. 科研道德：倡导负责行为〔M〕. 苗德岁，译. 北京：北京大学出版社，2007.

9. 刘兰剑，杨静. 科研诚信问题成因分析及治理〔J〕. 科技进步与对策，2019，36（21）：112−117.

10. 史昱. 中国科研诚信政策的演变与评价：1949—2017 年〔J〕. 中国软科学，2019（10）：158−164.

第五章　高校教师的社会服务道德

【知 识 导 图】

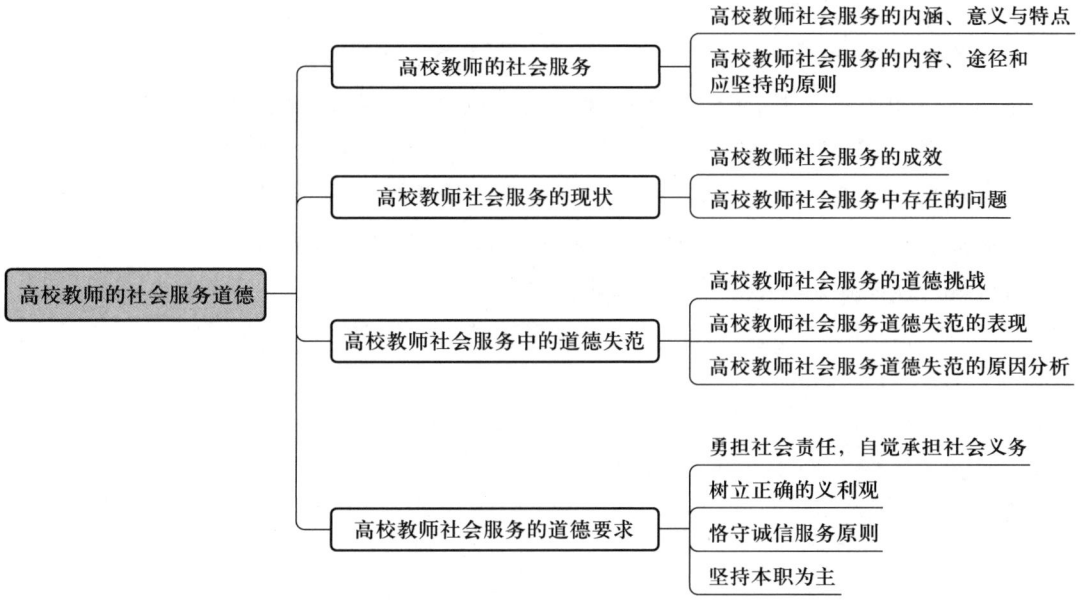

中国特色社会主义进入新时代以来，党和国家更加重视高校教师的社会服务职能，2016年8月，《教育部关于深化高校教师考核评价制度改革的指导意见》出台，"重视社会服务考核"成为高校教师考核评价的重要内容，要求"综合考评教师社会服务""完善科研成果转化业绩的考核"。社会服务是高校的重要职能之一，面对日益广泛的社会服务工作和日趋庞大的社会服务队伍，加强高校教师社会服务道德建设显得尤为重要。

第一节　高校教师的社会服务

一、高校教师社会服务的内涵、意义与特点

（一）高校教师社会服务的内涵

高校的社会服务职能是高等教育发展的产物，高校的社会服务职能将会伴随社会经济和高等教育自身的发展而不断丰富。高等学校、职业学校教师可以适当兼任与职责任务相关的社会职务，参与社会服务。

在中国特色社会主义新时代，习近平总书记非常重视高校教师的社会服务工作。2016 年 5 月，习近平总书记在全国科技创新大会、两院院士大会、中国科协第九次全国代表大会上的讲话中强调，"要加强科技供给，服务经济社会发展主战场。'穷理以致其知，反躬以践其实。'科学研究既要追求知识和真理，也要服务于经济社会发展和广大人民群众。广大科技工作者要把论文写在祖国的大地上，把科技成果应用在实现现代化的伟大事业中"①。

高校教师的社会服务是指高校教师除了完成在学校内的本职工作外，利用自身的专业知识和技能，服务于社会（包括企事业单位、学术组织、社区活动等），直接为社会的政治、经济和科技发展提供一系列智力支持的活动，以满足社会发展需要，例如高校教师利用自身的专业知识为政府部门提供咨询服务等。

（二）高校教师社会服务的意义

高校教师从事社会服务，既是社会经济政治文化发展的需要，也是高等教育自身发展的需要，具有十分重要的意义，体现在如下四个方面。

1. 高校教师社会服务是高校社会服务职能的体现

从古代到近代，高校的主要职能是研究精深的专业学问，并不直接地服务于社会发展的需要，而是同社会保持着一定的距离。高校直接面向社会，具有社会服务的职能缘起于 19 世纪末 20 世纪初美国的赠地学院。从此，高等学校不仅向社会传授农业科技知识，还提供许多有关卫生、经济、管理与教育等问题的咨询，开创了高等学校与社会各个领域全面合作的局面，社会服务成为高等教育的又一重要职能。高校教师是高校中的专业人员，主动开展社会服务体现了高校的社会服务职能。

---

① 习近平. 为建设世界科技强国而奋斗：在全国科技创新大会、两院院士大会、中国科协第九次全国代表大会上的讲话 [J]. 科协论坛，2016（6）：4-9.

2. 高校教师社会服务是社会发展的需要

随着人类社会从农业社会到工业社会再到信息化社会的转型，社会发展对于人才培养、知识创新、科技进步、文化传承的要求越来越高，因而对高等教育的需求也愈加强烈和直接。第二次世界大战后，世界各国进一步意识到高校在国家科技事业、经济增长与社会发展中的重要作用，认识到高校应该充分发挥其潜在优势，直接服务于国家的社会发展需要，尤其是要在一个国家的社会政治、经济、文化、科技活动中发挥积极作用。高校教师应当主动走出"象牙塔"，直接参与社会事务，积极主动地融入社会，以自身的专业理论、学科优势和科技成果等投身国民经济的发展，服务于社会的政治、经济、文化和生态建设，承担起更多的社会责任，既为社会发展提供了智力支持，又可以产生教化社会的作用。

3. 高校教师社会服务有利于推动学校发展

高校教师通过广泛的社会服务，能够充分了解社会对人才和科技的需求状况，以便针对社会的不同需求确定人才培养和科学研究的方向；可以促进理论联系实际，丰富和充实教学内容，提高教学的水平和质量；加速科学研究成果向产品和商品的转化，获得更大的社会效益和经济效益，从而使自身获得更好的发展。

4. 高校教师社会服务是自身成长发展的动力源泉

高校教师的社会服务，在满足社会需要和学校发展的同时，也是高校教师自身人生价值的体现，有利于高校教师人生价值的实现和社会地位的提高。首先，高校教师充分利用课外时间，挖掘自身潜能，可以较好地把教学、科学研究和社会服务结合起来，把社会政治、经济、文化的发展需要转化为研究课题，充实到教学内容之中，有利于提升科学研究的针对性，增强教学效果；高校教师在教学、科研和社会服务三个方面的作用相互促进，能最大限度地体现和实现人生的价值。其次，高校教师参与社会服务，有助于增加社会对高校教师职业的认同，提高对高校教师作用的评价，从而使高校教师赢得全社会的尊重，进一步提高高校教师的社会地位。

（三）高校教师社会服务的特点

与人才培养、科学研究相比，高校教师社会服务呈现出如下四个特点。

1. 社会服务结果具有双向性

高校教师的社会服务是高校教师与服务对象相互协作、彼此共同参与，以满足各方面需求的双向性活动。双方在服务过程中各取所需，从而保证了高校的社会服务活动持续有效进行。高校教师利用自身的优势资源，为企业、政府及社区提供有关咨询、教育、科技、信息以及文化传播的服务，以提升其经济效益和核心竞争力，为其发展注入活力。在这一过程中，高校教师可以获得来自企业和政府的项目、经费以及自身科学研究成果的应用与推广支持，从而为教学和科学研究工作获得物质支持，推动其教学质量和科学研究能力的提升。高校教师社会服务的双向性使得提供者和接受者同时受益，有助于提高双方参与社会服务活动的积极性和主动性。

2. 社会服务形式具有丰富性

高校通过开展成人教育和技术成果转化与应用、设立咨询中心、开放图书馆等多种形式为社会的经济发展提供服务，在这一过程中，高校教师起着不容忽视的作用。进入 21 世纪以来，随着高等教育与地方经济发展的联系日益密切，产学研合作逐渐成为高校教师提供社会服务的重要形式。它是企业、高校以及科研机构之间通过建立科学园区、研发中心等实体化的合作机构，整合生产要素以推动技术创新，实现双方互惠互利的一种合作模式。此外，高校教师依托互联网和现代信息技术搭建数据平台以实现数据共享，为企业和政府提供更丰富的数据资源，进一步拓宽了高校教师提供社会服务的渠道。

3. 社会服务内容具有针对性

高校教师围绕企业和政府的需求推进科技成果的转化和应用，提供有针对性的咨询、培训以及信息服务，并且适时调整专业和学科设置，以保证人才培养满足社会发展需求。当前，信息技术领域的快速发展，对高校教师的社会服务提出了更高的要求，促使高校新增人工智能等富有挑战性和创新性的学科和专业。此外，高校教师也会根据社会需要对课程的内容和形式进行调整，增加最新社会经济热点的讨论和实践课程的安排，以提升高校学生的理论和实践能力。

4. 社会服务周期具有长期性

高校教师通常需要参与地方或者企业的中长期发展战略规划与实施，为其提供长期的服务活动，从而保证双方合作的正规化和长期性，规避彼此合作中的短视行为。除此之外，高校教师所提供的服务内容也需要较长的周期，才能够达到预期效果。技术成果的转化需要较长时间的研究和反复实验，才可以真正应用于社会发展之中，成人教育一般需要三年左右的时间才可以完成全部课程，专家提供的咨询意见也需要有效实施才会产生实质性的效果。

二、高校教师社会服务的内容、途径和应坚持的原则

（一）高校教师社会服务的内容

高校教师社会服务的对象既有政府部门，也有工厂企业和个人，服务范围十分广泛，由生产到生活，遍及社会的各个领域，包括政治、经济、科技、卫生、文化、环境保护等各个方面。2016 年 8 月，教育部出台了《关于深化高校教师考核评价制度改革的指导意见》，其中指出，新时代高校教师社会服务的具体内容包括两个方面，即综合考评教师社会服务和完善科研成果转化业绩的考核。一是鼓励引导教师积极开展科学普及工作，提高公众科学素质和人文素质。鼓励引导教师主动推进文化传播，弘扬中华优

秀传统文化，发展先进文化。充分认可高校教师在政府政策咨询、智库建设、在新闻媒体及网络上发表引领性文章方面的贡献。二是要完善高校教师科研成果转化业绩的考核。大力促进教师开展科研成果转化工作。聘任科研成果转化、技术推广与服务岗位的教师，主要考察其实施科研成果转化的工作绩效，并作为职称（职务）评聘、岗位聘用的重要依据。落实国家关于高校教师离岗创业有关政策，保障教师在科技成果转化中的合法收益。鼓励高校教师积极参与技术创新和产品研发，把科研成果转化作为着力培育大众创业、万众创新的新引擎。[①]

随着高校教师社会服务范围的不断扩大，其社会服务的内容也越来越多样化。根据高校工作实际，高校教师社会服务的内容可分为以下六个方面：第一，教学服务，包括委托培养、推广教育及举办技术人才培训等；第二，成果转化，包括科技成果转让、技术咨询和指导等；第三，信息服务，包括利用高校数据库、图书资料等为社会服务；第四，装备服务，包括利用高校精良的装备，如仪器设备、实验室、测试中心、电教中心、计算中心、网络资源等为社会服务；第五，政策咨询，为政府部门、第三方组织或企业提供建议方案；第六，公益服务，通过专业化的手段，不以营利为目的，为社会提供服务。

（二）高校教师社会服务的途径

高校教师社会服务的内容涉及范围较广，服务对象众多，本质上都是专业知识的转化和延伸。随着科技的快速发展、教育民主化进程的日益深入，高校教师社会服务的途径也应适应国家政策与社会形势的变化，为社会提供更高质量的服务和更高水平的科研成果。高校教师社会服务的途径主要有以下五个方面。

1. 创办科技园和创新中心

高校科技园作为为高新技术产业提供发展的平台和外部环境，可以引进一些具有上升潜力和高附加值的高新技术企业，同时还可以针对入园的初创企业的薄弱环节提供相应的支持，使其迅速成长为具备较强市场竞争能力的高新技术企业。积极创办科技园和创新中心，是高校的科技成果快速产业化的普遍方法；积极参与科技园工作、带动高科技产业发展是高校教师服务社会的重要途径，同时，高校教师也在参与科技园的工作过程中成为科技产业的带动者。

2. 校企合作

校企合作是高等教育发展的有效途径，也是社会经济发展的必然要求，因此深化校企合作有着至关重要的意义。高校教师作为高校科学研究的主体力量，应主动了解企业的不同需求，积极选择与产业对接的相关课题；课题可以来源于企业的技术创新、管理

---

① 教育部关于深化高校教师考核评价制度改革的指导意见［J］. 中华人民共和国教育部公报，2016（10）：32-35.

创新及新产品开发，也可以来源于纵向相关课题，但前提必须是可以为企业发展服务的研究项目，达到经济效益和社会效益两个方面的结合。高校教师以研究课题为切入点，深入研究企业面临的问题，不仅可以为企业服务，也可以提高自身能力，使自身成为校企合作的促进者。

3. 咨询服务

高校可以开展多种形式的信息咨询服务，例如在高校内部长期提供各种专业咨询，还可以深入到各种公共场所开展面向大众贴近生活的咨询服务，使高校成为区域的信息咨询服务中心。高校教师通过上述咨询服务，能够了解社会，参与社会发展。正如纳伊曼所说的，当代"高等教育机构既是社会经济发展的轴心又是文化发展的轴心，也应该成为周围社会的源泉，因此应该完全向社会开放"[①]。高校教师应利用自身在基础科学研究和学科综合方面的优势，为地区和国家的重大决策提供咨询，为社会的发展注入新的动力，成为社会发展和经济发展的理论和智力支持者。

4. 文化引领

高校教师是高校的重要主体之一，在传道授业解惑的同时，应在文化传播领域发挥引领作用，活跃社会的精神文化活动，为提高国民的文化素质贡献力量。高校教师可以根据自己不同的研究方向开展和组织面向社会的多种文化活动，例如开办讲座、音乐会等，还可以开展送文化进企业、乡村等活动。高校应当成为中国特色社会主义思想传播与建设的基地和辐射源，而高校教师则应是新时代先进文化的传播者和践行者。

5. 培养高校学生的社会参与意识和社会服务技能

高校学生是一支参与社会服务的重要力量，培养人才就是高校教师服务国家和社会的最终体现。高校教师引导和促进高校学生参与社会服务，既可以加强高校学生对社会的了解、体验，锻炼其理论联系实际的能力，壮大社会服务的队伍，又可以扩大高校的社会影响力，为高校教师的社会服务提供源源不断的后续力量。

（三）高校教师社会服务应坚持的原则

当今人类社会正在向知识化和信息化的社会形态迈进，这对高校的社会服务职能定位提出了挑战。知识社会真正支配性的资源、决定性的生产要素，既不是资本、土地，也不是劳动力，而是知识。知识工作者和服务劳动者取代了资本家和无产阶级，成为知识社会的主导阶级。[②] 高校教师作为知识运用和创造的载体，理应成为社会发展的动力与核心。因此，高校教师的社会服务应从被动向主动转变，并遵循以下四个原则。

---

① 德拉高尔朱布·纳伊曼.世界高等教育的探讨［M］.令华，严南德，译.北京：教育科学出版社，1982：167.

② 彼得·德鲁克.知识社会［M］.赵巍，译.北京：机械工业出版社，2021：6.

1. 高校教师应把社会服务作为自身的职责和使命

最早提出高校具有社会服务职能的美国威斯康星大学校长范海斯曾说，"服务应该是大学唯一的理念"①。这种观念对我国高校教师进行社会服务有着深刻的借鉴意义，高校教师应主动将这种观念内化，在现实工作中将这种观念贯彻到底，提高为社会服务的责任感和使命感，使自身的知识真正服务于新时代中国特色社会主义经济的发展。知识经济社会的快速发展，必然会对高校教师社会服务的形式、内容和质量提出更高、更新的发展要求。因此，高校教师要与时俱进，增强自身的社会服务意识。高校教师要明确自身的社会服务方向，理清社会服务的思路，深入拓展社会服务的内涵，增强社会服务的影响力，努力提升高校教师在整个社会中的公信度，竭尽全力为社会提供全方位、多层次、高质量的社会服务。

2. 高校教师社会服务应追求科学、有效

高校发展的根本是服务社会，高校教师服务社会的目的是促进两者的共同发展。这就要求高校教师的社会服务要主动融入经济社会发展的大潮，为知识经济社会的发展提供精神动力和智力支持。首先，高校教师要积极提供科学的社会服务，促进社会发展，普及科学知识，提高公众的社会参与度。其次，高校教师要明确自身提供的社会服务应是有效的，其作用是提高企业技术含量，增加产品附加值，提高公众认知水平，提升社会文明水平。

3. 在社会服务过程中应扬长避短

高校教师的社会服务应坚持扬长避短原则。每个高校教师都有自己的专长，不同学科的高校教师，其社会服务的对象和内容都不相同，应结合自己的专业知识提供社会服务，而不是面面俱到，否则不但不会提高社会服务的效率，反而会影响高校教师的社会声誉。除此之外，高校教师应提供高层次的社会服务，体现出自身的专业优势，明确社会服务的定位。

4. 正确处理社会服务与教学、科研的关系

高校教师要科学安排、合理统筹各项工作，做到教学、科研与社会服务三者的有机统一，使它们共同提高，协调发展。教学、科研与社会服务的良性互动是提高高校教师学术水平的前提。在社会服务与教学、科研的关系中，教学是根本，科研是源头，服务是深化，三者互相依存；教学是基点，科研是支点，服务是重点，关系密不可分；教学、科研与社会服务三者并行发展是高校教师自身可持续发展的条件和保证，三者的有机结合是高校教师联结教育资源、学术水准、个人名声和社会回报的纽带。

专业发展学校是美国在 20 世纪 80 年代中后期所形成的一种新型的教师培养模式，其核心就在于高校与中小学之间建构性伙伴关系的确立，以及教师培养过程中学院气氛的淡化和实践氛围的加强。1986 年，霍姆斯小组最早在《明日之教师》的报告中首先

---

① 康健.“威斯康星思想”与高等教育的社会职能 [J].高等教育研究，1989（1）：39-44.

提出专业发展学校的概念，报告中指出，专业发展学校的主要理论观点有：对于发展中的学校而言，应为教师和管理者提供更好的专业发展机会，而对于高校教师来说则应增强职业的相关性。为此，高校教师与发展中学校应对学生的学习问题进行自由讨论，高校教师应与发展中学校教师分享教学经验，相互研究和探讨教育实践中的问题。[①]

1990年，霍姆斯小组进一步对专业发展学校的概念进行了解释，"专业发展学校应聚焦于对无论是初学者还是经验丰富的教师提供专业化的发展，同时也展开对教学本身的研究"[②]。这是对专业发展学校的使命进行了相应的深化，高校传统的服务尤其是在教师培养领域对基础学校的支持和服务，在此发生了根本性的逆转，使高校和基础学校具有了同一的起点与基础，高校提供的服务也不再是被动的服务，而是演变成了参与式的主动服务。通过这一过程，既促进了高校教育本身的丰富和完善，同时也使其社会服务职能得到了最大限度的发挥。

自霍姆斯小组提出"专业发展学校"的概念之后，卡耐基教育论坛和福特基金会等组织纷纷展开有关专业发展学校的研究，丰富了专业发展学校的理论和实践，形成了教师专业发展学校较为确定的观念体系，即教师专业发展学校的目的在于提高基础教育阶段的质量，为未来的教师提供准备，为专业教育工作者的继续教育创造条件。同时，教师专业发展学校为教师专业的研究奠定了基础，更为重要的是它鼓励了学校进行深刻的结构性变革，以在高校教师与基础教育阶段的学校教师之间建立联系，支持那些来自于教学领域的变化。

上述这些观点的实质就在于强调大学与中小学之间如何通过结构性的变革建立联系，这种联系无论是对高校教师的专业发展，还是对高校本身的研究都具有深远的意义。教师专业发展学校尽管在范围上仅限于教师培养，但它通过高校社会服务职能的调整，较好地解决了高校教师学术性与师范性之间的矛盾，为师范教学理论与实践之间关系的重新确立和界定提供了新的借鉴和启示。

第二节　高校教师社会服务的现状

一、高校教师社会服务的成效

随着知识经济时代的到来，高校逐渐走入社会中心，社会服务已成为历史必然，且社会服务的外延不断扩大，社会服务的内容不断拓展，时代发展并丰富了高校社会服务职能的内涵。现今，从世界范围来看，几乎所有的高校都将社会服务作为自身的职能之

---

① 胡弼成.高等教育学［M］.长沙：湖南大学出版社，2005：252.
② 胡弼成.高等教育学［M］.长沙：湖南大学出版社，2005：252.

一，从而自觉地为人类进步、国家和区域经济发展服务。

[拓展阅读]
科技研发服
务　助推经
济发展

高校科研成果的转化成为高校社会服务的重要渠道。我国理工类高校的科技成果以实验发展、应用研究居多，从课题立项时起就与企业需要的技术、产品、工艺等密切相关，其产出的科技成果对企业的产品更新、技术提升作用更加明显。2017 年，我国高校的专利运营呈现出迅速增长的态势，专利转让的数量翻番，达到了一个新高度。同时，在高校的专利运营中，也出现了一批如山东理工大学、江南大学、江苏大学等高校的知识产权运营代表，通过产学研合作，商业性转让等多种方式将其科研成果进行转移和转化，实现了科技成果的市场价值。人文社科类的科技成果较多的是在基础研究中进行理论的深耕，以著作、论文和报告等形式体现。[①]

我国高校聚集了 80% 以上的社科力量、近半数的两院院士、60% 的国家人才计划入选者；党的十八大以来，高校承担各类哲学社会科学研究项目 134 万多项，出版著作约 11 万部，发表论文 131 万篇，提交各类咨政报告 4.3 万篇，高校成为中国智库建设的重要力量[②]。根据《中国智库索引 CTTI 2017 发展报告》显示，在 604 家 CTTI 来源智库中，348 家高校智库占整体的比例达 58%，可见高校智库在中国智库体系中已占据半壁江山，高校的社会科学以其系统化、理论化的成果对整体社会进步而言发挥着思想库与智囊团的先进性作用。

党的十八大以来，高校学生参加暑期"三下乡"活动累计高达 2000 余万人次，参加志愿服务累计 1000 余万人次，这些都是在高校教师的指导下完成的。华南理工大学、浙江大学、南京农业大学等 10 所高校在第三届教育部直属高校精准扶贫精准脱贫典型项目中脱颖而出，立足教育，发挥特色，为打赢脱贫攻坚战起到模范作用。党的十九大明确提出要"加快学习型社会建设，大力提高国民素质"，全国教育大会提出"加快构建终身学习制度体系"，把学习者放在更加突出的位置，赋予了新时代终身教育新的使命担当。[③]高校继续教育与社会各类人员的培训班蓬勃发展，累计受惠人次数以万计，满足了社会在知识经济时代下对接受高等教育、提升个人素质的需求；高校师生踊跃参与志愿服务活动、脱贫攻坚任务，与国家战略接轨服务范围不断扩大，扮演着"思想库""智囊团"的角色。

高校社会服务对引领高新技术产业、战略性新兴产业，培育和孵化高成长创新型企

---

①　吴国彬，汪雨亭，杨雄.浅谈国内高校科技成果转化现状：基于专利运营、科技服务的角度[J].科技视界，2018（21）：249-251.

②　刘艳.高校科技成果服务地方经济发展的现状及转化途径分析[J].高教学刊，2019（6）：62-64.

③　徐倩，储召生.昂首阔步迈向高等教育强国：党的十八大以来我国教育改革发展述评[J].福建教育研究，2018（5）：9-12.

业和行业转型升级，发挥了重要作用，成为国民和区域经济发展的源泉，增强经济"造血"功能。[①]发挥自身的学术性或创新引领性是高校不同于其他社会组织社会服务贡献能力建设的核心优势。这既是对高校社会服务贡献能力独特地位的肯定，又可以加强高校自身教学与科研职能的发挥，形成良性循环与互补的双重优势，即高校社会服务贡献能力不仅要满足于传统的经济增长机制，还必须成为培育新知识、新经济等内生经济发展新业态的核心和引擎。

二、高校教师社会服务中存在的问题

高校教师在社会服务的过程中也存在一些不容忽视的问题，主要有以下五个方面。

第一，某些高校内部缺乏有效的社会服务的组织制度保障。目前，部分高校内部尚未建立相应的组织机构，各部门职责划分不够明确，影响了社会服务工作的有效开展。有些高校虽然建立了社会服务部门，但在运行过程中，并未履行搭建平台、建立合作双方沟通机制、提升教师服务能力等更高层次的职能。高校内部组织管理和支持手段的缺位，使其无法为高校教师参与社会服务工作提供强有力的后勤保障，从而大大降低了高校教师提供社会服务的热情。

第二，部分高校教师社会服务的途径单一，服务效率较低。高校教师可采取多样化的形式进行社会服务，但在实际应用中，某些高校教师提供社会服务的方式却比较单一，主要通过召开宣讲会、开展成人教育、设立咨询中心等途径进行服务交流活动。因此，受时间、场地、距离以及客观环境因素的限制较多，无形中增加了高校教师提供社会服务的成本和压力，导致其社会服务的效率低下。虽然高校教师能够充分利用信息技术的优势开展社会服务，但目前许多高校组织的社会服务主要还是采用线下的方式，这会影响青年教师参与社会服务的积极性和主动性。除此之外，单一的线下社会服务途径也会影响高校教师社会服务形式和内容的拓展，阻碍高校社会服务职能的发挥。

第三，部分高校教师社会服务的能力不足，服务质量不高。不同高校所提供的社会服务有层次之分。高校教师需要完成科研成果的转化，为政府、企业提供咨询、培训、信息等服务，这就要求教师具备专业的知识素养和能力素养。有些高校教师由于自身工作及学习经历有限，缺乏提供社会服务的专业能力。首先，缺乏良好的服务意识，沟通交流、学习合作以及信息处理等能力弱，难以顺利开展相关社会服务活动。其次，缺乏发现、理解以及解决问题的能力，在社会服务的过程中无法应对突发问题。最后，预测、信息捕捉以及成果转化等能力不足，无法满足社会服务对象的高层次需求。

第四，部分高校教师的教学及科研任务重，参与社会服务的积极性较低。高校教师

---

① 徐倩，储召生.昂首阔步迈向高等教育强国：党的十八大以来我国教育改革发展述评［J］.福建教育研究，2018（5）：9-12.

的工作主要包括教学、科研及社会服务，其中，教学和科研工作占据了其大部分的精力和时间。科研实力是衡量高校竞争力的重要指标，高校教师作为高校的主体，必然承受着科研任务指标的压力。除此之外，高校教师的教学工作量也较从前有所加重。繁重的教学和科研工作，导致高校教师提供社会服务的积极性和主动性降低。

第五，教师社会服务绩效评价体系有待完善。完善的高校教师绩效评价体系，对提升高校教师的工作能力和积极性至关重要。然而，目前部分高校教师的绩效评价主要以教学和科研工作为主，社会服务工作的绩效评价体系还存在一些问题。一是评价指标不够完善，指标内容缺乏全面性，评价标准缺乏统一性，降低了社会服务工作评价的客观性；二是评价流于形式，评价体系未发挥其对教师社会服务工作的激励和引导作用；三是评价主体单一，管理者的意见在评价过程中占主要地位，服务对象等其他主体占次要地位；四是评价结果应用不充分，忽视了评价结果在提升高校教师社会服务能力方面的重要作用。此外，缺乏健全的社会服务绩效评价体系，高校教师为提供社会服务所做的工作和努力得不到科学、公正的评价和认可，进而导致提供社会服务的动力大大降低，这也是目前高校教师提供社会服务所面临的主要问题之一[①]。

第三节　高校教师社会服务中的道德失范

长期以来，广大教师牢记使命、不忘初心，爱岗敬业、教书育人，改革创新、服务社会，为社会发展作出了重大贡献，得到了党和国家高度肯定，学生、家长和社会普遍尊重。但是，高校教师社会服务的道德失范现象不容忽视。所谓道德失范指在社会生活中，规范的道德价值及其伦理原则体系缺失，不能对社会生活发挥正常的调节和引导作用，从而表现为社会生活的失控、失序和混乱。在我国高校的教师社会服务中也存在着伦理原则体系缺失，不能正常发挥高校对社会的调节与引导作用，从而导致高校社会服务失序的现象。也有个别教师放松自我要求，不能认真履职尽责，甚至出现严重违反师德行为，损害教师队伍整体形象。

一、高校教师社会服务的道德挑战

高校社会服务涉及的道德或伦理关系基本被统括在服务主体、被服务对象和政府组织之间，因此，道德挑战或冲突也主要凸显在个体与不同机构之间的关系中，以此为根

---

① 李业昆，海勤.高校教师有效提供社会服务的对策研究［J］.教育理论与实践，2021，41（21）：39-42.

据，我们发现当前高校社会服务的道德挑战主要表现在以下四个方面。[①]

（一）个体权利与集体利益的冲突

我国高校社会服务活动向来以集体利益为基本依据，它既包括大学组织自身的利益，也包括政府统筹的社会集体利益，还包括被服务者的集体利益。这种忽视个体利益、忽视个体权利的状况是与市场经济的基本倾向相冲突的，市场经济是以保护个体合理权利为前提的。个体合理利益在无法获得保证的情况之下，最终也会损害集体利益，如果一个组织以集体利益为借口加强对个体权利的控制，那么社会活动就会陷入僵化，失去活力，集体利益几乎就无从谈起。目前两者之间的冲突时常表现在我国高校社会服务活动的各个方面。

其一，从大学组织内部来看，高校经常为了获得自身发展资源，不顾及教师的意愿，强迫师生从事相关服务活动，两者之间的冲突则经常凸显出来：一方面，大学有整体发展的利益诉求，另一方面，个体有追求合理报酬、名誉的权利。双方的利益诉求在一定程度上都是合理的。但是，从实际运行情况来看，只强调集体利益，不顾及大学教师权利，将会使大学教师失去社会服务的动力。

其二，从服务对象来看，高校服务对象一般以集体为主，即为了推动集体获得更快发展，希望借助于外力实现自我的变革和发展；但是，任何发展和变革都会损害到一部分人的利益，特别是弱势群体的利益。所以，目的良善的社会服务活动也经常会遇到各种阻力，其原因即在于被服务集体中的个体往往失去话语权，成为"非自愿"的被服务者，使他们产生抵制行为，进而损害破坏集体利益。

其三，从高校师生与政府的关系来看，政府为了统筹社会整体利益，一方面，经常会以经济诱导和行政命令等手段促使高校师生参与到社会服务活动中；另一方面，高校师生则认为政府的督促和指令都需要首先满足他们一系列的需求，并且强令师生从事一些对自身意义不大的活动，是在浪费时间和精力，因此往往采取消极应付的措施。

（二）发展期望与现实力量之间的冲突

高校社会服务的主要目的是通过高校从外部输入必要的政治、经济、文化和科技资源，使服务对象实现某一方面或者全方面的变革和发展。在这一过程中，被服务者往往在某一方面和某几个方面处于相对弱势的位置，希望外部力量的介入可以帮助自己完成改革和发展的目标。此外，政府也力图借助于高校所拥有的人才和技术优势，实现当地政治、经济和文化的发展。在三方力量的互动关系中，其介入理念、渠道和方式都是不同的，并由此暴露出了诸多道德挑战的节点。

[①]　李树军，薄存旭．我国高校社会服务面临的伦理冲突及其出路［J］．教育发展研究，2011，31（23）：48-51．有修改。

其一，从服务对象来看，受功利主义的影响，在被服务者的群体中往往存在着一种短期功利的诉求，即希望通过外在经济和科技力量奇迹般地改变他们的生活。很显然，高校是没有这种能力的，政府也是无法通过政策加以驱动的。但是，从高校社会服务活动的运转情况来看，一旦产生高校服务能力有限的情况，被服务对象往往只是采取抱怨的方式，甚至还会产生各种纠纷，实际上，这种冲突背后的根本原因是服务伦理的冲突。组织发展的核心动力不是外在的，而是内在的，即外部资源只是一种介入力量，只能起到一种引导作用。

其二，从高校自身来看，面对高等教育职能的扩展，我国高校绝大多数确定了社会服务的基本职能，并且大张旗鼓地展开了。速度如此之快，规模如此之大，范围如此之广，几乎涉及社会的所有方面，而结果又往往事与愿违，能够获得正面效应的服务项目并不多见，许多服务项目流于形式。其原因就是，我国高校在很大程度上沿袭计划模式运行，往往以带着一种救世主的心态，认为其有能力来解决社会的诸多问题；政府为了化解自己对于社会发展的某些职责，也迫不及待地将大学推向了社会，其目的则往往是无法达到的。

从上述情况来看，高校社会服务失效的一个重要原因即在于服务对象——高校和政府对社会服务期望过高，希望通过社会服务迅速改变现状。而现实的改变是多种力量综合作用的结果，单纯强调一种英雄拯救行为，迅速改变现状，必然会使当事方都处于尴尬状态。

（三）经济增长与文化发展的冲突

高校社会服务的最初动机是为经济社会发展提供技术支持，但随着社会和高校协调发展的需要，高校服务领域逐渐扩大，层次不断拓深，已经成为影响国家和地区政治、经济及文化的重要力量。社会发展是一个系统工程，不是单纯经济或者政治发展所能实现的；对于一个社会系统而言，文化则是潜藏于背后的深层次因素。因此，高校社会服务需要为地方提供全方位的服务，特别应注重对文化发展的影响。从当前我国的高校社会服务情况来看，无论是政府和高校自身，还是服务对象，都热衷于经济的增长。各个高校通过各种方式向地方输入科技，通过短平快的方式，实现地方经济总量的提升，备受各方面的欢迎。

但是，高校社会服务活动却对当地的文化发展少有问津，即使是现有的文化服务项目，也是以推动当地经济发展为目的的，如"文化搭台，经济唱戏"，对各种自然景观和人文资源的开发，都以实现增长民众和政府收入为目的，缺乏对文化长远发展的考虑。这往往造成一些负面后果，经济发达了，民众的素质却没有得到根本的提升；物质收入提高了，民众的道德却出现了下滑现象；金钱增多了，当地优良文化传统却消失了。从社会的长远发展来看，对文化进行任意破坏而造成的文化消失，其后果是非常严重的，不但会增大当地社会整体的运作成本，而且也会使民众精神面临着极大的考验。

二、高校教师社会服务道德失范的表现

高校教师在服务社会的过程中，受各种因素的驱动影响，常常出现各种道德失范，比如存在功利主义色彩浓厚，人才培养与科学研究平衡被打破。

（1）独立性人格形象受损。高校教师，作为知识分子的达标，任何时候都应保持自己的独立人格。从高校教师社会服务的现实来看，部分高校教师存在着道德失范问题。例如，为了某些团体利益而发表有违常理的言论，误导他人和社会；帮助利益集团钻法律漏洞，规避法律处罚；培训活动中不顾质量，违规操作，违规招生，唯金钱是从，而置社会整体利益于不顾等。

（2）为权势集团发声，忽视弱势群体利益。随着市场经济的发展，中国社会发展过程中呈现不同的利益群体，少量高校教师被邀请成为某些利益集团的顾问或学术委员，这些集团在采取某种重大行为前后都会有各种论证会、报告会、咨询活动，这些活动都深深地涵盖了集团的不同动机。少量高校教师自觉或不自觉成为这些集团的传声筒或鼓吹手。这些行为在给某一群体带来利益的同时，却损害着其他弱势群体的利益。他们的社会服务行为可能导致新的社会不公。

（3）独立探索的学术风气被稀释。为了对未知世界的探索，为了学术的发展，高校教师的学术研究应该保持独立的秉性，反对外界力量的干预。独立探索的学术风气受到各方的干预，已成为欧美高校教师面临的重要困境，中国高校也有所表现。在为社会提供服务时，部分高校教师会感觉到独立探索的艰难。被服务对象在各个方面提出了各种要求，加强了对高校教师社会服务的管控，使高校教师的学术独立性受到严峻的挑战。例如，当前由上而下的课题分配式研究中，眼前的经济利益是占主导的力量，研究者只有在符合这些利益的大前提下，才能获取相应研究经费，学术研究也受到很大影响。横向研究中，大批提供研究经费的企事业单位，往往要求高校教师必须拿出他们想要的结果。

（4）社会责任感逐渐降低。知识分子历来被视为社会的良心，一直被赋予重要的社会责任，宋代大儒张载提出的"为天地立心，为生民立命，为往世继绝学，为万世开太平"的主张，便是几千年来中国知识分子的真实写照。但是，在市场经济大潮中，面对滚滚而来的利益或自上而下的压力或自身生活的压力，高校教师在为社会提供服务之时，其社会责任感逐渐降低。在服务目的上，往往是为了完成上级分配的任务，或是为了个人的名望、权利，置社会的长远、整体利益而不顾；从服务过程来看，往往是按部就班完成既定任务，对其中出现的新问题视而不见；从服务结果来看，往往求利于既定的集团利益，或者个人私利。

（5）义利取舍失衡。中国知识分子历来强调"君子喻于义，小人喻于利"，重视道义，忽视利益，尤其个人利益。即使取利，也要以义为先。但是，当前中国高校教师在

为社会提供服务时，少数人只取利，不顾义，丢掉了"义"，陷入"弃义归利"，把社会服务看成获得利益的工具，甚至为谋取利益而不择手段，导致钱权交易、权力腐败等问题。

三、高校教师社会服务道德失范的原因分析

高校教师在社会服务中出现的道德失范现象，原因是多方面的，主要有以下三点。

（一）高校内部权力分配机制削弱了伦理关系的组织支撑力度

高校教师在社会服务活动中能否获得足够的自控力量，很大程度上影响着教师角色的定位，进而影响到其对服务道德的认同和践行。高校教师能否实现自控，取决于其所在权力场域的内在结构，即教师能否"通过控制某一种或几种组织资源而拥有的，为了特定目的而影响对象的力量"[①]。因此，高校教师在社会服务中能否坚守道德底线，在很大程度上取决于高校内部权力的分配机制。

从场域视角看，作为直接影响教师行为取向的学校内部权力机制，不仅仅局限于由内部人员而形成的权力关系，而是由内外人员经过管理体制的过滤和博弈而形成的"多层水波式"权力结构。处于水波第一层，即核心位置的权力关系，由直接参与社会服务活动的相关主体构成，如高校教师、学校管理者、学生等；处于第二层的，主要是服务对象和政府等中介机构；处于第三层以外的，则是其他各方力量。第一层作为内部权力关系形成的核心部分，通过内部博弈实现权力关系的建构；第二层通过穿越高校组织外层而对核心层产生影响，从而影响甚至是决定其内部权力关系；第三层可以通过逐层穿越的方式或直接穿越核心层的方式，实现其对内部权力关系的影响。第二层和第三层力量能否穿越核心层，取决于各自掌控的资本能力，如果掌控着对核心层正常运作具有决定性的资本，就很容易对核心层产生决定性影响。

从实际情况看，高校内部管理体制基本依附于政府行政体制。高校管理者对上负责的机制，使处于第二层的政府力量很容易渗透进核心层，对其产生决定性影响，从而使高校教师在最直接、最关键的组织管理体制层面面临巨大的双重压力，一层是学校管理者，一层是外围的行政力量。与此同时，处于第二层的诸多服务对象和处于第三层的其他社会力量，也会以经济发展、提高政府收入等方式，借助政府力量强行进入第一层，对其产生重要影响；或者凭借其经济资本，诱使核心层直接吸纳其参与核心层的博弈。但是，无论从哪个层面看，在现有行政主导和市场强力的双重作用下，高校教师在社会服务活动中的博弈力量都很弱，这就在组织层面上极大地削弱了教师的自控能力，迫于

---

① 薄存旭.学校内部权力分配面临的问题：场域理论的介入及其启示［J］.教育发展研究，2008（Z3）：41-45.

外在压力，道德失范往往不可避免。

（二）社会调控机制的失衡加剧了社会服务道德失范的可能性

采取有力措施对高校教师参与社会服务的方式、模式、途径进行必要的调控，矫正道德失范问题，对于当前社会公共治理而言，是非常有必要的。但是，我国高校不但没有很好地解决高校教师与社会互动中的道德失范问题，反而，在某些领域进一步加剧了教师对外在资源的依赖程度，导致道德失范现象增多。

第一，管理体制上的僵化，导致高校失去自治空间，降低了教师道德自觉的意识和能力。许多高校都是自上而下的行政管理机制，这使高校和教师失去了自主权。行政化的管理体制，易将高校教师和管理人员的思维和行为方式束缚起来，使他们难以发挥自身的智慧和道德来实现自足和自觉。赋权后一旦面临道德和法律制度的缺位，伦理道德失范现象就会更多。在这样的情形下，高校教师很难在学校内部具备道德自觉的意识和能力，因此，一旦参与到与学校内部关系相对较远的服务领域，面对监管力量的缺位，社会服务道德失范往往不可避免。

第二，社会调控的非均衡性机制加剧了教师对外围资源的依赖程度，消解了支撑其道德的外围平台。改革开放后，中国教育投资总量有所增加，高校教师的教学、科研条件有所改善，但高校师生数量不断增加，相对于社会其他阶层的收入水平而言，部分高校教师感到心理失衡。因此，在市场经济的驱动下，为改善教学、科研条件和生活水准，有知识有能力的教师或者通过学校组成团体，或者采取自主创业或兼职的形式，不断走出校门，在社会上获得相应报酬。在市场经济大潮中，教师社会服务活动自然要受到外部不良环境的影响，在缺乏道德自觉的前提下，继续要求教师以圣洁的身份出场，便成为一种奢谈[①]。进入 21 世纪，高校办学条件有很大改善，财政投入明显增加，高校教师待遇明显提高，但仍有大量新建学校、地方院校办学资源不足，教师地位不稳定，教师待遇不高，在这种情况下，部分高校教师在参与社会服务的过程中经常会出现一些只顾个人利益、只顾眼前利益等行为。

（三）高校教师社会服务的个人意识不强，个人能力不足

首先，高校教师社会服务的个人意识不强。一些高校教师在做好本职工作之余，服务社会的意识不强。部分高校对教师在社会服务方面的认识和考评机制错位。现代教育中，一些人普遍认同传统的教书育人方式，现代高校不断强化和深化对教师学术科研能力的要求，但对培养教师的社会服务意识方面缺乏正确引导；近年来，高校对教师科研能力的重视更甚于对教学能力及水平的评定，在收入分配、职称评定上，只量化考核教

---

① 刘恩允，薄存旭.高校教师社会服务伦理失范的剖析与对策［J］.高等教育研究，2011，32（1）：70-73.

师的教学科研成果，对教师的社会服务能力的评定却明显缺失。如一些在社会经济技术方面有一定贡献的教师为企业发展带来较大社会影响，却得不到实质性奖励或支持，这些因素都会影响教师参与社会服务工作的积极性。[①]

其次，高校教师社会服务的个人能力不足。中国特色社会主义进入新时代，高校社会服务的职能也在转型，高校对教师专业能力和社会职责的要求逐渐增加，从社会服务意识、技术开发服务能力、高技能人才培养服务能力、企业发展咨询服务能力、项目承接与联合创业能力五个方面综合考量高校教师。但高校教师专业能力方面尚有不完善的地方，不能完全适应社会和高校转型的要求。

高校哲学社会科学服务经济社会发展水平是新形势下高等教育发展的新使命新要求。在新的国际背景下，如何正确判断国际形势发展变化和基本趋势，坚持统筹国内国际两个大局，深化对内政和外交互动规律的认识；在全面推进经济建设、政治建设、文化建设、社会建设和生态文明建设的过程中，如何开展前瞻性、预测性研究，为党和政府战胜前进道路上的困难和挑战，提供高水平的决策咨询服务，都需要高校哲学社会科学体现主力军的作用，需要高校的哲学社会科学教师发挥主力军的角色与作用。高校的哲学社会科学教师要重视哲学社会科学服务经济社会发展工作，切实增强围绕中心、服务大局的使命感和责任感，充分发挥智囊团、思想库作用；要立足中国特色社会主义伟大实践，深入研究回答重大理论和现实问题；要扎实推进基础理论、应用理论研究，为应用对策研究提供源头活水。高校要以科研体制改革为重点，大力推进哲学社会科学"产学研用"相结合；要积极探索科研评价改革，充分调动高校教师服务经济社会发展的积极性和主动性；要大力弘扬理论联系实际的优良学风，提倡通俗易懂、深入浅出的清新文风。

第四节   高校教师社会服务的道德要求

融入社会、服务社会和促进社会发展是高校不可推卸的责任。《高等学校教师职业道德规范》规定了高校教师的社会服务道德要求："勇担社会责任，为国家富强、民族振兴和人类进步服务。传播优秀文化，普及科学知识。热心公益，服务大众。主动参与社会实践，自觉承担社会义务，积极提供专业服务。坚决反对滥用学术资源和学术影响。"[②]高校教师在社会服务的过程中，理应遵循体现高校教师与社会活动关系的道德要求。

---

① 唐棒.高校教师社会服务能力及其有效培养［J］.求知导刊，2017（7）：154.
② 高等学校教师职业道德规范［J］.中国高等教育，2012（5）：1.

一、勇担社会责任，自觉承担社会义务

高校教师在社会服务的过程中要提高认识，主动参与，勇于承担社会责任，自觉承担社会义务，为国家富强、民族振兴和人类进步服务。2016 年 12 月，习近平总书记在全国高校思想政治工作会议上提出要"坚持潜心问道和关注社会相统一"。求学问道是教师的基本专业素养，要站在人民立场上，关注人类社会生活的本质和社会发展的规律，掌握科学方法，在实践中摸索，勇于探索、善于回答时代提出的命题，彰显学问价值。关注社会不仅是学术的价值取向，也是学术保持强大生命力的源泉。坚持潜心问道和关注社会相统一，对教师提出了更高的要求：将个人价值和社会价值相统一。高校教师在社会服务的过程中，要坚持社会主义核心价值观，以自身的家国情怀关注社会现实，本着完成小我成就大我的心态，充分依托学科优势和服务优势，精准定位于社会服务的角色，用知识和技术为社会提供高层次服务，实现个人价值和社会价值的相统一。

高校教师在社会服务的过程中要传播中华优秀文化，普及科学知识，积极提供专业服务。我国进入了新的发展阶段，发展基础更加坚实，发展条件深刻变化，进一步发展面临新的机遇和挑战。面对错综复杂的国际形势、艰巨繁重的国内改革发展稳定任务特别是新冠肺炎疫情严重冲击，以习近平同志为核心的党中央不忘初心、牢记使命，团结带领全党全国各族人民砥砺前行、开拓创新，奋发有为推进党和国家各项事业。[1]"十四五"时期是我国开启全面建设社会主义现代化国家新征程的第一个五年，经济社会发展主要目标之一是"创新能力显著提升，全社会研发经费投入年均增长 7% 以上、力争投入强度高于'十三五'时期，产业基础高级化、产业链现代化水平明显提高"。[2] 现代科学技术尤其是关键核心技术已经成为经济增长的主要因素，科学与技术及生产的一体化进程不断加快，技术不再以经验而是以科学为基础，并且科学理论超前于技术的应用，要求技术必须在科学理论的指导下发挥作用。因此，目前我国经济社会的发展比以往任何时候都更需要高校和高校教师的智力支持与积极参与。而且，我国社会主义精神文明的建设也需要高校教师用自己高尚的人格、优秀的作品和成果去倡导积极向上的社会主义主流文化，高校教师应当主动地融入社会，将自身的专业知识、智力优势转化为科技成果，投身经济社会的发展，传播优秀文化，普及科学知识，积极服务社会。

[拓展阅读]
大学老师的小公益：怀化学院教师党员宋艳梅的抗疫之路

---

①　中华人民共和国国民经济和社会发展第十四个五年规划和 2035 年远景目标纲要［N］. 人民日报，2021-03-13（1）.

②　中华人民共和国国民经济和社会发展第十四个五年规划和 2035 年远景目标纲要［N］. 人民日报，2021-03-13（1）.

高校教师要正确处理好奉献与回报之间的关系，高校教师的社会服务是"以科学的理论武装人，以正确的舆论引导人，以高尚的精神塑造人，以优秀的作品鼓舞人"的高尚的文化行为，体现出了道德上的奉献精神。因此，高校教师要进一步树立服务意识、奉献意识，积极投身社会公益事业，为社会发展作出自己应有的贡献。在高校管理中，应将高校教师服务社会的工作纳入高校教师的工作量核算，承认高校教师的劳动。

二、树立正确的义利观

高校教师的社会服务是高校教师在完成自己的本职工作外，利用自己的学科专业特长服务于社会的劳动活动。高校教师的社会服务既是高校的属性使然，也是高校教师作为公民应该承担的责任和义务。在社会服务的过程中，要树立正确的义利观，正确处理权利和义务的关系。高校教师应该帮助社会树立起一种理性精神，做践行社会主义核心价值观的表率，立足创新，主动服务国家和社会。

在社会服务的过程中，高校教师要符合道德的"应当"，也就是要合法、符合道德规范、遵守制度规定，不能唯利是图，要把握好"度"。近几年国家发布了与科技生产、创业就业相关的一系列政策文件，旨在促进科技成果转化、培养创新型人才、建设创新型国家。

高校教师在社会服务的过程中要妥善处理"利"和"义"的关系，不能只重眼前利益而轻长远利益、只重现实追求而轻理想追求，更不能本末倒置，敷衍教学工作，打着"社会服务"的幌子，进行一些低水平、同自己专业水平提高关系不大的兼职工作。高校教师在进行社会服务时，要正确处理社会效益和经济效益之间的关系，坚持社会效益与经济效益相统一，当两个效益发生矛盾时，经济效益要服从社会效益，把社会效益放在首位。

三、恪守诚信服务原则

诚实守信是中华民族的传统美德，随着中国特色社会主义进入新时代，诚信作为社会的重要道德规范，发挥着越来越重要的作用，是个人与他人、社会关系的反映，也是个人内心道德品质的反映。由于高校教师职业的特殊性，社会对高校教师的道德修养有着更高的期望和要求。在社会服务的过程中，诚实守信更是高校教师要坚守的道德底线。

诚信是促进社会公德进步的第一原则，也是高校教师社会服务应当遵循的重要原则。诚信作为无差别的统一的行为准则，给予人们共同的社会关系基础，具有普遍性、群众性、基础性、坚毅性和渗透性的特点，是高校教师社会服务有序开展的必要前提。高校教师在社会服务的过程中，要明确权责，遵守与服务对象的约定；处理好知识产权的关系，无论是科研成果申报，还是科技成果的使用，或是对他人学术观点和研究数据的引用，都必须注明出处，坚决反对滥用学术资源和学术影响，为全体社会成员作出表率。

四、坚持本职为主

高校教师开展社会服务的领域宽广，形式多样，但必须坚持人才培养的中心地位。《中华人民共和国高等教育法》明确规定：高等学校应当以培养人才为中心，开展教学、科学研究和社会服务，保证教育教学质量达到国家规定的标准。高校的科学研究、社会服务包括教学工作都应该围绕人才培养这个中心开展工作，并为此服务。只有人才培养的中心地位在高校真正确立起来，高校教师才能真正认识到"引社会服务之水，灌人才培养之田"的价值和意义所在，从而成为一种行为自觉。

高校教师在本职工作和社会服务两者关系上必须要有主次意识，高校的首要功能是人才培养，服务社会是由学校的教学和科研工作"派生"和"衍生"出来的功能。与高校教师的本职工作相比，社会服务应该是次要的。高校教师直接参与社会服务既是为社会承担更多的责任，解决社会的实际问题，又是为教学和科研服务，使教学和科研更能密切联系社会，关注实际问题，从而提高教学和科研的社会效益。教学、科研与服务社会是一个有机整体，共同组成了高等教育整体运作的基本元素，三者相辅相成、互动互助。高校教师要科学安排计划、合理统筹各项工作，做到教学、科研与社会服务三者的有机统一，使其协调发展。

【本章小结】

本章阐述了高校教师的社会服务及其现状，对高校教师社会服务中的道德失范进行了分析，并从四个方面说明了高校教师社会服务的道德要求。高校教师社会服务是高等学校社会服务职能的体现，是社会发展的需要，有利于推动学校发展，也是教师自身成长发展的动力源泉。从目前的情况来看，高校教师社会服务已经取得了显著成效，在社会发展中发挥着重要作用。同时，也存在着组织制度保障缺乏、服务的途径单一、服务的能力不足、积极性低、服务绩效评价体系有待完善等问题。目前高校教师社会服务的道德挑战主要表现在个体权利与集体利益的冲突、发展期望与现实力量之间的冲突、经济增长与文化发展的冲突等方面。高校教师在服务社会过程中的道德要求包含四个方面：第一，要勇担社会责任，自觉承担社会义务；第二，要树立正确的义利观；第三，要恪守诚信服务原则；第四，要合理统筹各项工作，做到教学、科研与社会服务三者有机统一，本职为主，兼职为辅，协调发展。

【反思·实践·探究】

1. 高校教师社会服务的内涵、意义和途径是什么？
2. 谈谈我国高校教师社会服务的现状。
3. 高校教师社会服务的道德要求是什么？

【推荐阅读】

1. 麦均洪，赵庆年，等.高校社会服务能力评价研究［M］.北京：中国社会科学出版社，2021.

2. 屈哨兵，魏明海.我们的大学：广州大学教师人才培养、科学研究、服务社会、传承文明录　2020［M］.广州：暨南大学出版社，2021.

3. 杜茂华，陈莉.产学研深度融合机制构建与实践［M］.北京：经济管理出版社，2021.

4. 吴伟，臧玲玲，齐书宇.急剧变革中的大学社会服务［M］.上海：上海交通大学出版社，2020.

5. 范惠明.高校教师参与产学合作的机理研究［M］.上海：上海交通大学出版社，2020.

6. 乔浩风.中国近代大学研究院所的发展及其职能研究：1902—1945［M］.北京：中国社会科学出版社，2020.

7. 李勤国，马英，张守红.高校产学研合作的理论与实践［M］.西安：西安电子科技大学出版社，2019.

8. 孙存昌.中国近代大学职能演化与教师发展［M］.上海：复旦大学出版社，2015.

9. 杨艳蕾.超越大学的围墙："威斯康星理念"研究［M］.北京：中国社会科学出版社，2015.

10. 大卫·沃德.令人骄傲的传统与充满挑战的未来：威斯康星大学 150 年［M］.李曼丽，李越，译.北京：清华大学出版社，2007.

第六章 高校教师管理道德

【知 识 导 图】

高校教师管理道德
- 高校教师管理道德的内涵与重要意义
  - 高校教师管理道德的内涵
  - 高校教师管理道德的重要意义
- 高校教师管理道德的新要求及其问题和建设原则与路径
  - 高校教师管理道德要把握新要求
  - 高校教师管理道德存在的主要问题
  - 高校教师管理道德的建设原则与路径

20 世纪八九十年代以来，管理与道德的融合趋势日益凸显，有研究者认为，"管理伦理学是管理科学发展史上的第三个里程碑"①。在新时代，高校教师管理正逐步从强调技术、制度转到强调伦理上面，即从强调技术的物质驱动机制和制度的活动框架机制转到强调伦理的人文驱动机制。可以说，高校教师管理的这一道德倾向既是管理学理论从科学管理、行为管理发展到伦理管理阶段出现的必然趋势，也是提升当下我国高校教师管理有效性的内在要求。

---

　　① 　张文贤. 管理伦理学 [M]. 上海：复旦大学出版社，1995：序言 4.

第一节　高校教师管理道德的内涵与重要意义

一、高校教师管理道德的内涵

高校教师管理是指高等学校运用科学的原理、原则和方法，根据人才成长规律和学校的育人要求，对教师进行规划与组织，对教师之间的人际关系与人事关系进行指导、协调和控制的过程，具体包括教师的聘任录用、调配交流、奖惩任免、培训考核、薪酬发放、职级晋升、离职退休等工作。高校教师管理既是高校管理的重要组成部分，也是高校教师成长发展的重要条件。

2012 年 9 月，国务院出台的《关于加强教师队伍建设的意见》中明确指出，要"建立健全教师管理制度""加强教师资源配置管理""研究制定高等学校教职工编制标准。完善学校编制管理办法，健全编制动态管理机制，严禁挤占、挪用、截留教师编制""严格教师资格和准入制度。修订《教师资格条例》，提高教师任职学历标准、品行和教育教学能力要求""加快推进教师职务（职称）制度改革。分类推进教师职务（职称）制度改革，完善符合各类教师职业特点的职务（职称）评价标准""支持符合条件的职业学校和高等学校兼职教师申报相应系列教师专业技术职务""全面推行聘用制度和岗位管理制度""探索更加有利于促进协同创新、持续创新的高等学校人事管理办法""健全教师考核评价制度。完善重师德、重能力、重业绩、重贡献的教师考核评价标准，探索实行学校、学生、教师和社会等多方参与的评价办法，引导教师潜心教书育人"[①]。

党的十八大以来，国家高度重视教师队伍建设，特别是现代高校教师管理制度的完善。2013 年 9 月，习近平总书记在《致全国广大教师的慰问信》中，要求"各级党委和政府要把加强教师队伍建设作为教育事业发展最重要的基础工作来抓，提升教师素质，改善教师待遇，关心教师健康，维护教师权益，充分信任、紧紧依靠广大教师，支持优秀人才长期从教、终身从教"[②]。2018 年 1 月，中共中央、国务院出台的《关于全面深化新时代教师队伍建设改革的意见》中提出，要"深化高等学校教师人事制度改革，积极探索实行高等学校人员总量管理。严把高等学校教师选聘入口关，实行思想政治素质和业务能力双重考察。严格教师职业准入，将新入职教师岗前培训和教育实习作为认定教育教学能力、取得高等学校教师资格的必备条件"，"推动高等学校教师职称制度改革，将评审权直接下放至高等学校，由高等学校自主组织职称评审、自主评价、按岗聘

---

①　国务院关于加强教师队伍建设的意见［J］.中华人民共和国国务院公报，2012（26）：8-12.

②　习近平.习近平向全国广大教师致慰问信［J］.人民教育，2013（18）：2.

任。条件不具备、尚不能独立组织评审的高等学校，可采取联合评审的方式。推行高等学校教师职务聘任制改革，加强聘期考核，准聘与长聘相结合，做到能上能下、能进能出……深入推进高等学校教师考核评价制度改革，突出教育教学业绩和师德考核，将教授为本科生上课作为基本制度"①。2021 年 1 月，教育部等六部门印发《关于加强新时代高校教师队伍建设改革的指导意见》，明确提出要"以习近平新时代中国特色社会主义思想为指导，落实立德树人根本任务，聚焦高校内涵式发展，以强化高校教师思想政治素质和师德师风建设为首要任务，以提高教师专业素质能力为关键，以推进人事制度改革为突破口……建设一支政治素质过硬、业务能力精湛、育人水平高超的高素质专业化创新型高校教师队伍"②。

从党的十八大以后我国出台的有关高校教师管理的一系列政策来看，思想政治素质和职业道德修养日益成为高校教师招聘、职称评审、岗位聘用、导师遴选、评优奖励、聘期考核、项目申报等的首要要求和第一标准。正如美国管理思想史学家丹尼尔·雷恩所言，"管理不是一种与外界隔绝的活动，因为管理人员是在特定的文化价值准则和体制内管理组织中做出决定的。"③在此意义上讲，高校教师的管理具有道德性质，其管理活动往往要依据特定的道德原则和道德要求来进行。"在一切领域中，伦理精神总是作为体现人类活动的价值目的性和行为合理性的人文精神的结构，但在教育领域中，伦理精神却具有比其他领域更为重要的人文意义。可以说，伦理精神，是教育的人文精神的核心。"④教育的伦理精神必然会渗透与影响高校教师的管理活动，使之具有浓厚的伦理道德色彩。

鉴于此，我们可以将高校教师管理道德界定为，管理者与被管理者两个主体在高等学校教师管理实践活动中形成的各种伦理道德关系以及协调处理这些关系的伦理道德原则和规范的总和。高校教师管理道德是人们从伦理角度对高校教师管理活动的根本看法，也是人们从外部对高校教师管理所做的一种价值评判，即对高校教师管理是否正当、合理的道德评价。它从哲学的高度对高校教师管理实践活动以及在高校教师管理实践活动中的人的道德和高校教师管理制度的伦理加以审视，是人们进行高校教师管理活动的道德动力，还是高校教师管理实践活动合乎伦理道德的现实反映和理论提炼。高校教师管理道德不仅具有激发高校共同体成员学习、工作积极性的功能，而且具有规范、引导高校教师管理活动方向的功能。其本质在于将高校教师管理道德的功能与高校教师

---

① 中共中央　国务院关于全面深化新时代教师队伍建设改革的意见［N］.人民日报，2018-02-01（1）.

② 教育部等六部门关于加强新时代高校教师队伍建设改革的指导意见［J］.中华人民共和国教育部公报，2012（3）：34-38.

③ 丹尼尔·A.雷恩.管理思想的演变［M］.赵睿，肖聿，陆钦琰，等译.北京：中国社会科学出版社，2000：4.

④ 樊浩，田海平，等.教育伦理［M］.南京：南京大学出版社，2000：1.

的管理实践有机地结合起来，用高校教师管理道德这种属于高校教师管理活动的深层精神动力来推动教师管理合乎道德的发展。

高校教师管理道德的内涵，主要包含以下四个方面的内容。

（一）高校教师管理道德的基本内核是伦理关系

高校的人力资源大致由三类人员构成：教学科研人员、管理人员和后勤服务人员。其中，以教学和科研为主要职责的高校教师是高校最重要的人力资源。因此，高校教师的招募、甄选、安置、入职、评价、发展等，也成为高校人力资源管理最重要的内容。在高校教师管理活动中会形成不同的管理关系。"管理关系是管理主体与管理客体在管理活动中所形成的关系。""管理关系的核心是通过一定的组织，管理主体对管理客体进行协调活动所形成的人与人之间的关系。"[①] 高校教师管理中的伦理道德关系是指高校教师管理者为了达到一定目的，在高校教师管理活动中，根据一定的道德原则和观念所结成的关系。"伦理关系是人与人之间的一种客观关系。这种关系既不是自然的、盲目的关系，也不是由权威、律令强行规定的关系，而是一种由关系双方作为自觉主体本着'应当如此'的精神相互对待的关系。"[②] 作为伦理关系的高校教师管理关系是一种"主—主"型关系，是一种具有价值蕴涵的关系，即管理主体之间相互平等的承认与尊重。高校教师管理中的这种"主—主"型伦理关系是处理高校教师管理实践中管理者与被管理者两个主体关系的主要指导性原则，它体现为系统的高校教师管理伦理价值规范体系。这种价值规范体系是以基本的道德原则为核心而展开的应用伦理规范体系，它是人们对于高校教师管理活动的伦理认识，是高校教师管理历史的伦理积淀，是高校教师管理文化的核心。

我国高校是以开展教育活动为主的知识型组织，教育的根本任务在于立德树人，教育内涵的道德属性要求高校重视管理伦理。学校管理伦理侧重于研究学校管理自身蕴涵的伦理精神和自我发展过程中存在的伦理问题及学校管理者如何加强自身道德修养和如何实现学校管理伦理化等问题。[③] 从某种程度上讲，学校管理与伦理道德具有内在的一致性，因为学校管理的出发点和终极目标是人的发展，而表现为人的存在的精神状态的伦理道德，则以善为指向，为人的发展构筑现实的依据。[④] 因此，教师与高校的伦理关系构成了高校组织中的基本关系，高校作为一种文化共同体必须首先是伦理共同体，高校也理应成为组织成员道德净化、升华的地方。学校（大学或学院）应该表现出远超过最低道德要求的道德敏感性，因为高深学问使这些机构具有较为敏锐的洞察社会不平等

① 官鸣.管理哲学［M］.上海：东方出版中心，1993：31-32.

② 宋希仁.论伦理关系［J］.中国人民大学学报，2000（3）：58-64.

③ 钱焕琦.教师职业道德［M］.4 版.上海：华东师范大学出版社，2020：223.

④ 陈之芥.伦理管理与提高学校核心竞争力［J］.江苏教育研究，2003（8）：16-19.

的能力。[①]

基于高校的根本任务，高校教师及工作人员作为组织成员应当具备一定的社会责任感，个体应当在组织中实现和创造自身价值。高校的发展受社会经济、政治、文化的制约，反过来也会影响社会经济、政治、文化的发展。与中小学校相比，高校与社会的联系更加紧密，承担的社会责任也更加重要，这就要求高校的组织成员具备较高的社会责任感。所以，高校除了要清楚自身与社会之间的责任关系外，还要在运行与管理中，明确高校教师的责任。高校作为一个组织，当其发生过错时，错误由谁来承担，即"行为的责任主体是谁"的问题，是高校教师管理道德的首要问题。如果高校组织成员发生过错，那么需要明确个体作为集体的一部分，犯错的原因是高校管理行为失当还是个体行为错误。因此，组织成员是否应当按照组织的规定行动，组织成员的主观意志是否应当服从于组织意志，这在高校教师管理中需要有所体现，需要有相应的规定。高校教师作为组织成员，按照组织的命令和程序实施的行为，只能由高校或者相关管理人员承担责任；而出于个人主观意愿的行为，则需要其本人承担行为后果，这就需要在高校教师管理中要明确责任划分、界定责任归属、制订判定标准。

"教师是以群体或集体为单位在高校中发挥作用的，一个学生的成才也绝不是靠单一教师的作用，而是靠教师集体的共同作用。"[②]高校的生存与发展取决于教师共同体的道德水平。因此，高校教师需要有组织观念、全局观念、集体观念和"共同体"精神。如何处理组织与个人之间的伦理与道德关系，如何界定组织与个人的责任，是高校教师管理道德的重要任务。

（二）高校教师管理道德的表现形式是行为规范

作为对一定社会高等教育活动关系的伦理化反映，高校教师管理道德也是调节高校教师管理伦理道德关系的一种行为规范，"是关于人们在道德选择上'应该做什么，不应该做什么'和'应该怎样做，不应该怎样做'的具体规定，表现为在各种具体情况下，对人们行为的具体指示、要求、劝诫、约束、限制"[③]。这种规范是双向的规范，既包括对教师的规范，也包括对高校的规范。

2011 年 12 月，教育部和中国教科文卫体工会全国委员会印发《高等学校教师职业道德规范》，其中对高校教师如何处理好与国家、社会、学校、学生等的关系做出了明确规定，将爱国守法、敬业爱生、教书育人、严谨治学、服务社会、为人师表作为所有高校教师都应遵循的基本职业道德规范。

---

① 约翰·S. 布鲁贝克. 高等教育哲学［M］. 王承绪，郑继伟，张维平，等译. 杭州：浙江教育出版社，1998：132.

② 许烨. 高校教师伦理共同体的建构［J］. 现代教育论丛，2017（4）：49–56.

③ 李德顺，孙伟平. 道德价值论［M］. 昆明：云南人民出版社，2005：13.

2014 年 9 月，教育部印发《关于建立健全高校师德建设长效机制的意见》，明确高校教师不得有下列七种行为：损害国家利益，损害学生和学校合法权益的行为；在教育教学活动中有违背党的路线方针政策的言行；在科研工作中弄虚作假、抄袭剽窃、篡改侵吞他人学术成果、违规使用科研经费以及滥用学术资源和学术影响；影响正常教育教学工作的兼职兼薪行为；在招生、考试、学生推优、保研等工作中徇私舞弊；索要或收受学生及家长的礼品、礼金、有价证券、支付凭证等财物；对学生实施性骚扰或与学生发生不正当关系。①对高校教师有上述情形的，将依法依规分别给予警告、记过、降低专业技术职务等级、撤销专业技术职务或者行政职务、解除聘用合同或者开除等相应处分。②

2018 年 11 月，教育部印发《新时代高校教师职业行为十项准则》，提出高校教师要坚定政治方向、自觉爱国守法、传播优秀文化、潜心教书育人、关心爱护学生、坚持言行雅正、遵守学术规范、秉持公正诚信、坚守廉洁自律、积极奉献社会，对新时代高校教师职业行为的基本规范做了进一步的细化和明确。同时，教育部还印发了《关于高校教师师德失范行为处理的指导意见》，要求高校要建立健全师德失范行为受理与调查处理机制，制定高校教师师德失范行为负面清单及处理办法。③

上述政策文件，都是在高校教师管理的过程中，调节和处理与他人、社会、集体、职业的关系所应遵守的基本行为规范或行为准则。这些规范和准则对于高校教师来说，起着警示提醒和严管厚爱的作用，也是深化师德师风建设，造就政治素质过硬、业务能力精湛、育人水平高超的高素质教师队伍的关键之举。高校教师要严格遵守这些规范和准则，自觉做以德立身、以德立学、以德施教、以德育德的楷模，维护教师职业形象，提振师道尊严。

上述规范和准则既是对高校教师的规范，也是对高校的规范。要真正使规范和准则落地，并得到有效执行，就要求高校必须把规范和准则落实到教师管理的具体工作中，要把好教师入口关，在教师招聘、引进时组织开展准则的宣讲，确保每位新入职教师知准则、守底线；要将准则要求体现在教师聘用、聘任合同中，明确有关责任；要强化考核，在教师年度考核、职称评聘、推优评先、表彰奖励等工作中必须进行师德考核，实行师德失范"一票否决"。

因此，一方面，这些规范赋予了高校相应的职责和权力，要求高校要完善师德考核

①　教育部关于建立健全高校师德建设长效机制的意见［J］. 中华人民共和国国务院公报，2015（5）：71-74.

②　教育部关于建立健全高校师德建设长效机制的意见［J］. 中华人民共和国国务院公报，2015（5）：71-74.

③　教育部关于高校教师师德失范行为处理的指导意见［J］. 中华人民共和国教育部公报，2018（11）：32-33.

指标体系，提高科学性、实效性，并以有力措施坚决查处师德违规行为。对于发生规范或准则中禁止行为的教师，高校要态度坚决，一查到底，依法依规严肃惩处，绝不姑息。对于有虐待、猥亵、性骚扰等严重侵害学生行为的，一经查实，要撤销其所获荣誉、称号，追回相关奖金，依法依规撤销教师资格、解除教师职务、清除出教师队伍，同时还要录入全国教师管理信息系统，任何学校不得再聘任其从事教学、科研及管理等工作。涉嫌违法犯罪的要及时移送司法机关依法处理。要严格落实学校主体责任，建立师德建设责任追究机制，对师德违规行为监管不力、拒不处分、拖延处分或推诿隐瞒等失职失责问题，造成不良影响或严重后果的，要按照干部管理权限严肃追究责任。

另一方面，这些规范也对高校提出了目标和要求。教育部颁布的教师职业规范和准则要求高校必须充分尊重教师的主体地位和专业自主权，建立教育、宣传、考核、监督与奖惩相结合的高校师德建设工作机制，进一步完善符合高校教师特点的进人用人机制、考核评价机制、分配激励机制、权益保障机制和参与治校治学机制，健全教师发展制度，构建完整的职业发展体系，这样才能引导、激励和帮助教师成长为"四有好老师"。

总之，高校教师管理道德是一种价值观念，作为一种思想意识性的内容存在于现实的高校教师管理活动之中。高校教师管理道德规定着人们在高校教师管理活动中应该如何处理高校教师管理者与被管理者之间的关系，通过设定一定的善恶标准，规定着人们在高校教师管理活动中应该做什么和不应该做什么、应该怎样做和不应该怎样做。高校教师管理道德作为调节高校教师管理活动关系的行为规范，引导和约束着被管理者的行为，使其以善作为应然的价值取向，从而保障高校教师管理活动的有序进行。

（三）高校教师管理道德的作用方式是价值评判

高校教师管理不同于其他管理的最明显特征在于其管理的对象是人，管理的目标是发展人，这就涉及如何对待人的问题，而如何对待人本质上是一个伦理问题、善恶问题和价值评判问题。高校教师管理活动作为人的主体性活动，其管理目标选择、决策的依据、管理关系的设置以及管理方式的确定等，都离不开人的价值评判与道德选择。人们总是从一种具体的社会文化背景和道德背景出发作出价值评判，对高校教师管理行为的价值合理性与道德合理性作出裁定，从而对高校教师的管理行为作出区分。通过对高校教师管理行为的价值评判来判断高校教师管理活动，使高校教师管理活动符合评价主体的伦理道德取向、伦理追求、伦理期待等，从而促进高校教师管理活动不断进步。

高校教师管理道德作为调节管理者与被管理者伦理关系的行为规范，其发挥作用的基本方式是价值评判。也就是说，只有当高校教师管理道德规范被教师真心诚意地接受，转化为主体内在的认知、情感、意志和信念，形成良心、责任和义务时；当高校教师管理道德规范被高校明确为规章制度，为所有管理者自觉、自律去遵守时；当高校教师管理道德规范被其他社会组织和团体认可和接纳，成为外界评判高校管理行为和教师职业行为的基本准则时，才能得到更加有效的实施。

道德的目的不是再现世界，而是对世界进行价值评价。[①] 高校教师职业道德不仅是一种外在的规范和要求，而且是内在于教师自身职业生活中的品质、信念、态度和情感。教师职业道德修养的养成和提高，是一个由外而内，再由内而外的过程，在这一过程中，最重要的就是高校教师对于外在的规范是否认同，是否能内化为自身的内在品质和实践追求，并最终通过职业行为将其表现出来。这里的认同，实际上就是一种价值评判，即对道德规范本身和高校执行道德考核的管理行为是否正当、合理的道德评价。高校教师通过有意义和无意义、有价值和无价值、善和恶等评判标准，一方面对自身行为进行辩护，说明其合理性并认同其存在的价值；另一方面，对违反规范和准则的现象进行贬斥和批判，揭露其非正义性和不合理性。通过这种评判方式，形成一定的伦理环境和道德氛围，促使高校教师的职业行为和高校教师的管理活动朝着有利于社会价值和人的价值相统一的要求目标发展并进行选择。

除此之外，高校教师管理道德也是管理主体对高校教师管理活动的一种道德选择。所谓道德选择，就是人们依据一定的道德标准及其认识，在多种可能的道德行为方式中，自觉地抉择自己行为方式的一种精神活动。[②] 道德选择的背后是人们对一定道德准则的价值评判。高校教师管理活动是一种自觉的、有目的的活动，管理者在教师的管理活动之前，在观念上有着某种预期的目标或理想的形象，并据此组织高校教师的管理活动，使被管理者的身心发生预期的变化。高校教师管理道德作为一种价值意识，引导着主体对现实高校教师管理活动的价值选择，使高校教师管理活动实现预期的目标。价值选择引导管理者的道德活动，并借助高校教师管理活动实践体现出来。

管理主体对自身意志、品德和行为的一种自我完善和发展的要求，也是高校教师管理主体促进高校教师管理活动高效和优化的一种自觉意识，并最终形成自律行为。这种伦理道德精神主要是对高校教师管理主体自身管理行为的一种品性要求，它调节着高校教师管理主体自身的管理行为方式，激发管理主体内在能动性的发挥，从而促进高校教师管理活动有序高效地进行。支配高校教师管理主体管理行为的伦理道德精神，一方面产生于高校教师管理活动的客观要求，是高校教师管理活动方式对管理主体精神和行为的一种设定；另一方面，也受到管理主体的人生观和价值观的制约。

高校教师管理道德的实践及其结果，既会对高校的教师、管理人员和高校本身产生影响，也不可避免地会对社会产生影响，因此，社会也一定会给予它一定的道德评价。高校教师的教学和科研成果会对社会产生间接的影响，随着高校与社会的联系日益紧密，高校教师的职业行为边界已远远超出了学校围墙的范围。尤其是随着互联网和新媒体技术的发展，越来越多的高校教师走出教室、走出实验室，走上荧屏、走入网络，成

---

① 罗国杰.伦理学［M］.北京：人民出版社，1989：56.

② 中国大百科全书·哲学［M］.北京：中国大百科全书出版社，1987：129.

为社会热捧的"网红教师"。一些高校教师的课堂教学被搬上网络，或被"现场直播"，或被剪辑后成为"网红段子"。网络在给高校教师带来流量、带来利益、带来名望和社会影响力的同时，也给高校教师提出了新的挑战和要求。近年来，上海、四川、湖北、宁夏等地都发生过教师因在网络发表不当言论或在网络授课期间有不当言行而被调查和处理的事件。值得注意的是，在这些事件的发酵和处理过程中，媒体和网友不但会关注和谴责涉事的教师，而且会督促和质疑高校的处理措施，说明社会对高校教师管理道德的价值评判，不但会评价教师的职业道德，也会评价高校教师管理的道德。

　　高校教师管理道德的作用方式是价值评判，随着国家对高校教师考核评价制度的改革，虽然高校教师职业道德规范和准则的内容与条目没有发生大的变化，但其内涵却已发生了深刻变革。2016 年 8 月，教育部出台的《关于深化高校教师考核评价制度改革的指导意见》强调，要"坚持服务国家需求和注重实际贡献的评价导向。鼓励原始创新和聚焦国家重大需求，引导教师主动服务国家创新驱动发展战略和地方经济社会发展"，"扭转重数量轻质量的科研评价倾向，鼓励潜心研究、长期积累，遏制急功近利的短期行为"[①]。2018 年 9 月，习近平总书记在全国教育大会上的讲话指出："健全立德树人落实机制，扭转不科学的教育评价导向……要坚决克服唯分数、唯升学、唯文凭、唯论文、唯帽子的顽瘴痼疾，从根本上解决教育评价指挥棒问题。"[②]2018 年 11 月，教育部办公厅集中开展清理"唯论文、唯帽子、唯职称、唯学历、唯奖项"专项行动，要求有关高校对涉及"五唯"问题的事项深入分析问题根源，研究提出整改措施和意见建议。2019 年 6 月，中共中央办公厅、国务院办公厅印发的《关于进一步弘扬科学家精神加强作风和学风建设的意见》要求："大幅减少评比、评审、评奖，破除唯论文、唯职称、唯学历、唯奖项倾向，不得简单以头衔高低、项目多少、奖励层次等作为前置条件和评价依据，不得以单位名义包装申报项目、奖励、人才'帽子'等。"[③]至此，社会各界对高校教师学术研究的道德评价不再仅仅局限于其发表的论文数量、获得的学术奖项或学术头衔，而是更加关注其是否能真正做到"要把论文写在祖国的大地上，把科技成果应用在实现现代化的伟大事业中"[④]。

（四）高校教师管理道德的主体构成是"双主体"式

　　主体相对于客体，"以人为本"相对于"以物为本"。传统管理理论往往强调"以物

---

　　① 　教育部关于深化高校教师考核评价制度改革的指导意见［J］.中华人民共和国教育部公报，2016（10）：32-35.

　　② 　习近平.习近平谈治国理政：第 3 卷［M］.北京：外文出版社，2020：348.

　　③ 　中共中央办公厅　国务院办公厅印发《关于进一步弘扬科学家精神加强作风和学风建设的意见》［J］.中华人民共和国国务院公报，2019（18）：20-24.

　　④ 　习近平.为建设世界科技强国而奋斗［N］.人民日报，2016-06-01（2）.

为本"，突出某些外在的可量化的方面，应用于高校教师管理中则主要表现为：高校管理者被视作管理活动的主体，高校教师仅仅被当作管理的客体和被管理的对象；管理要求单向传输，管理者是发号施令的传声筒，是积极主动的，高校教师是管理要求的接收器，是消极被动的；管理者的主体地位和主体性被重点强调，被管理者的见解与诉求则难以体现和表达。

与之相对照，现代管理理论确立了"以人为本"的原则和理念，即把人作为主体和目的，把学校的管理过程视为管理者和被管理者共同参与的双边性活动。现代管理理论认为管理者和被管理者都是具有主体性的人，都是管理活动的主体，即"双主体"。管理者与被管理者都是独立自主的、具有主观能动性的主体，他们之间不是控制与被控制、支配与被支配的关系，而是一种主体间的互动关系。"双主体"之一的管理者充分发挥自身的主体性，全面客观地认识被管理的高校教师；"双主体"之一的被管理者——高校教师与管理者一样具有主体地位，是主体性的存在，他们与管理者之间进行平等互动，积极应对环境的变化，从接受管理走向自我管理，从他律走向自律。

"双主体"理论颠覆了传统管理理论的思维模式和价值原则，注重以人为本，把人作为主体和目的、作为管理的本质而不是单纯的结果，破解了传统管理理论的困境和难题，使整个管理活动具有内源性和可持续性。明确高校教师管理道德的"双主体"构成，对于增强教师的主体性，调动其参与高校管理与建设的主动性和积极性，具有重要的理论意义和实践价值。

要切实实现高校教师管理的"双主体"构成，最重要的就是落实教师在高校管理中的主体地位。教师是高校管理的主体，首先是由高校教师的特殊身份、特殊使命和特殊职责所决定的。高校作为一个学术性组织，高校教师以学术活动为主要工作内容，其具有鲜明的"学术人"的特性：追求真善美的崇高理想，强烈的反思创新精神，强烈的社会责任感。他们是高度理性和丰富感性的统一；有较高的科学文化知识和道德修养；崇尚科学，追求精神充实和个人价值实现。德国学者费希特把学者叫作"人类的教师"，并指出"不仅是整个社会的最终目标，而且也是学者在社会中全部工作的最终目标。学者的职责就是永远树立这个最终目标，当他在社会上做一切事情时都要首先想到这个目标。但是，谁不是善良的人，谁就无法顺利地致力于提高人类道德风尚的工作……所以学者从这最后方面看，应当成为他的时代道德最好的人，他应当代表他的时代可能达到的道德发展的最高水平"[①]。

其次，在高校教师的管理过程中，教师有其特定的价值诉求，这些诉求的实现同样要求落实高校教师在高校中的主体地位。其一，教师发展是高校教师管理的目的性价值诉求。高等学校不仅要实现高校学生的发展，也要帮助高校教师发展。基于这样的理念，"管理者成就教师""学校发展教师"已渐成趋势，把高校建设成为"教师发展学

---

① 费希特.论学者的使命　人的使命［M］.梁志学，沈真，译.北京：商务印书馆，2009：45-46.

校"已成为管理者的主要职责之一。其二，学术创新与发展是高校教师管理的工具性价值诉求。学术创新与发展是高校的灵魂和得以生存和发展的生命线，是一代代学术人不懈追求的神圣理念。高校教师管理制度的核心就是要确立以学术为中心的价值体系和管理理念，以促进学术创新与发展为最终目的。换言之，高校教师管理的价值诉求首先要考虑教师的职业价值。它包括外在的社会价值和内在的个人价值两个层面。外在的社会价值体现了高校教师对社会需要的满足，它是高校教师所承担的社会责任、义务、使命及实际的社会贡献；高校教师的个人价值则体现了教师通过特殊劳动对自身各种需要的满足，具体包括高校教师维持生计的实用价值、满足社会性需要的精神价值和在自身领域内独立进行创造获得一种内在尊严与欢乐的生命价值。教师的社会价值和个人价值是一体的，社会价值是高校教师职业存在的前提和归宿，也是高校教师个人价值实现的根本途径，而这直接制约着社会价值的达成。合理的高校教师管理道德，能够促进并保障学术创新与发展的实现。从某种程度上讲，只有高校教师得到真正的、充分的尊重，其主体地位得到真正落实，其主动性、积极性、创造性才能真正被激发出来。其三，服务社会是高校教师管理的表征性价值诉求。费希特认为，"学者的使命主要是为社会服务，因为他是学者，所以他比任何一个阶层都更能真正通过社会而存在，为社会而存在……他掌握知识不是为了自己，而是为了社会"[1]。这就是说，高校教师应当把自身为社会获得的知识，真正用于造福社会。只有真正尊重高校教师的知识创造、人格尊严与个性发展，外部的制度规范才能真正转化为教师自尊自爱、自立自强的动力。

最后，落实教师在高校管理中的主体地位，也是我国教育法律规章的要求和现代高校制度建设的改革方向。2014 年 9 月，教育部印发的《关于建立健全高校师德建设长效机制的意见》中明确提出："高校要健全教师主体权益保障机制，根据《教育法》《高等教育法》《教师法》等法律法规和高等学校章程，明确并落实教师在高校办学中的主体地位。完善教师参与治校治学机制。"[2] 近年来，我国在建设现代高校制度、制订高校章程、推进高校去行政化的改革过程中，最重要的措施是突出教师在高校管理中的主体地位，通过建立健全教职工代表大会制度、推行中国特色大学章程、成立独立的学术委员会和教授委员会等，落实教师的知情权、参与权、表达权和监督权，保障教师参与学校决策的民主权利，在坚持和完善党委领导下的校长负责制的基础上，充分发挥教师在高等学校办学治校中的作用。

二、高校教师管理道德的重要意义

高校如果没有建立健全的教师管理制度，学校的管理就会流于无序；但如果高校仅

---

①　费希特.论学者的使命　人的使命［M］.梁志学，沈真，译.北京：商务印书馆，2009：43.

②　教育部关于建立健全中小学师德建设长效机制的意见［J］.基础教育参考，2013（19）：78.

靠严格的制度，也不能提高管理效率和效果。高校的管理，尤其是高校的教师管理，其对象是人，目标是人的发展，原则就必须是"以人为本"，把"人"作为管理的核心，尊重人的价值，开发人的潜能，谋求人的全面发展。高校管理者必须明确，只有教师发展了，学生才能发展，学校才能发展，而不是反过来。今天，我们强调高校教师管理道德，乃至实现高校管理的道德化和伦理化，无论是对于高校教师的成长，还是对于高校的发展，都有重要意义，并有助于"立德树人"这一教育根本任务的真正落实。高校教师管理道德的重要意义主要体现在以下三个方面，即道德是高校教师管理的重要内容、重要原则和重要目的，亦即高校要管理教师的道德，要道德地管理教师，管理是为了提升教师道德修养。

（一）道德是高校教师管理的重要内容

高校既是一个学术共同体，也是一个道德共同体。共同体是人们为了实现共同的价值和目标，通过成员的共同参与、真诚合作所形成的成员之间及成员与共同体之间在精神和情感上整体的相互依存关系。与其他共同体相比，高校共同体的特质在于它的道德实质。美国教育管理学家威廉·福斯特认为，学校的卓越成就并不依靠增加价值或改变文化，而是依靠教师共同体，这个共同体依赖于且能够激发学校成员之间的德性行为。[①] "学校必须保证各个方面符合道德价值，学校必须是一个道德学校。" [②]

德国著名教育家赫尔巴特十分强调道德在教育工作中的地位，他认为"德行是整个教育目的的代名词" [③]。党的十八大以后，把"立德树人"作为教育的根本任务。培养什么人、怎样培养人、为谁培养人是我国社会主义教育事业发展中必须解决好的根本问题，立德树人成效是检验高校一切工作的根本标准。高校教师首先必须不断提高道德修养，提升人格品质，这样才能把正确的道德观传授给学生。2014年9月，习近平总书记在同北京师范大学师生代表座谈时的讲话中强调："老师的人格力量和人格魅力是成功教育的重要条件。'师也者，教之以事而喻诸德者也。' 老师对学生的影响，离不开老师的学识和能力，更离不开老师为人处世、于国于民、于公于私所持的价值观。一个老师如果在是非、曲直、善恶、义利、得失等方面老出问题，怎么能担起立德树人的责任？" [④]

①　刘建.论校长美德［J］.教育理论与实践，2008（16）：50-53.

②　金生鈜.为什么要塑造学校的道德文化：学校作为一个道德共同体的再道德化思考［J］.西北师大学报（社会科学版），2005（4）：71-75.

③　赫尔巴特.普通教育学·教育学讲授纲要［M］.李其龙，译.北京：人民教育出版社，1989：193.

④　习近平.做党和人民满意的好老师：同北京师范大学师生代表座谈时的讲话［J］.中国高等教育，2014（18）：4-7.

因此，高校要特别重视管理教师的道德，这既是教育的应有之义，由高校的本质属性所决定，更是新时代我国落实立德树人教育根本任务和构建高质量高等教育体系的必然要求。高校教师的职业特性决定了教师必须具备高尚的道德。合格的老师首先应该是道德上的合格者，好老师首先应该是以德施教、以德立身的楷模。

良好的师德需要教师的自我修养，也需要高校加强培养、管理和建设。一方面，高校要严格遵守国家的相关规定和要求，将师德纳入教师的考核评价体系，并将其作为教师绩效评价、聘任（聘用）和评优奖励的首要标准，严格执行师德失范"一票否决制"；另一方面，高校要建立健全师德建设长效机制，坚持以人为本，关注高校教师的发展诉求和价值愿望，落实高校教师的主体地位，不断提高教师的政治地位、社会地位、职业地位，使教师可以"安心从教、热心从教、舒心从教、静心从教"，让教师"在岗位上有幸福感、事业上有成就感、社会上有荣誉感"。

（二）道德是高校教师管理的重要原则

要使高校教师的管理活动取得成效，就必须使学校目标与社会目标相协调；学校要求与利益相关者要求相协调；个人目标与学校目标相协调；个人的行动与他人的行动相协调。协调的本质就是利益关系的调整，而如何处理好利益关系正是伦理道德所要回答的。同时，管理的核心是决策。高校教师管理的效益来源于正确的决策，而正确的决策，除了经济、技术分析外，还必须要有伦理分析，只有决策符合社会的进步，符合人自身的全面发展，同时兼顾利益相关者的利益时，决策的可行性才具有坚实的基础，否则就失去了自身应该具有的社会价值，失去了存在的意义与理由。高校教师管理的本质是对人的管理，其活动要取得最佳成效，就应该实施符合人性的、能发展人的个性的、激发教师工作热情的管理模式，尽可能地满足教师对尊重、友谊、信任、理解、支持、感情等精神上的需要，正确处理好学校成员之间、管理者与被管理者之间、学校与成员之间的关系问题，这无不与伦理有关。

任何社会活动领域，都存在着极为复杂的人际关系。只有处理好这些关系，才能够使本单位的所有成员协调一致，提高工作效率和质量。处理好高校管理者与教师之间的关系在高校教师的管理过程中具有十分重要的意义，高校管理者是否能够遵循管理的伦理原则，公平、公正、平等地处理与教师之间的关系，会影响高校管理过程能否顺利进行，以及双方工作的积极性和学校教师管理工作的道德文化。由于管理者与教师所处的地位不同，职责不同，对同一问题的看法和认识也可能不同，不可避免地会产生一些矛盾。有矛盾就需要调节，调节的手段是多种多样的，其中道德调节是最常用、最主要的手段。

现代管理学认为，社会管理的任何一种方式都是在"刚性"和"柔性"两大系统中体现的。前者通过制订必要而严格的规章制度来确保社会活动的正常进行，后者则是运用以激励为主的管理手段，调动人的积极性和创造性，使组织成员自觉自愿地完成社会任务。同时，后者更投情于道德的力量，以调整关系，增强凝聚力，开发精神力。^①对于高校教师管理而言，伦理道德具有特殊的管理功能，从道德管理的视角实施管理行为，往往能获得事半功倍的效果。

首先，伦理道德具有价值导向功能。伦理学本身就是通过指示"应有"和"现有"的对立统一，昭示人们"应当如何"的一门价值科学，它注重用"应当"这一理想标尺来衡量人们的思想和行为。^②一定的伦理道德规范总是会体现特定群体的共同利益、习俗和传统，因而伦理道德就成为了组织中人们内心衡量行为的标准。它通过道德价值形态即各种道德符号对人们的行为起着强烈的导向作用，反映着整个社会的基本精神和价值导向。"管理是规范化的道德，而道德是以社会舆论面目出现的管理。"^③任何一个高校共同体都会有显性或隐性的舆论存在，共同体成员——高校教师依据舆论评价人们的道德行为，扬善抑恶。这种舆论的监督管理，虽然以非强制和不明显的形式存在，但却是广泛而有力的，它可以渗入高校的每一个角落，涉及每一位成员和每一个行为。它既可以使人获得广泛的赞誉，又可以让人受到普遍的谴责。如果高校中的成员模范地遵守高校教师管理的伦理道德规范，就会得到所有成员的共同称赞；反之，如果高校中的成员违背了高校教师管理的伦理道德规定，就会受到高校舆论的谴责。这种通过善恶评价所造成的高校舆论和良心意识，使高校教师形成明确的善恶评价标准，对其行为具有巨大的导向作用，它使高校共同体中的每个成员都受到一种无形的导向力和约束力，自觉地使自己的行为向高校教师管理共同的伦理道德准则调节和靠拢。

其次，伦理道德具有情感凝聚功能。伦理道德对高校教师管理具有规范作用，它能运用一种在社会实践中形成的、并被一定社会组织认同的伦理文化、行为规范去同化组织成员，以形成组织团体的凝聚力，维护和协调学校组织的内在秩序。道德可以作为一种学校文化进行管理，它是一种管理隐文化，是显性的制度之外对高校和教师的一种约束。高校共同的道德感可以通过人与人之间的感染和传递，在潜移默化中建立起一种友好的人际关系和集体氛围，改善人与人、人与学校、学校与社会之间的相互关系。高校共同的伦理规范和道德感还可使成员们的思想情感和行为协调一致，形成一股强大的向心力，使成员们凝聚到高校共同体中。伦理道德对高校和教师的行为既有约束力，也有引导力，可以对违反高校管理制度和道德文化的行为进行约束，也可以引导高校和教师遵循高校的管理制度、认同高校的道德文化。伦理道德通过维系高校教师管理中的人际伦理道德关系，调动教师的积极性，既可以促进高校教师管理的高效运行，又可使高校的管理者和被管理者获得全面发展。

最后，伦理道德具有精神激励功能。在高校中，共同体成员之间的"道德承诺"具

①　吴锡龙.道德引领在学校管理中的运用［J］.学校党建与思想教育，2012（26）：86-87.

②　钱焕琦.教师职业道德［M］.4版.上海：华东师范大学出版社，2020：233.

③　温克勤，任健雄，李正中，等.管理伦理学［M］.天津：天津人民出版社，1988：41.

有重要的激励功能。"道德承诺"是人内在力量的最高体现。它一方面体现在高校管理者能够善于运用文化力量把高校共同体成员联系在一起，保持其价值观的相对一致，体现高校的社会责任，关注高校的愿景和文化以及其中每个个体的发展，满足个体自我价值的实现；另一方面体现在高校内部的人员既关注自身的发展，也协调组织的发展，能够自觉地以负责任的态度与意识，为实现高校共同体的发展理想而投入工作。伦理道德的力量使人们认识到自身在高校中所处的地位和背负的责任，强烈地感受到自身职业和工作的社会意义，形成一种强大的道德责任感和克服困难的伦理意志，从而激发出极大的工作热情和开拓进取的积极性、创造性，真正以主人翁的态度做好自己的本职工作。伦理道德的力量是推动高校发展的强大精神力量，是高校提高教师管理效益、实现既定目标的力量之源。

实现高校教师管理的道德化和伦理化，有利于体现教师的主体地位，调动教师的积极性；有利于营造和谐的人际关系和组织氛围，增强高校的凝聚力和向心力；有利于教师良好道德品质和心理素质的形成，建设健康文明、积极向上的校园文化。

（三）道德是高校教师管理的重要目的

高等学校作为一个道德实体，其道德属性具有先天性。"人类之所以创造道德，普遍言之，就是为了使人类与非人类存在物的利益共同体成为一种道德共同体，从而保障这种利益共同体的存在与发展。道德普遍起源于利益共同体的存在和发展的需要，道德的普遍目的就是为了保障利益共同体的存在与发展。"[①] 作为培养人的社会组织的高等学校，先天存在着道德属性。回首大学发展的历史，作为现代大学起源的欧洲中世纪大学，基本上是教会的产物，是从主教学校逐渐形成的一种高等教育机构，扮演着维持基督教世界下的宗教秩序的角色。[②] 尽管大学在随后的发展进程中从宗教中逐渐解放出来，其形式和功能亦有所转变，但教会所承担的伦理道德使命已悄然地渗入到大学之中。可以说正是大学取代了教会而成为了社会和社区的精神文化中心，它承担着为社会问题寻求对策，为社会发展提供价值导向和道德理想，充当社会认知的裁判等世俗"教会"的特殊功能。这也就是美国高等教育学家布鲁贝克所谓的"作为教会的大学"，认为今日的大学"继承和保留了许多教会的职责"，甚至认为大学"就是一种世俗化的教会"[③]。正如英国诗人约翰·曼斯菲尔德所说："世间再无堪与大学相媲美的事物。在国破家亡、价值沦丧之时，在大坝坍塌、洪水肆虐之时，在前途暗淡、了无依赖之时，不论何地，

① 王海明.人性论［M］.北京：商务印书馆，2006：216.

② Kerr C. The great transformation in higher education[M]. New York: State University of New York Press, 1991: 53.

③ 约翰·S. 布鲁贝克.高等教育哲学［M］.3 版.王承绪，郑继伟，张维平，等译.杭州：浙江教育出版社，2001：139.

只要有大学存在，它就岿然屹立，光芒四射。只要有大学存在，人的自由思想、全面公正探索的冲动仍能将智慧注入人们的行动之中。"①

高等学校共同体是道德性的结合，并以道德价值、伦理原理为合理性根据。高校的科层属性表现出的是管理的一种控制技术，是对高校效率的追求；高等学校的学术性是高等学校专业水平的表现。如果只追求这两种属性，那么会湮没高等学校的道德追求，使得高等学校管理者遗忘了营造学校道德氛围、塑造道德精神、追求学校作为一个共同体的道德责任。所以，高等学校的各个方面都必须是道德的，不仅学校本身的管理、运行是道德的，而且学校针对人的一切都是道德的。高校的道德性从道德角度表达了成员之间在精神和情感上相互依存的关系和在组织上高度整合的状态。"在教育共同体中，教师的活动并不是个人行为，事实上教师是代表国家、民族、社会培养合格的公民和文化继承者。从这个意义上说，教师并不只是一般意义上的职业，而是一个崇高和神圣的事业。"②可以说，没有伦理精神就没有高等学校；缺乏伦理精神，高等学校不仅难以成为伦理实体，难以成为共同体，甚至会与世俗性的社会混为一体，学校共同体就有沦为"学店"的危险；缺乏伦理精神，高等学校就会模糊甚至丧失自己的人文使命，从而使高等学校失去自身；缺乏伦理精神，就会动摇高等学校办学的根本信念。

高校教师管理道德作为调节高校教师管理主体活动与主体间关系的规范或准则，是人的道德性在高校教师管理活动中的投射，是主体在实践活动中产生和形成的。可以说，高校教师管理是否有利于调动主体的积极性、主动性、创造性，是否有利于人的个性解放，是否有利于培养和提高人的素质，是高校教师管理最重要的目的和意义。高校管理在根本上是把一定社会的价值观和伦理观渗透在整个高校教师管理过程中的活动，在这个过程中，高校应有其自身的价值立场和道德文化。高校一旦失去了自身的道德文化和独特的精神气质，也就失去了其在道德上的合价值性。学校管理如果只是一味追逐工具理性人的形成，培养全面发展的人的教育追求和终极价值就不可能达成。③因此，从某种程度上讲，高校教师管理的目的就是"为了道德"，即为了提高教师的道德修养，营造学校的道德文化，并最终落实立德树人的教育根本任务。

高校教师管理要为高校教师的道德实践和素养提高提供支撑。高校作为一个道德性的教育机构，教师共同体的道德素养和精神文化内涵，能够在真正意义上构建良好的教风，并影响高校的学风和校风。高校管理的蕴涵就是关涉人的成长的道德内涵，把对人的道德性的培育作为价值取向是现代学校管理的根本理念。因此，高校教师管理的首要目的就是要促进教师的发展，提高教师的道德修养，为教师的道德实践提供良好的支

① 罗伯特·伯恩鲍姆.大学运行模式：大学组织与领导的控制系统［M］.别敦荣，余学峰，张际标，译.青岛：中国海洋大学出版社，2003：6.

② 樊浩，田海平，等.教育伦理［M］.南京：南京大学出版社，2000：5.

③ 孙峰.学校管理的道德意蕴［J］.中小学德育，2020（5）：10–14.

撑。高校教师管理的道德性主要体现为人文关怀，人文关怀主要体现在尊重每个教师的思想、权利及自我价值，这是高校教师管理道德最集中的体现，只有在充分尊重教师的人格、个性和发展的前提下，高校才能够更好地促进教师专业伦理的发展，并最终促进学生的道德成长。

高校教师管理要为高校道德文化的营造提供依托。高校管理的道德性不只是停留在教育管理理念或办学内容上，应更为直接地体现在高校的管理制度上。管理制度集中体现着学校的管理思想和管理理念，也集聚着教师们的道德智慧与道德理想。[①] 一方面，在高校教师管理制度中，高校教师管理者的道德权威主要来源于宽广的共享价值观和理念、对高校共同体的责任和承诺以及与高校教师在广泛享有共同体价值、观念和理想时所产生的义务和责任。当高校教师管理者在实践中以道德权威为主要来源时，会将清晰的、共享的价值观和信仰变成规范行为的非正式标准，从而形成一种以内化的感受和道德驱动为特征的团队精神，并逐渐形成一种德行。高校传统的教师管理者是以科层体制中官僚主义的价值观作为管理的权威来源，这种管理强调等级序列，要求教师遵守规则，按照既定的条文办事。尽管这也是管理者的权威来源之一，但是如果把这种权威放在权威来源的中心，则会使教师陷入单调乏味的苦差使中，他们在工作中如同一颗机器零件，成为僵化的人。而另一方面，仅仅把激励人的知识和技能作为高校教师管理者的权威来源，管理对于技能的过分强调，都会给教师带来负面结果。只有当高校教师管理者以道德权威为基础时，才可以期待教师因为对高校共同体的承诺和与共同体成员的相互依赖而努力工作。道德权威强调高校教师出于道德的原因而工作，依靠价值观、目标、信念去驱动和鼓舞人们。道德权威反映了高校教师管理的本质，也就是说，只有以道德权威为基础来实施高校教师管理，营造一种良好的高校道德文化，高校教师管理才能实现其基本功能和最终目的。学校管理伦理化，是现代社会对各级学校管理者的管理行为的基本愿望和条件。[②] 但当前高校教师管理的实践中，存在功利化、物质化、科层化的倾向，而忽视了以人为本的管理理念；管理内容过度看重外显的学术成果和教学业绩，而忽视了教师的道德修养与精神世界；管理原则过分重视"刚性"的制度制约与物质奖惩，而忽视了"柔性"的道德约束与精神激励；管理目的过于强调教师的专业发展和学校的学术水平，而忽视了教师的品行提升和学校的道德文化。这些错误的倾向导致高校管理者和教育者道德失范现象大量存在，并进而影响到学生的道德成长和社会的道德风气。因此，在"立德树人"被确立为我国教育根本任务的当下，我们有必要再次强调道德在高校教师管理中的重要意义。正如著名学者成中英所言："伦理是内在的，管理是外在的，我们今天要强调：既要建立一个好的伦理，同时还要建立一个好的管理。"[③]

---

① 崔欣伟. 论学校管理的道德性及其改善策略 [J]. 教育理论与实践，2006（11）：50-53.

② 钱焕琦. 教师职业道德 [M].4 版. 上海：华东师范大学出版社，2020：244.

③ 成中英. 文化、伦理与管理：中国现代化的哲学反思 [M]. 贵阳：贵州人民出版社，1991：269.

第二节　高校教师管理道德的新要求及其问题和建设原则与路径

一、高校教师管理道德要把握新要求

（一）新的管理导向要求高校教师管理从人事管理走向人力资源管理

21 世纪以来，高校逐渐开始转变高校教师管理方式，由传统的人事管理模式向现代人力资源管理模式转变。在管理理念方面，把人作为一种"资源"，并将人力资源作为组织发展的核心内容，注重产出和开发；在管理方式方面，现代人力资源管理以"人"为核心，强调一种动态的、心理的、意识的调节和开发，管理的根本出发点是"着眼于人"。

习近平总书记在党的十九大报告中提到，"人才是实现民族振兴、赢得国际竞争主动的重要资源"[①]。在新形势下，完成优质人才的培育已经是时代的需要。高校是我国创新发展的主力军，是国家培养高层次人才的主要阵地。高校应从创新发展的角度出发，采用现代人力资源管理模式，更新管理理念，将教师作为高校最重要的人力资源，不但重视教师的引进，还要重视教师的开发；不但重视教师的职前学历，还要重视教师的终身教育；不但要重视教师的一般使用，还要重视教师的个性需求。

（二）新的发展阶段要求高校必须创新方式，加强教师队伍建设

党的十九大明确提出，新时代"我国经济已由高速度增长阶段转向高质量发展阶段"[②]。实现经济高质量发展的关键在人才，基础在教育，没有教育尤其是高等教育的高质量发展，经济发展将失去人才和知识的有力支撑。[③] 目前，我国高等教育已经进入普及化发展阶段，国家、社会和人民群众对高等教育发展的关注焦点已经从寻求规模扩张、满足入学机会需求转向激发高等教育的创新驱动发展原始动能、接受优质高等教育、重视人的发展水平和满足人的多样化需求等方面。[④] 同时，人工智能引发的教育革

① 习近平. 决胜全面建成小康社会 夺取新时代中国特色社会主义伟大胜利：在中国共产党第十九次全国代表大会上的报告［J］. 思想政治工作研究，2017（11）：33-52.

② 习近平. 决胜全面建成小康社会 夺取新时代中国特色社会主义伟大胜利：在中国共产党第十九次全国代表大会上的报告［J］. 思想政治工作研究，2017（11）：33-52.

③ 刘尧，傅宝英. 新时代大学何以开启高质量发展之道［J］. 高校教育管理，2019，13（1）：19-25.

④ 钟晓敏. 新时代高等教育高质量发展论析［J］. 中国高教研究，2020（5）：90-94.

命、互联网技术对知识创新与传播方式的改变、知识生产新模式的出现等都影响着高等教育自身的生存发展，高等教育走向高质量发展之路已经成为时代的必然选择。

高校能否实现高质量发展，高校教师队伍质量是关键因素。创新方式，加强教师队伍建设是高校实现高质量发展的关键。党的十八大报告特别强调要加强教师队伍建设，提高师德水平和业务能力，增强教师教书育人的荣誉感和责任感。2010年7月，中共中央、国务院颁布实施《国家中长期教育改革和发展规划纲要（2010—2020年）》，其中提出，要"努力造就一支师德高尚、业务精湛、结构合理、充满活力的高素质专业化教师队伍"[①]。2018年1月，中共中央、国务院发布《关于全面深化新时代教师队伍建设改革的意见》，提出要"全面提高高校教师质量、建设一支高素质创新型教师队伍的目标"[②]。高校要实现高质量发展，必须创新教育方式，着力提升教师的专业水平，教师水平是夯实教学科研基础，推进教育事业高质量、可持续发展的强大生命力源泉，高校要确保有一支能适应高质量发展要求的高水平、高层次教师队伍，鼓励、支持和帮助教师向更高水平不断挑战。同时，高校要加强院系教学组织等学习共同体建设，建立健全教师"传帮带"机制；组织搭建教师发展平台，积极开展教学研修活动，推进教学改革与创新；全面开展教师教学能力提升培训，着力提高教师专业能力，推进高质量发展。[③]

（三）新的时代特征要求高校突出道德在教师管理中的地位

高质量的高等教育是人民美好生活需求的重要内容，我国虽然已经是高等教育大国，高等教育的国际影响力日益增强，但与世界高水平大学、现代化强国标准、社会需求和人民期待相比，还有一定的差距，高等教育发展不平衡不充分的问题也仍然存在。因此，高等教育必须把建设社会主义现代化强国和满足人民对美好生活的需要作为出发点和落脚点，"把教育事业放在优先位置，加快教育现代化，办好人民满意的教育"，"加快一流大学和一流学科建设，实现高等教育内涵式发展"[④]，必须与人才强国、科教兴国、创新驱动、乡村振兴等国家战略深度融合，与服务地方经济社会发展紧密结合，与引领国际学术前沿统一起来，为实现强国目标、解决社会主要矛盾发挥应有作用，为实现中华民族伟大复兴提供有力的人才支撑和智力支持。[⑤]

---

① 国家中长期教育改革和发展规划纲要（2010—2020年）[J].中国民族教育，2010（Z1）：7-21.

② 中共中央　国务院关于全面深化新时代教师队伍建设改革的意见[N].人民日报，2018-02-01（1）.

③ 钟晓敏.新时代高等教育高质量发展论析[J].中国高教研究，2020（5）：90-94.

④ 习近平.决胜全面建成小康社会 夺取新时代中国特色社会主义伟大胜利：在中国共产党第十九次全国代表大会上的报告[J].思想政治工作研究，2017（11）：33-52.

⑤ 陈永正.以习近平新时代中国特色社会主义思想指引"双一流"建设[J].国家教育行政学院学报，2017（11）：3-8.

在我国建设"双一流"高校的背景下，道德在高校管理中的地位不容忽视。首先管理道德是从管理规范到管理德行的中介。高校管理者要对外在规范进行内化，成就自身管理道德，从对外在规范的被动遵从变为统摄于管理道德之下的自觉行为。正是在道德的作用下，"知当然与行当然开始相互衔接；作为同一主体的不同存在形态，知当然与行当然获得了内在的统一性"。[①]

管理是一种实践活动，管理道德具有实践性，它要通过人们的情感、态度尤其是活动体现出来，对高校的管理理念、管理文化、管理活动等均具有好的导向和规范作用。与法律、制度、政策等的强制规范作用不同，道德的规范和导向作用通常是以未意识到的动机对高校管理者的管理活动发生作用，也可以说是一种心理定式或意向性。

就高校管理整体而言，管理道德主要体现在管理文化当中，通过组织文化和管理文化发生着潜移默化的作用，规范着高校内部的管理者、教师等群体，使共同体成员在共同的行动中形成共同的伦理价值观，提高其认同感，造就大学的有序、和谐[②]。

二、高校教师管理道德存在的主要问题

（一）高校教师管理理念忽视了教师的主体地位

高校管理的性质源于高校组织的性质。高校是特殊的学术性组织，"大学者，研究高深学问者也"。高校的基本职能是培养人才，高校管理应为教学、科研、教书育人服务，不应为管理而管理。[③]高校教师管理过程中双方之间的关系表现为作为主体的人之间的活动，具有很强的交互性。管理者、教师都是作为能动主体参与到管理活动中，管理者、教师融合于管理活动之中，发挥各自的主体性和创造性，通过管理过程中的相互协调，最终实现管理预期。高校教师管理活动是建立在主体间交往关系之上，以管理目的为桥梁的相互对话、沟通与理解的过程。高校教师成为能动的管理主体，在参与管理活动的过程中追求个性张扬、寻求自我价值和自我实现的意义，管理活动的双方作为对等的主体进行理解与对话。从这个意义上讲，高校教师管理就是管理者与被管理者双向主体互动的过程。在相互信任的基础上，二者以改进教学、改进科研、促进教师个体发展为目的展开对话。

但是由于内外部各种因素的影响，当前我国高校教师管理的实践中，部分管理者囿于"权位意识"，存在将管理对象客体化，忽视教师主体地位的现象。管理者"官本位"意识的根深蒂固，导致管理服务主体错位。在我国高校，"人们普遍缺乏一种对科学与

---

①　杨国荣.建立德性与规范相统一的道德运行机制［J］.毛泽东邓小平理论研究，2005（3）：50-53.

②　李斌琴.一流大学需要一流的管理德性［J］.现代教育管理，2018（3）：30-35.有修改.

③　李斌琴.一流大学需要一流的管理德性［J］.现代教育管理，2018（3）：30-35.

学地位术的敬畏之心和虔诚之心，取而代之的是对'行政权威'的羡慕"①。而且，许多管理者信仰"行政至上""权力至上""权威主义"，这些思想观念必然滋长高校教师管理者的长官意识、官僚习气，部分高校教师管理者服务意识缺乏，甚至存在"门难进、脸难看、事难办"的"衙门"作风。高校教师管理者这种不正当的"权位意识"与热衷于对权力的追逐，使教师"敬而远之"，"权力"也因此失去了信任的支撑。同时，单向制约环境下的人员关系，往往是单向制约的组织关系的延伸及人格化。在现行高校教师管理的机制下，管理者的人格力量被刚性的管理制度所掩盖，作用被弱化为可有可无。高校管理者人格力量的失调加深了教师对"权力"的不信任，进而导致在高校中占主流的人际关系，是依据个人身份、地位而维系的单向制约关系，也即被社会各界所批评的"大学衙门化"。多年身处体制下服从自上而下单向度权力的教师，既失去了社会空间中的文化引领地位；又面临着身份与契约认同的矛盾，是否能摆脱权力结构及向度的影响，有清晰的自我省察和伦理规范，很难判断。②官僚化的高校教师管理制度和管理方式，对教师应有的民主权利的轻视和剥夺，会使教师很难对管理者产生敬佩之情。正如库利所说，"个体如果面对一个他觉得不能信任的人，他会在付出爱和奉献时退缩，同样，他也不会对一个不稳定的职位付出忠诚"③。

　　高校"规范化"的管理模式导致教师对高校和管理者单向度的依顺与服从，教师参与管理少，教师主体地位也逐渐丧失。由于我国特殊的国情以及高等教育发展的特殊历史背景和历程，我国高校教师管理追求的往往是一种有序管理，教师管理仅着眼于"管"的角度，把"控制教师"作为根本的价值诉求，实行定岗、定编、定责，按照统一的规范，对高校教师进行自上而下，逐层布控，它制造了一个"全景敞视"场域、一个被"宰制的空间"。④在这种管理体制下，教师难以充分发挥自身的潜能和才华，甚而因长期的管制而逐渐丧失了个性。而且，由于长期被"规范化"管理，在治学治校中没有发言权，教师们逐渐遗忘了自身作为学校主体的存在，也逐渐丧失了积极、自主而又充满责任的工作激情，并最终将自己定位为学校的"雇员"或"打工仔。"⑤在高校教师管理实践中，管理对象客体化的错误观念致使大部分教师的参与意识不强。教师参与学校管理严重不足是一个由来已久的深重顽疾，教师参与学校管理不足的问题可归为以下两类。第一类是教师没有被赋权，在学校管理中是零参与。部分学校仍然只是简单粗暴地将教师作为被管理者，对学校管理的规范、制度，教师更多的是执行和遵守，无法表达自己的意愿和诉求。教师既没有参与学校管理的机会，也没有发声表达自己权利的

①　吴增基.论我国高校的官本位倾向及其克服的条件［J］.学术界，2006（6）：261-267.

②　杨旻.公共空间视角中大学教师管理的困境与突破［J］.当代教育科学，2010（9）：43-46.

③　查尔斯·霍顿·库利.社会过程［M］.洪小良，等译.北京：华夏出版社，2000：115.

④　彭湃.大学之治：道德领导的思维向度［J］.高等教育研究，2005（7）：28-33.

⑤　陶珑.论当前中国高校教师的道德失范及应对之策［J］.理论与改革，2009（2）：119-122.

机会。第二类是教师被"假赋权"，在学校管理中是假参与。不少学校存在形式上的教师赋权，教师看似享有参与学校管理的机会，但他们能发挥的影响和作用少之又少，最终的决策权都掌握在管理者手里，管理决策并非所有参与主体在一种公平、对话、理解的基础上作出的。教师被外在的制度规定、被他人的意志奴役，长此以往，这种现状将导致教师群体主体性的彻底丧失。

（二）高校教师管理机制忽视了教师的道德建设

2014 年，教育部颁布的《关于建立健全高校师德建设长效机制的意见》从顶层设计的层面对高校师德建设的长效机制提出了相应的意见和措施。我国大部分高校构建了符合自身学校发展的具体实施办法，但从整体上看，当前我国高校师德建设的具体内容仍然存在不完善的地方，主要表现在以下五个方面。

第一，在高校师德教育机制方面，虽然将师德教育摆在了教师教育的首要位置，但部分高校缺少将师德教育贯穿教师职业生涯全过程的措施和方法。没有将师德教育与教师的培训、教学科研工作的开展、校园文化建设、社会服务活动以及党支部教育培训活动结合起来，使得师德教育机制流于形式，缺少相应的载体作为依托。

第二，在高校师德宣传机制方面，部分高校存在师德宣传理念、技术应用手段和人员配备较为落后的状况。虽然一些高校使用学校网站和一些新媒体平台进行了优秀师德文化宣传，但在使用新媒体平台进行先进师德文化宣传时，形式相对较为单一，内容也比较枯燥，缺乏与时俱进的感召性和引导性，很难入心入脑。部分高校缺少多样化的师德宣传文化活动，虽然会不定期举办各种师德师风宣讲活动，但教师的参与度不高，活动效果也不明显。部分高校对"全国教书育人楷模""师德先进个人""师德标兵"等先进师德典范宣传不到位，只是通过校园新闻报道等形式进行宣传，没有深刻挖掘其中的好思想、好经验，没有相应的配套文化宣传活动，最后宣传的深度和广度都达不到理想的效果。

第三，在高校师德考核机制方面，部分高校缺乏科学有效的教师准入机制以及资格认证机制，无法在人才引进过程中对求职者的师德状况进行科学、准确的考核，没有把好教师引进的"入口关"，导致部分师德素质不合格的教师流入高校教师队伍。部分高校没有将师德考核贯穿于教师专业技术职务评选与聘任的全过程，在教师进行专业职务评选以及职务聘任等环节，由于缺乏相应的诚信机制、审查机制等，对教师的师德状况没有做出有效的考核。另外，还有部分高校没有充分尊重教师的主体地位，更多的是依靠学生对教师的教学情况进行考核评价所产生的结果为依据，对教师的师德状况进行考核，在一定程度上缺乏科学性。

第四，在高校师德监督机制方面，部分高校在师德监督工作方面履行职责不到位。对师德失范问题监督举报电话、邮箱等没有进行广泛宣传，大部分的教师和学生对本校的师德失范问题举报流程不熟悉，当遇到教师发生师德失范状况时，不知道怎样通过有效的途径进行解决。此外，学生、家长、社会等高等教育的利益相关者对高校的师德监督也未形成规范化的体系，一般是个人或社会媒体对发生的师德失范现象进行曝光之后，高校相关部门才会进行跟进处理和解决，没有形成有效的日常监督机制，没有起到防微杜渐的作用。

第五，在高校师德奖惩机制方面，部分高校没有将教师的师德表现作为评优评先的首要标准。高校对获得"师德标兵""师德先进个人"等荣誉称号的师德模范教师，多以精神、荣誉奖励为主，物质奖励与支持力度较小。在惩处机制方面，对具体的师德失范行为及与其对应的惩处办法定义较为宽泛，缺乏针对性。

（三）高校教师管理过程忽视了教师的权益保护

习近平总书记指出，"各级党委和政府要从战略高度来认识教师工作的极端重要性，把加强教师队伍建设作为基础工作来抓，满腔热情关心教师，改善教师待遇，关心教师健康，维护教师权益，充分信任、紧紧依靠广大教师，支持优秀人才长期从教、终身从教，使教师成为最受社会尊重的职业"[①]。近年来，我国高校普遍探索、推行聘任制并逐步构建起了具有中国特色的高校教师聘任制度，高校和教师之间形成了多元的复杂关系。但聘任制改革推行并不够彻底，导致高校教师管理过程中，经常会出现教师权益受损的情况，如教师的教学权行使困难、科研学术权发生异化、指导评定权面临尴尬、参与管理权受到限制等。

第一，高校教师教学权行使困难。高校教师的教学安排会受到行政决策的影响，课程教授的自主权和积极性也可能会因此受到影响。学院教学委员会、教研室（组）等组织统筹讨论、制订培养方案和教学大纲，有利于保证人才培养的专业性、科学性和一致性，尤其是对青年教师而言，可以使他们更好更快地了解教学现状和内容。但在此过程中经常会出现院系领导为盲目追求专业课程数量而导致与授课教师专业或研究方向不匹配的课程，或者不同课程的授课内容出现大比例重复等问题，会制约教师的积极性和主动性。如果授课内容刻板遵守教学大纲，那么就可能导致高校教师无法根据教育教学实践的变化自主调整教学内容和考核方式。

第二，高校教师科研学术权发生异化。在当前的科研考核和评价制度下，高校教师的科研学术权很大程度上发生了异化，背离了学术研究的初衷，功利性、强制性、指标性科研使很多教师，尤其是青年教师苦不堪言。当前科研项目的申请立项、审批考核制度烦琐且机械，这为高校教师顺利开展科研工作设置了很多障碍。申请不同级别的项目要经过层层筛选，级别越高的项目等待的时间成本越大，且审核过程中外行审核内行的现象屡见不鲜，由科研项目而产生的腐败问题也时有发生。部分高校为追求量化排名对

---

① 习近平. 做党和人民满意的好老师：同北京师范大学师生代表座谈时的讲话 [J]. 中国高等教育，2014（18）：4-7.

教师施加科研指标压力，教师被动科研的压力增大。无论是国内外的大学排行榜还是我国的"双一流"大学建设，都把科研成果数量作为一个重要的评价指标甚至是最重要的指标，其初衷是激励高校产出更多高质量的科研成果，但在实践中有时却成为束缚高校教师学术自由及教学科研工作的枷锁。在将科研成果数量指标纳入教师评价考核制度的压力下，部分高校教师只求数量而忽视科研成果的质量，被动性、功利性科研严重扭曲了学术活动的真实性、客观性、自由性本质，而且可能会严重影响教师的教学工作。

第三，高校教师指导评定权面临尴尬。教学指导与评定既是教师的权利，也是教师的职责。但目前部分高校教师的指导评定权受到了很大限制，甚至面临着一些尴尬。我国多数高校都在教师教学评价中引入了学生评教制度，并赋予了学生评教得分较大的权重，导致一些教师担心学生打低分而不敢对学生严格要求，教学指导与评定形同虚设；有的教师在行使评价权利时完全按照考试成绩或凭感觉打分，完全背离过程性评价的要求，造成评价结果无参考依据、学生与教师关系出现对立等不良现象。在关乎学生毕业问题的论文答辩中，有的教师有时迫于校方或学院压力，从而降低对毕业论文的要求。而当学生的学习表现确实达不到规定要求，教师行使评定权给予低评价时，有的学校会因学生做出的负面评价等行为向教师施压，以此让教师修改评价。在评教制度、学生中心及行政权力等多重因素的影响下，缺乏相应制度保障的教师指导评定权陷入尴尬境地。

第四，高校教师参与管理权受到限制。高校教师作为教育者以及科研学术队伍的核心人员，在高校人力资源队伍中具有重要地位，参与学校及院系的管理工作不仅是法律赋予的权利，而且是其职业身份所决定的职责。但在当前我国的高校管理实践中，行政管理队伍与教师队伍分离、行政权力高于学术权力仍旧存在，这种行政主导的管理模式严重阻碍了高校教师有效参与学校管理，甚至会导致教师对行政管理人员产生抵触心理，进而影响教师的归属感、认同感和成就感。

（四）高校教师管理方式忽视了道德的激励作用

长期以来，我国教育行政机构多采用以行政权力为中心的管理模式。高校作为被管理单位，为了保证政策的有效性和统一性，也设置与行政机构相对应的组织机构、运行相同的管理模式。此种行政机构的设置模式及权力运行方式，导致高校的所有事务都必须依靠行政权力进行管理，造成行政权力越权侵占学术权力等其他职权，必然引起权力泛化及行政管理理念的膨胀。尽管有很多学者也提出高校应进行"去中心化管理""去行政化"，但是由于行政管理体制创新改革实践力度不大、行政管理机构的利益关系复杂，导致高校为了避免触碰相关利益群体的特殊利益，在改革过程中一直采用政府的科层管理机制。[①] 以科层制为取向的高校教师管理主要具有以下三个特征：第一，学校中

---

① 贾云飞.高校行政管理伦理失范分析及其规范对策［J］.黑龙江高教研究，2018，36（10）：75-78.

的每个成员分属于不同的等级之中，每一个层级中的每一个职位的业务范围、工作程序、行为标准以及学校系统内的各部门的职责及相互关系，都以制度的形式确定下来，使得学校中的各项工作都有法可依。第二，每个教师接受组织分配的任务，并按分工原则完成自己的岗位职责；教师凭自己的专业所长、技术能力获得工作机会、享受工资报酬；学校按教师的技术资格授予其某个职位，并根据教师的工作成绩与资历条件决定其晋升与加薪，从而促进个人工作尽心尽职，保证学校组织效率的提高。第三，教师的一切行为都要接受来自上级行政领导的指示与控制，对教师行为的评价要视其是否与学校现存的各项制度规定相一致。[①] 现代科层制是基于工具理性构建起来的，它排斥了正向道德价值因素的介入。当科层组织惯用的统一要求、行政命令、集权统治等方式开始在高校日益盛行、当这些手段被不加节制地滥用时，道德的激励功能丧失，教师发展受限，突出地反映在以下两个方面。

一方面，高校科层管理方式导致教师片面发展。正如韦伯所认为的那样："科层制能使组织规模成长壮大，能使控制加强，能使效率提高，这是一种进步，但它需要付出精神或情感方面的深重代价。""对自发情感的满足和欢乐被合理而系统地服从于科层制机构的狭窄的专业要求所淹没。"[②] 在高校教师科层管理模式下，教师的一切行动都要听命于管理层的某种指令，人的情感、内心精神需求、本能、愿望和创造力都受到压抑，使人逐渐丧失了自我和个性。且管理者与被管理者之间壁垒分明、分工明确，彼此的"物理"与"心理"距离明显。教师越来越远离个人主体的经验生活，丧失对高校存在意义的理解，更助长了社会物化、异化与工具理性膨胀的后果。"管理行政的官僚制设计本身就留下了道德空场，它让那些秉公苦干、朴素无华的人得不到重视，吹牛拍马、圆滑投机者屡屡升迁，行政权力的等级制度日益助长瞒上压下、等级森严，组织结构的部门化使擅长争功诿过的人总是站在功绩制的浪尖上。"[③] 高校现行的科层管理不仅压抑教师情感的抒发，更使得教师逐渐远离自身真实的实体，只潜心于非人性化的规则和程序，而无法从自我的道德意识去思索组织的目标和原则，背离了人性的本质，导致教师的片面发展。

另一方面，高校教师管理过度依赖外在动机的激励和强势管理，导致教师缺乏创造性。教师的工作动机主要是"外在的收获"，即各种经济收益或非经济性的荣誉获得等，驱动力来自外部激励或惩处，导致教师的行为选择就必然为"计算自我得失"所左右，从而忽略了自身的责任与义务。作为实现特定目的的执行力量，高校教师管理者往往通过命令、指示、决议等方式要求下属服从与执行，如果这个意志被违抗，强制性就会显示其力量，以"服从命令，遵守纪律"为最高控制原则，照章办事，排斥人格化因素的

---

① 张开洪，等. 反思与重构：大学制度伦理研究［M］. 郑州：河南人民出版社，2010：12.

② D. P. 约翰逊. 社会学理论［M］. 南开大学社会学系，译. 北京：国际文化公司，1988：292.

③ 张康之. 寻找公共行政的伦理视角［M］. 北京：中国人民大学出版社，2002：17.

影响。一切管理手段都是指向秩序的稳定，高校教师管理的理想境界就是各项工作井然有序。这种对秩序的过度关注必然导致管理上的守旧，在管理职能上只求维持与稳定、不讲创造与改革。因为任何创新都必然会打破旧有的秩序，一切改革都要以暂时的风险为代价。创新之举往往遭遇压制，改革措施常常受到排斥。在规范与稳定的旗号下，高校教师管理被限定为一种近乎机械、刻板、程式化的活动，教师的创造性则被无情地扼杀了。

三、高校教师管理道德建设原则与路径

（一）高校教师管理道德建设原则

1. 民主原则

民主，是社会主义始终高扬的旗帜，也是社会主义优越性的根本体现。民主既是一种价值理念，又是一种政治实践和制度安排。作为人类共同的政治理想，民主既带有普遍性，又是历史的、具体的、相对的。社会主义民主相对于其他民主形式，有其独特的优越性：一是从所有权意义上说，社会主义民主建立在生产资料公有制基础上，是一种真正实现大多数人享受的民主制度；二是从利益角度而言，社会主义民主要求发展和维护人民的根本利益；三是从效率上讲，中国特色社会主义民主有利于发挥集中力量办大事、提高效率办成事的政治优势。民主不仅是一种政治原则，也是一种伦理要求。管理民主化已成为我国高校管理理论和实践的取向，体现了高校管理的伦理价值取向，是全员参与高校管理活动的激励环境和制度保障。民主是通往至高、至善的高校教师管理德性的必由之路。对于高校管理的民主化来说，最重要的环节是决策的民主化。建立开放的决策系统和程序是高校管理民主化的重要途径和表现。建立开放的决策系统和程序，可以让理性的反对意见和质疑能够被接受，让管理更加公正、透明，同时也是民主机制自身纠错的过程。高校要提升教师管理道德，就必须遵循民主的伦理要求，建立健全教师管理制度，改变单一的考核方式带来的部分管理人员盲目追求部门利益和政绩，忽视教师利益的官僚作风。

2. 和谐原则

和谐，是中华民族传统文化的核心理念。作为社会主义核心价值观的重要组成部分，和谐的内涵可以从以下三个方面把握：就一般事物而言，和谐是事物存在的一种辩证关系的积极展现；就社会形态的特征而言，和谐是中国特色社会主义的本质属性；就人类历史的未来发展而言，和谐世界是人类共同的价值追求。社会主义和谐观的具体内容主要包括三个方面：一是人与人的和谐，即社会关系的和谐；二是人与自然的和谐，即人是自然的一部分，自然是人类生存和发展的基础；三是国际关系的和谐，即不仅体现为对内提出构建和谐社会，对外也主张共建和谐世界。[①] 构建和谐社会与人的全面发

---

① 梁文侠.哲学与人生［M］.2 版.北京：中国劳动社会保障出版社，2018：1.

展是一个互动共进的历史程序，和谐是符合时代的、共同的、普遍意义的伦理精神，体现了现代社会的诉求。和谐是社会制度中具有普遍意义的伦理原则——公平、公正的具体呈现，也是高校教师管理的一个重要伦理精神或价值追求。和谐的高校教师群体是当代高校发展与高等教育运行的基本要求，也是民族兴旺的基本保障。

3. 人本原则

从高校教师群体来看，"以人为本"既是一种现代高校教师管理理念，也是教师个体权利保障的基本要求，即内部伦理诉求。注重人本原则在管理中的地位和作用是 20 世纪管理理论发展的主要特征之一。作为一种伦理诉求，人本的意义在于特定群体作为社会人与自然人存在的事实合理性。高校教师职业的社会定位和高校教师群体的职业权利与义务、高校教师在社会中的行为及其影响等，已经成为了高校教师管理制度人本的重点。同时，高校教师职业是教师生存、生活与发展的领域，为高校教师提供了可能的生存空间和发展空间，也成为了高校教师管理制度具有人本原则的关键。在高校教师管理中遵循人本原则，就是要确立教师在管理中的主体地位，尊重教师的个性和需要，重视教师的价值和利益，将教师的专业成长和全面发展作为教师管理的首要目标。

4. 公正原则

高校教师管理要遵循公正的原则，意味着高校在管理教师的过程中，既要注重起点的公平，也要注重结果的正义。具体而言，就是高校教师管理应做到四个坚持。一是坚持权利与义务的统一。教师既享有正当的权利，又有尊重他人正当权利的义务。在教师管理的过程中，一方面要承认教师个人权利的合理性，另一方面又要确立正确的义务观念。二是坚持使用合理、公平的利益分配尺度。在教师管理的过程中，教师履行了一定的道德义务后，应该得到高校的酬劳。要杜绝靠关系、权力、弄虚作假等行为获取利益的做法。三是坚持公共利益不容侵犯的原则。要保证伦理上的公正就必须使公共利益不受损害，因为公共利益不属于任何个人，而是所有人共有的，任何个人都没有破坏、独占的权力。四是坚持做到仁爱和宽容。公正原则的伦理学实质就在于它体现了"道德金律"的基本要求：像你期望别人对待自我的方式一样对待别人，并在此基础上仁爱和宽恕众人。高校教师管理者应根据每一位教师的能力和特点，帮助其实现职业发展目标，让蕴藏在教师内心深处的价值实现感、事业心，以及自尊、自爱、自强心理与主动性、创造性，自然地倾泻出来，使他们在一个良性竞争的环境中得到精神上的认可。

5. 平等原则

平等原则实质上是说每个人都能够享有相同的权利。伦理学认为权利平等原则有两层含义：一是人人所享有的基本权利应该完全平等，即完全平等原则；二是人人所享有的非基本权利应该比例持平，即比例平等原则。[①]

---

① 陈春萍，龙静云.论高校人力资源管理的伦理原则 [J].北京工业大学学报（社会科学版），2004（1）：91-96.

高校教师管理至少应做到以下五个方面的平等。一是权利平等。所有高校教师都平等地享有《中华人民共和国宪法》《中华人民共和国教育法》《中华人民共和国教师法》《中华人民共和国高等教育法》等法律所规定的基本权利。二是人格平等。在高校教师管理中，虽然管理者与被管理者在职务上有高低、年龄上有大小、专业上有差异，但在人格上是平等的。三是义务平等。义务是权利的"孪生姐妹"，它们相互联系，互为因果，没有无权利的义务，也没有无义务的权利。四是机会平等。每位教师都平等地享有发展和发挥自身才干、使用学校软硬件资源及参加各种学习和培训的机会等。五是分配平等。分配平等充分体现了按教师的具体贡献进行差别分配的比例平等原则。

（二）高校教师管理道德建设路径

道德的实现必然依赖一定的路径。要切实发挥高校教师管理道德的规范和导向功能，高校需要从管理理念、管理制度、管理过程与管理方式四个方面寻求变革和突破。

1. 更新管理理念，以人为本、以德为先

管理是行动的哲学，理念是行动的先导。管理活动是在一定的环境中进行的，难免会受到环境及管理者自身管理理念的影响。没有先进的管理理念，高校管理将目标模糊、措施不力，甚至迷失方向，管理道德也将无所依从。[①] 管理者一方面应遵循以人为本的原则，在具体的管理实践中按照人性化、科学化的方式开展工作，另一方面应坚持以德为先，及时预判师德建设中可能会出现的问题。

高校教师既是高校管理的对象，也是高校管理的主体。这就要求高校在教师管理过程中更多地考虑"人"的因素，增强服务意识。高校教师管理要树立管理服务学术及学校其他各项工作的理念，坚持"和谐、人本"的价值观，尊重知识和人才。树立"服务"的管理理念有利于融洽管理者与被管理者之间的关系，缩短二者的心理距离，提升教师爱校荣校的意识和形成人人参与管理、实现组织目的和自身价值的共识，激发管理活力。从"管理"到"服务"是现代高校管理的应有之义，服务精神和服务能力是高校管理道德的重要体现。[②]

[拓展阅读]
北京师范大学教师管理道德建设路径

高校要将强化教师思想政治素质和师德师风建设作为首要任务，将师德师风作为教师招聘引进、职称评审、岗位聘用、导师遴选、评优奖励、聘期考核、项目申报等的首要要求和第一标准，将师德建设与师德考核贯穿教师管理和职业发展的全过程。同时，高校要建立健全师德建设长效机制，加强师德教育，加大优秀师德典型宣传力度，完善师德考评制度，预判师德建设面临的发展困境，做好充分的准备，以应对相关风险。高校必须坚持社会主义办学方向不动摇，处理好忧患意识和底线思维的辩证关系，既要时

---

① 李斌琴. 一流大学需要一流的管理德性［J］. 现代教育管理，2018（3）：30-35.
② 李斌琴. 一流大学需要一流的管理德性［J］. 现代教育管理，2018（3）：30-35.

刻警惕社会不良思想可能带来的风险，严防师德问题的出现，又要避免过度夸大师德问题和社会不良思想的风险所引起的恐慌和焦虑。[①]

2. 完善管理制度，刚柔相济、德行并重

当前我国高校教师管理制度的建构理应彰显对高等教育本质和特性的关照，如何建立和完善教师管理制度伦理是高校教师管理必须关注的问题。高校教师管理制度伦理的建构应包含两个方面：一方面，在高校教师管理制度安排中有道德化的合理规范，包含道德实现的保障机制；另一方面，已经确立的高校教师管理制度应当有利于道德因素的生成和成长，能够对高校教师管理者道德修养的提高产生激励作用。[②] 如此才能使高校教师管理制度得以顺利实施，也才能使高校教师管理真正实现道德管理。

［拓展阅读］
渤海大学高校教师管理制度

《中华人民共和国教育法》规定，学校及其他教育机构应当按照国家有关规定，通过以教师为主体的教职工代表大会等组织形式，保障教职工参与民主管理和监督。《中华人民共和国高等教育法》规定，高等学校通过以教师为主体的教职工代表大会等组织形式，依法保障教职工参与民主管理和监督，维护教职工合法权益。高等学校设立学术委员会，其中与高校教学有关的如下：（1）高等学校应当充分发挥学术委员会在学科建设、学术评价、学术发展和学风建设等事项上的重要作用，完善学术管理的体制、制度和规范，积极探索教授治学的有效途径，尊重并支持学术委员会独立行使职权，并为学术委员会正常开展工作提供必要的条件保障。（2）高等学校学术委员会应当遵循学术规律，尊重学术自由、学术平等，鼓励学术创新，促进学术发展和人才培养，提高学术质量；应当公平、公正、公开地履行职责，保障教师、科研人员和学生在教学、科研和学术事务管理中充分发挥主体作用，促进学校科学发展。《高等学校章程制定暂行办法》规定，高校章程应当维护师生员工通过教职工代表大会、学生代表大会参与学校相关事项的民主决策、实施监督的权利。《学校教职工代表大会规定》明确提出，学校教职工代表大会是教职工依法参与学校民主管理和监督的基本形式。由此可见，我国教师参与管理有法律依据，其中教师代表大会、学术委员会是教师参与的基本组织形式。[③] 尤其是教师代表大会已经成为高校治理中教师参与面最广、参与数和参与比例最多的一种形式。[④] 因此高校在教师管理过程中，必须严格遵守相关法律法规的要求，定期召开教师

① 黄建榕，郭娟梅．底线思维视域下新时代高校师德建设研究［J］．学校党建与思想教育，2021（2）：26-28.

② 张康之．寻找公共行政的伦理视角［M］．北京：中国人民大学出版社，2002：17.

③ 赵凤娟．美国高校教师参与管理的理念、形式及其借鉴意义［J］．东岳论丛，2011，32（10）：170-172.

④ 于海棠．高校教代会中教师代表参与的张力及其限度：以某地方综合性大学为例［J］．高校教育管理，2013，7（1）：27-33.

代表大会，组建符合规定的学术委员会，并严格落实相关要求，切实保障教师的合法权益。

2016 年 3 月，中共中央印发《关于深化人才发展体制机制改革的意见》，2018 年 1 月，中共中央、国务院印发《关于全面深化新时代教师队伍建设改革的意见》，2018 年 2 月，中共中央办公厅、国务院办公厅印发《关于分类推进人才评价机制改革的指导意见》，这些文件都高度强调了对高校教师的评价，应该坚持以德为先、德行并重，为高校教师评价工作指明了方向。高校应结合本校的实际，进一步完善教师评价制度，以激励教师成长发展。一方面，教师评价体系要科学、合理、有效。教师评价要坚持师德师风考核一票否决制；评价主体多元化，社会评价、学校评价、学生评价和自我评价相结合；评价方式应根据实际情况使用定量评价或定性评价，要条理清晰。另一方面，教师评价要具有有效性。评价结果要能够激励高校教师，高校应该在岗位评聘、年度考核、评优奖励中，优先考虑潜心学术、严谨治学、研究领域集中、出精品成果、应用转化效果好的教师，不断完善职工福利津贴制度、效益奖励制度、住房保障制度、晋级晋职制度，想方设法改善教师待遇，解决其后顾之忧，使他们安心工作，全身心投入到教学和科研中。[①]

3. 优化管理过程，以德服人，以德育人

罗斯特认为管理所涉及的伦理学不外乎两大领域，即"过程"与"内容"。管理的"过程"涉及人与人（特别是领导、管理者与其成员）之间的互动关系是否符合道德原则，所关心的是彼此互动时权力的关系、道德原则的运用、对他人的责任与义务等；管理的"内容"则关心管理者作出的决定与主张的立场是否为道德上可接受的，主要考量决定的内容是否符合协助人的发展原则，涉及管理者的品格、对与错的规范以及道德的原则与信念。若以"过程"与"内容"两大领域加以组合，就可以划分成管理伦理学的四个象限，包括非伦理的过程、非伦理的内容，非伦理的过程、伦理的内容，伦理的过程、非伦理的内容以及伦理的过程、伦理的内容[②]。

就高校教师管理道德而言，其所涉及的伦理学包含过程与内容两个方面。高校教师管理者要成为道德管理者，就必须使自身管理的过程与内容道德化。它要求高校教师管理者以道德主体的身份出现，在其管理行为中，时时处处秉持伦理道德原则来处理高校教师管理事务；要坚持以身作则的管理原则，在管理工作中率先垂范，不断锤炼、提升自身的道德水平；要积极发展符合伦理价值与教育标准的高校教师管理的共同愿景，建构反思并分享的高校教师管理伦理文化，勇于反省、批判及改善高校教师管理中不合理的作为；要以高校教师的整体利益为优先考量，不因私而忘

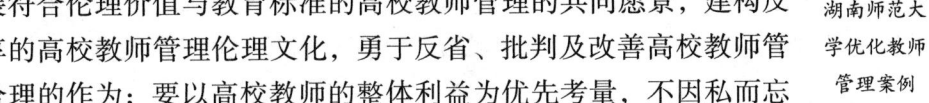

［拓展阅读］
湖南师范大学优化教师管理案例

① 张迪. 高校教师职业道德内化促成机制探究［J］. 学校党建与思想教育，2016（12）：86-88.

② ROST J C. Leadership for the twenty-first century[M]. Westport, CT: Praeger, 1993: 154.

公；要发挥道德关怀，服务于全体高校教师；要畅通沟通渠道，落实授权赋能等。

要想让高校往健康有序的方向发展，高校管理者首先要具备较高的道德素质。同时，为了达到管理的良好效果，高校教师管理应当先在高校内部建立有效的监督机制，让教师充分发挥民主监督作用，保证高校管理者在实施管理的过程中秉持公平、公正的态度。高校管理者在具体的工作过程中应当不断深入教师群体内部，掌握管理制度的具体实施情况，重视教师对现阶段管理措施的反馈意见和建议，有针对性地改进高校教师管理制度，这也是体现高校教师管理道德的过程。

4. 转变管理方式，以德自律、走向民主

高校管理方式多种多样，在高等教育走向高质量发展和"双一流"建设的背景下，高校应主动转变管理方式，积极营造一流的管理文化，实现管理民主化。

高校自身独特的文化身份和学术性决定了高校管理必然要崇尚尊重和理解。文化是孕育德性的"温床"，组织文化是传承和维持道德、伦理、价值观的工具，决定组织德性的发展。[①] 一流的大学往往有一流的管理文化，而一流的管理文化往往是有独特性的，这种独特性成就了大学的特色，凸显大学不同于政府、军队和企业的独特文化身份和管理特色。一流的大学管理文化包含以下丰富内涵：坚守管理为学术服务，崇尚以人为本；追求超越，拒绝平庸；崇尚民主、自由，但是又有"法"可依；崇尚大学为社会服务，但是又不为世俗所绑架。营造一流的管理文化，首先要加强伦理道德宣传，让高校的管理者及广大教师都能了解教育管理伦理道德建设的重要性。[②] 其次，要突破制度规范的技术层面，升华到文化软实力管理的境界。通过文化的渗透，提升高校教师共同认可的价值使命感和共同的道德情感，最终提高高校管理的效率。这也是高校教师由他律到自律，最终走向内心自由的必由之路。最后，要创设优良的高校管理道德环境氛围。一方面，高校的薪酬福利、进修培训、岗位评聘等，全都与教师的切身利益相关，这就要求高校管理者要全力为全体教师着想，努力改善教师的工作和生活条件，了解教师的意见和困难，排除其后顾之忧，将道德建设和解决教师的实际问题结合起来；另一方面，高校教师管理者也要不断加强效能建设，改进工作作风，简化办事程序，更加热情周到地为每一位教师服务，将高校教师道德建设工作和管理部门的管理及服务质量结合起来。

[拓展阅读]
北京科技大学教师管理方式的转变

管理民主化是高校管理理论和实践的共同取向，充分体现了高校管理的伦理价值。高校管理民主化是全员参与高校管理活动的激励环境和制度保障。高校管理民主化最直接的体现是教学与学术民主，其中最重要的环节是决策民主化，因此建立开放的决策系

---

① 李斌琴. 一流大学需要一流的管理德性 [J]. 现代教育管理，2018（3）：30-35.

② 尹贻伟，张志峰. 高等院校教育管理中的伦理道德缺失问题及对策 [J]. 教育与职业，2016（11）：23-25.

统和程序是高校管理民主化的重要途径和表现。建立开放的决策系统和程序，可以使高校管理更加公正、透明，同时也是民主机制自身纠错的过程。高校要提升自身的管理道德，一要坚持开放式管理，如校务开放、程序开放、人员开放、考评开放；二要建立高校重大事件例行通报制度，设立书记和校长信箱，广开言路，并及时反馈意见和建议的采纳情况，注意倾听教师的意见；三要实行决策程序公开，完善议事制度，并公布决策结果；四要建立健全师生对管理部门的民主问询和评议制度，推行师生对管理人员的民意测评制度。

【本章小结】

从基本内涵来看，高校教师管理道德的基本内核是伦理关系，其表现形式是行为规范，作用方式是价值评判，主体构成是"双主体式"。实现高校管理的道德化和伦理化，无论是对于教师的成长，还是对于高校的发展，都有重要的意义，并有助于"立德树人"这一教育根本任务的真正落实。当前，新的管理导向、新的发展阶段、新的时代特征都对高校教师管理道德提出了新的要求，要切实发挥高校教师管理道德的规范和导向功能，高校需要秉持民主、和谐、人本、公正和平等的原则，更新管理理念，以人为本以德为先；完善管理制度，刚柔并济德行并重；优化管理过程，以德服人以德育人；转变管理方式，以德自律走向民主。

【实践·反思·探究】

1. 为什么说高校教师管理道德的主体构成是"双主体式"？
2. 为什么说道德是高校教师管理的重要原则？
3. 当前我国高校教师管理道德的建设路径有哪些？

【推荐阅读】

1. 李晋.高校教师队伍建设与管理模式探究［M］.长春：吉林大学出版社，2021.

2. 宣勇，郝清杰.回望：大学校长口述［M］.北京：商务印书馆，2020.

3. 涂又光，雷洪德.教育哲学课堂实录［M］.武汉：华中科技大学出版社，2020.

4. 闫玮.高校现代人力资源管理之师资管理研究［M］.长春：吉林大学出版社，2020.

5. 朱九思，陈运超.谋与敢：朱九思口述史［M］.武汉：华中科技大学出版社，2019.

6. 张楚廷.改革路上：张楚廷口述史［M］.武汉：华中科技大学出版社，2019.

7. 赵映川 . 基于学术职业视角的高校教师薪酬制度研究［M］. 北京：高等教育出版社，2018.

8. 李青 . 高校师资管理研究［M］. 天津：天津大学出版社，2019.

9. 刘道玉 . 中国高等教育改革论［M］. 武汉：武汉大学出版社，2018.

10. 陈平原 . 大学有精神［M］. 北京：北京大学出版社，2016.

第七章　高校教师职业道德修养的过程和方法

【知识导图】

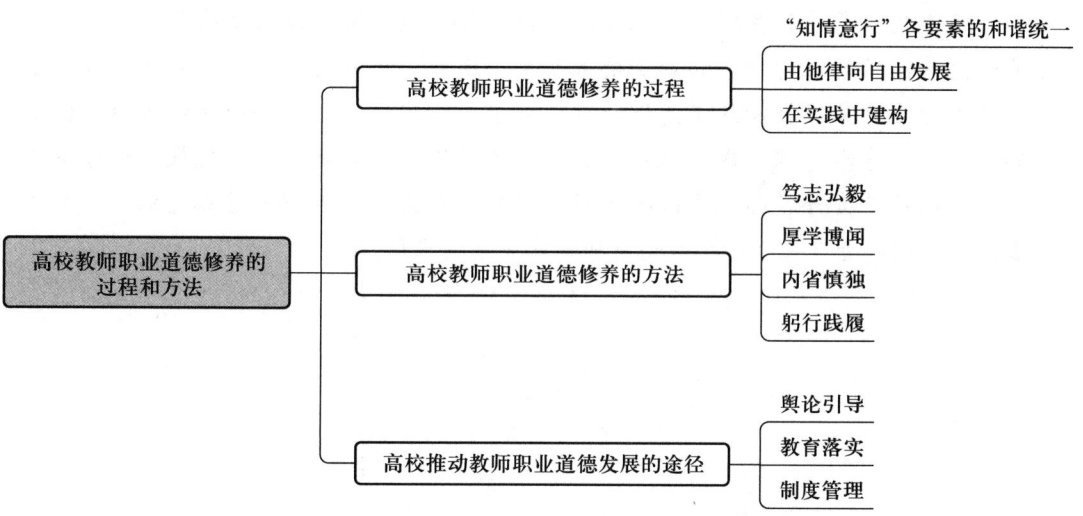

随着我国高等教育现代化进程的加快，作为教育实施者的高校教师，其职业道德修养的高低对社会的影响越来越大。因此，提升高校教师的职业道德修养，成为当前高校教师队伍建设的重中之重。从内部来说，高校教师可以通过笃志弘毅、厚学博闻、内省慎独、躬行践履促进自身的职业道德发展；从外部来说，高校是提升教师职业道德修养水平的重要力量，可以通过舆论引导、教育落实、制度管理三个途径推动教师的职业道德发展。

第一节　高校教师职业道德修养的过程

了解教师职业道德发展的基本规律，是高校教师进行职业道德修养的前提。根据相关理论的研究，高校教师职业道德的形成依赖知情意行各要素的协调发展，也受到外部诸多因素和要素的制约，更需要高校教师主体的自觉实践。

一、"知情意行"各要素的和谐统一

（一）"知情意行"是高校教师职业道德的基本构成要素

虽然关于道德品质要素的构成人们有不同的看法，但是能够为公众所普遍接受的观点是，把道德认识、道德情感、道德意志和道德行为等作为完整的品德结构的几个基本要素[①]，即"知情意行"。可以说，"知情意行"是道德人格的养成过程，也是道德人格的教育过程，即道德内化的主体必须具备一定的道德认识，在此基础上形成一种内心的道德情感，进而通过不断影响内心信念，才能在道德行为上做出正确的道德选择。

道德认识是高校教师对道德原则、行为规范以及社会观和人生观的认识和理解，是个体根据已经掌握的道德规范对他人及自身的道德品质进行的判断和评价。道德认识是高校教师品德自觉性的认识基础，对品德的各个要素起着理性调节作用。道德情感是高校教师根据一定的道德规范，处理各种关系和评价他人或自身行为时所蕴含的不同情感。道德情感是道德行为产生的重要推动力量，也是维持人们履行自觉行为的重要支撑力量。例如高校教师在帮助学生之后，学生对教师的感谢和点赞，会使教师心中产生了满足和欣慰，而这样的情感又再次强化了高校教师对帮助学生的道德认同感，促使他们去帮助更多学生。

道德意志是指人们在履行道德义务的过程中所表现出来的自觉克服一切困难和障碍的坚持精神，是调节和维持道德行为的力量。道德情感会促使道德意志的产生，而一旦形成了道德意志，高校教师就能克服偏见、诱惑和干扰，慎独自守。道德行为是高校教师在履行道德义务时做出的对他人、集体和社会的外部活动，是高校教师在道德意志的支配下，结合具体情境所采取的、有利于他人和社会的实际行动。道德行为是高校教师道德认识、道德情感、道德意志的外在表现，也是其道德认识、道德情感、道德意志得以发展的实践基础。道德行为是衡量高校教师道德品行高低的重要依据。

高校教师道德品质的"知情意行"不是孤立存在的，而是相互影响、相互作用的。在这个过程中，道德认识是基础，道德情感是动力，道德意志是支撑，道德行为是外在表现。

---

① 王道俊，郭文安.教育学［M］.7版.北京：人民教育出版社，2016：299.

（二）高校教师职业道德的形成是知情意行和谐统一的过程

道德认识是道德情感、道德意志、道德行为产生的基础，道德情感、道德意志、道德行为影响着道德认识的选择与判断；道德情感与道德意志是道德认识、道德行为的动力和支撑，道德情感的催化、道德意志的调节促进了道德行为的形成；同时，道德行为又可以巩固、发展道德认识，加深、丰富道德情感，加强、锻炼道德意志。因此，高校教师职业道德的形成和发展是知情意行和谐一致、均衡发展的过程。如果知情意行的发展失去了协调统一，某一方面有所偏离的话，那么彼此之间就会相互削弱，影响整体道德的形成和发展。如果片面强调道德认识的作用，则有可能出现言行脱节的后果。同样，如果只顾行为习惯的训练，而不懂得道德行为的依据，也会使道德行为灵活性的发展受到限制，甚至出现"好人办错事"的情况。完美理想的师德应是知、情、意、行统一的。仅有"知"而无"行"，道德认知就会失去其根本价值。由于从"知"到"行"存在着情感、意志等复杂的因素，因此知与行之间并不存在一一对应的因果关系。在心理学家看来，知行合一的道德行为背后一定含有情感、意志等其他重要的心理因素。其心理历程常常是：感知道德情境——道德的认知因素；产生相应的情感——道德的情感因素；思考如何行动——道德的智慧因素；采取实际行动——道德行为；坚持道德行为——道德的意志因素。通过这样的过程，就可以把社会要求的职业道德规范，变为高校教师个人的自觉行动。

例如，高校教师要形成高尚的学术道德品质，需要认识什么是学术道德规范，怎么坚持学术道德，什么行为违背了学术道德；然后通过一些相应的遵守学术道德规范的案例以及违背学术道德规范的案例产生相应的道德判断和道德情感；再通过一些思考和选择，在外部环境的共同作用下，做出一定的遵守学术规范的行为。最终，因为遵守学术规范获得好的行为结果，进一步强化了高校教师的学术道德认识、情感和意志，促使高校教师继续坚持学术道德规范。由此可以看出，高校教师的职业道德需要各种要素的和谐发展，也是内外部因素共同作用的结果。

要注意的是，高校教师职业道德的形成，并不一定都是道德认识—道德情感—道德意志—道德行为的过程。高校教师职业道德的形成，可以从道德行为开始，高校教师在践行自身道德行为的过程中，也会不断提升道德认识，强化道德情感和道德意志；也可以从道德情感的潜移默化影响开始，当高校教师处在一个良好的道德氛围里时，也会形成正确的道德判断，选择正确的道德行为。总之，提升高校教师的职业道德修养是多方位、多路径的。

二、由他律向自由发展

高校教师职业道德修养的发展一般都要经历一个由他律到自律再到自由的过程，这是个体将职业道德规范转化为内在于主体的获得性品质的过程。

在他律道德阶段，高校教师个体与其所遵守的职业道德规范之间，存在着一定的心理距离。这时教师虽然会遵守职业道德规范，但自身并没有理解、认同，也就是说，这种道德规范主要是外在的，缺少内在的情感和信念。高校教师对职业道德规范的履行相对是被动的，受外在制约力量监督的，一旦离开了外在力量的制约，就随时都有可能偏离职业道德要求的轨道。处于自律道德阶段的高校教师掌握的职业道德规范不再是外在于其自身的客观必然，而是其内在心灵和行为个性的有机构成因素。这时高校教师的一切道德举止不再为外界的压力所左右，而是会按照自身的良心行事，其行为受自身的道德判断力所制约，成为自主自为地进行自我抉择和自我调控的积极主体。

而当高校教师通过自己的道德判断来约束自身行为，遵守职业道德规范时，高校教师就进入了职业道德发展的自律阶段。处于自律阶段的高校教师掌握的职业道德规范不再是外在于其自身客观必然，而成为了其内在心灵和行为个性的有机构成因素。高校教师的一切道德举止，已经不再为外界压力所左右，而是按照自己的良心行事，其行为受自己的道德判断力所制约。个人已经不再处于被动依附和简单服从的地位，而是自主自为地进行自我抉择和自我调控。

高校教师的职业道德从他律阶段进入自律阶段，是一个巨大的进步，但是不应停留于自律阶段。自由道德阶段的个体道德既扬弃了他律阶段的外在性、被动性，也扬弃了自律阶段可能产生的主观性、盲目性，使高校教师真正成为一个自主自为的道德主体，使其履行社会道德要求不仅是自觉自愿的，而且成为其心灵的一种内在需要；这不是出于某种外在功利的考虑，也不是纯粹自我约束、自我控制的结果，而已经成为了一种行为习惯。这是高校教师职业道德发展的最高目标，也是高校教师职业道德修养应该努力的方向。

三、在实践中建构

现实世界是道德和体验产生的第一源头，高校教师可以在实践中发现道德意蕴，产生道德体验。高校教师只有在教育教学实践中，在处理师生之间、教师之间、教师与家长及教师与社会其他成员之间的关系中，才能认识自己行为的是与非，才能辨别善与恶，掌握基本的职业道德规范，培养良好的教师道德品质。用自己的心灵去体验生活中的欢乐与痛苦，品味角色的成功与挫折，用理智去感悟生活的意义，从而内化为健康向上的品质，外显为良好的行为和习惯。现代社会已经进入了信息化时代，高校教师的职业道德修养内容也在随着时代的前进发生着较大的改变。

（一）实践是高校教师职业道德修养的基础

实践是人们道德品质形成的基础，高校教师的职业道德正是在长期的教育实践中形成和发展起来的，它反映了客观的教育活动对高校教师行为提出的要求，并通过社会舆论和自我修养，支持和制约着高校教师在教育活动中的行为。因此，只有通过实践，才能使高校教师的道德认识转化为道德行为，形成道德品质，从而实现高校教师职业道德修养的目的。高校教师职业道德修养一旦离开了高校教师的职业道德实践活动，就成了无源之水、无本之木。在高校教师的职业道德修养中，投身实践是主要途径。事实表明，只有活生生的教育实践活动，才能促使高校教师把理论认识转化为内心深处的真情实感，并形成具有稳定倾向的行为习惯。高校教师要强化职业道德修养的自觉性，积极投身于社会实践，在实践中锻炼提高自身修养，积累情感体验。高校教师职业道德修养是高校教师人格的一个重要表征，高校教师的理想人格也只有在教育实践中才能得到不断的充实、提高和完善，并通过不同的途径和方式影响社会，促进社会道德水平的提高，对整个社会环境的优化作出积极的贡献。

高校教师的教育实践既需要技术性知识，也需要实践性知识。技术性知识是关于规则、技术和原则的知识，以命题的形式完整地表述出来，并能为人们识得并付诸实践。实践性知识是由人们有组织的辨别、判断和行为的能力构成的，并深深地根植于人们的知识、信念、价值观和态度之中。许多实践性知识是依靠个人感悟或经验获得的、无法用语言表达出来的缄默知识。实践性知识是高校教师通过自身投身于实践，在教育实践过程中获得的。高校教师职业道德的形成不仅仅是从理论到实践的直接运用和过渡，它需要教师在实际的教育情境中，面对复杂而具体的实际问题时，经过观摩、领悟、反思到反复的实践而获得。实践是高校教师职业道德修养的动力和源泉。在实践中，高校教师可以深入了解人与人之间的道德关系，不断积累道德情感，体验和磨炼道德意志，提升道德境界。

（二）实践是检验高校教师职业道德修养的标准

一方面，道德实践可以检验高校教师职业道德修养的目标是否符合教师职业道德的要求。高校教师职业道德修养是为了使个人的道德品质适应社会主义教育事业发展的需要，为社会主义教育事业发展做出自己的贡献。只有通过教育实践，才能检验高校教师职业道德修养的目标是否正确。另一方面，道德实践可以检验高校教师能否做到知行统一。高校教师职业道德水平的高低，主要看其是否能将高校教师职业道德的要求运用到自身的工作和生活之中，做到言行一致。因此高校教师职业道德的客观效果只有在教育实践中才能得到体现，也只有在教育实践中，高校教师职业道德修养才能得到应有的检验。

（三）实践是高校教师职业道德修养的目的

教育实践不仅是高校教师进行职业道德修养的现实基础，也是目的和归宿。高校教师职业道德修养不仅仅是要形成一定的道德认识，而且要形成良好的道德行为习惯，并能在现实的教育情境中表现出来。高校教师职业道德修养的目的是改进教育教学行为，为学生树立道德榜样，为社会提供道德示范。要提高自身职业道德修养的水平，就要求高校教师不断把教师职业道德的认识付诸实践和行动，再在实践中对自身的行动进行反省和认识，从而得到发展与完善。

高校教师的实践活动主要包括教学实践、学术活动以及社会服务。这三种实践活动是高校教师将教师职业道德理论外化为职业道德行为的重要途径。在教育实践活动中，高校教师可以通过课程思政、师生交往来践行教师职业道德行为；在学术活动中，高校教师可以创新科研，恪守学术规范；在社会服务活动中，高校教师可以服务大众，奉献社会。

通过分析高校教师职业道德修养的形成过程，可以看出，高校教师的职业道德修养不是把着眼点放在高校教师"接受"和"适应"既定的职业道德规定的水平上，而在于发挥自身的主体作用，"改造"和"超越"并善于利用已有的规范。完成道德他律向道德自律再到自由的提升，这正是高校教师职业道德修养的进步阶梯。高校教师职业道德修养的过程实际上就是一个不断与自我作斗争的过程，高尚的教师职业道德应成为高校教师调节内外部世界的各种矛盾和冲突，指导高校教师以积极正确的方式谋求自身发展，维护自身合法、正当权益的动力和指南。

第二节　高校教师职业道德修养的方法

高校教师可以通过笃志弘毅、厚学博文、内省慎独、躬行践履等方法提升自身的职业道德修养。

一、笃志弘毅

高校教师要提升自身的高校教师职业道德修养，首先必须笃志弘毅，确立高校教师职业道德发展的方向。笃志弘毅实际上就是要高校教师确立自己未来的发展目标和方向，对于高校教师来说，他们要思考自身作为高校教师的本心和初心、理性和信仰、责任和使命，面对充满挑战的教育工作，拨开纷乱复杂的社会现象，坚定自己的教育理想，回归美好心灵的觉醒和觉知。

（一）以"四有好教师"作为师德修养的标准

习近平总书记强调，全国广大教师要成为"有理想信念、有道德情操、有扎实学识、有仁爱之心的好老师"[①]，"为发展具有中国特色、世界水平的现代教育，培养社会主

[①]　习近平. 在北京大学师生座谈会上的讲话［N］. 人民日报，2018-05-03（2）.

义事业建设者和接班人作出更大贡献"①。"四有好老师"是新时代师德师风的根本衡量标准。在人类历史上，教师是最古老、最伟大、最神圣的职业之一，承载着人类传播知识与真理，延续思想与文明，促进发展与进步的历史重任，是太阳底下最崇高的职业。习近平总书记说："一个人遇到好老师是人生的幸运，一个学校拥有好老师是学校的光荣，一个民族源源不断涌现出一批又一批好老师则是民族的希望。"②

在新时代，高校教师在坚持和发展中国特色社会主义事业中的作用与日俱增，"建设政治素质过硬、业务能力精湛、育人水平高超的高素质教师队伍是大学建设的基础性工作"③，每一位高校教师都应该认真思考和探索如何做一名好老师，对照"四有好老师"的标准，审视自己的师德修养，着力坚定自己的理想信念、提升自己的道德情操、扎实自己的专业学识、涵养自己的仁爱之心，用自己的模范行为教育学生、影响学生、带动学生，努力成为符合党和人民要求、学生喜欢和敬佩的好老师。

（二）以"四个引路人"作为师德修养的目标

习近平总书记强调，"广大教师要做学生锤炼品格的引路人，做学生学习知识的引路人，做学生创新思维的引路人，做学生奉献祖国的引路人"④。"四个引路人"是新时代对师德师风建设的根本目标指向。高校教师是培养人、造就人的职业，承担着文化传承、教师育人、社会服务、学术研究的任务。高校教师是立教之本、兴教之源，高校教师在教书育人的过程中，必须把习近平新时代中国特色社会主义思想作为工作的根本指南，时刻铭记立德树人的重大使命，对照"四个引路人"的要求加强自身的品德修养，努力成为先进思想文化的传播者和党执政的坚定支持者，照亮学生前行的路，教育引导学生心中要有国家和人民，要关爱祖国、关爱人民、关爱中国共产党，拥护社会主义制度，立志为中国特色社会主义事业奋斗终生。

（三）以"四个相统一"作为师德修养的根本要求

习近平总书记强调："要加强师德师风建设，坚持教书和育人相统一，坚持言传和身教相统一，坚持潜心问道和关注社会相统一，坚持学术自由和学术规范相统一。"⑤"四个相统一"是新时代高校教师职业道德的行动指南。高校教师作为学生的教育者和引路

---

① 习近平.做党和人民满意的好老师：同北京师范大学师生代表座谈时的讲话［J］.中国高等教育，2014（18）：4-7.

② 习近平.做党和人民满意的好老师：同北京师范大学师生代表座谈时的讲话［J］.中国高等教育，2014（18）：4-7.

③ 习近平.在北京大学师生座谈会上的讲话［N］.人民日报，2018-05-03（2）.

④ 中共中央文献研究室.习近平关于社会主义社会建设论述摘编［M］.北京：中央文献出版社，2017：57.

⑤ 习近平.习近平谈治国理政：第2卷［M］.北京：外文出版社，2017：379.

人，在教育教学的过程中，既要承担传授学生学术知识的任务，也要教会学生做人的道理，帮助高校学生树立正确的人生观、世界观和价值观；既要注意讲授、讨论、引导等以语言为主的授业，也要以身示范传道，用自己的言行去感染身边的学生，促使学生在潜移默化中养成良好的道德修养；既要不断学习，努力探究，做好学术研究，也要积极关注国际国内形势，处理好个人利益与国家利益、集体利益之间的关系，把个人价值与社会价值相结合，在实现社会价值中实现自我价值；既要坚持自己的学术兴趣，走自己的学术之路，也要端正学术态度、遵守学术规范、恪守学术道德。

"四个相统一"既互为联系又各有侧重，相互支撑、缺一不可，是高校教师师德修养应遵循的基本原则。高校教师必须立足于国情，严肃认真地对待自己的职责，以树人为核心，以立德为根本，把"四个相统一"的要求融入自己的教学科研活动之中，时刻注意自己的言行举止，做到为人师表、以德垂范，既要当好"经师"，做学问之师，更要当好"人师"，做品行之师；既要以自己的人格魅力引导学生心灵，弘扬社会主义核心价值观，帮助学生扣好人生的第一粒扣子，又要以自己的学术造诣开启学生的智慧之门，厚植学生的家国情怀。

[拓展阅读]
北京航空航天大学教师戚发轫：立志航天，耄耋之年，坚守一线

二、厚学博闻

高校教师的高尚职业道德不是天生的，而是通过后天的主客观因素协同努力，特别是其自身不断学习，加强自我修炼，进行自我完善，从而逐步发展和提高而形成的。通过厚学博文，高校教师可以变得博学广闻、德行高尚、充满智慧。高校教师的"学"应围绕以下四个标准进行：首先，强化理论学习，坚定理想信念；其次，学习优秀文化，掌握扎实学识；再次，学习师德理论，提升道德情操；最后，学习优秀教师，涵养仁爱之心。

（一）强化理论学习，坚定理想信念

高校教师首先要有坚定的理想信念，而"理想信念的坚定，来自思想理论上的清醒坚定。认识真理，掌握真理，信仰真理，捍卫真理，是坚定理想信念的前提"[①]。也就是说，强化马克思主义理论学习是高校教师进行高校教师职业道德修养的前提。

马克思主义是随着时代和实践变化而不断发展的开放的理论体系，是人们形成科学世界观、人生观、价值观的理论基础，是做好一切工作的基础。马克思主义为高校教师开辟了通向真理的道路，马克思主义中国化就是马克思主义理论要与中国社会的发展实践相结合。中国共产党坚持马克思主义基本原理同中国具体实际相结合，运用马克思主

---

① 本报评论员.坚持以科学理论引领全党理想信念［N］.人民日报，2020-01-17（3）.

义立场、观点、方法研究解决各种重大理论和实践问题，不断推进马克思主义中国化，产生了毛泽东思想、邓小平理论、"三个代表"重要思想、科学发展观、习近平新时代中国特色社会主义思想重大成果，并指导我们攻坚克难、勇往直前。实践证明，只有坚持马克思主义的指导地位，解放思想、实事求是，我们的事业才会不断前进。

因此，高校教师只有学懂了马克思主义、毛泽东思想、邓小平理论、"三个代表"重要思想、科学发展观，习近平中国特色社会主义思想，"特别是领会了贯穿其中的马克思主义立场、观点、方法，才能心明眼亮，才能深刻认识和准确把握共产党执政规律、社会主义建设规律、人类社会发展规律，才能始终坚定理想信念，才能在纷繁复杂的形势下坚持科学指导思想和正确前进方向"[①]。

（二）学习优秀文化，掌握扎实学识

有扎实的学识是高校教师的基本素质。教育的文化传承功能决定了高校教师必须成为我国优秀文化的继承者和发扬者，能够与时俱进、不断学习，丰富自身学识，提高自身能力，否则就跟不上时代发展进步的步伐。因此，高校教师必须学习国内外的优秀文化，扎实自己的学识。"只有不断发掘和利用人类创造的一切优秀思想文化和丰富知识，我们才能更好认识世界、认识社会、认识自己，才能更好开创人类社会的未来。"[②]

习近平总书记强调："中华民族有着深厚文化传统，形成了富有特色的思想体系，体现了中国人几千年来积累的知识智慧和理性思辨。这是我国的独特优势。"[③] 中国传统文化博大精深，学习和掌握其中的各种思想精华，对树立正确的世界观、人生观、价值观很有益处。

任何一个民族、任何一个国家，无论其发展到什么水平，都需要学习其他民族和国家的优秀文明成果。习近平总书记指出："我们要尊重文明多样性，推动不同文明交流对话、和平共处、和谐共生，不能唯我独尊、贬低其他文明和民族。"[④] 高校教师要以世界的眼光、开放的胸怀、虚心的态度学习和汲取全世界一切优秀的成果，做到以我为主、洋为中用。习近平总书记强调："我们要倡导交流互鉴，注重汲取不同国家、不同民族创造的优秀文明成果，取长补短，兼收并蓄，共同绘就人类文明美好画卷。"[⑤]

---

① 习近平.在中央党校建校80周年庆祝大会暨2013年春季学期开学典礼上的讲话[N].人民日报，2013-03-03（2）.

② 习近平.在纪念孔子诞辰2565周年国际学术研讨会暨国际儒学联合会第五届会员大会开幕会上的讲话[M].北京：人民出版社，2014：14.

③ 习近平.在哲学社会科学工作座谈会上的讲话[N].人民日报，2016-05-19（2）.

④ 习近平.弘扬和平共处五项原则 建设合作共赢美好世界：在和平共处五项原则发表60周年纪念大会上的讲话[M].北京：人民出版社，2014：10.

⑤ 习近平.弘扬和平共处五项原则建设合作共赢美好世界：在和平共处五项原则发表60周年纪念大会上的讲话[M].北京：人民出版社，2014：10.

　　高校教师要时刻保持积极的学习态度，顺应时代的发展变化，不断巩固自身的知识储备，孜孜不倦地致力于对高深知识的探求，才能具备传道、授业和解惑的能力，更好地履行社会赋予的责任。

（三）学习师德理论，提升道德情操

　　高尚的道德情操是成为好老师的核心品质，道德情操作为内在的精神品质，需要高校教师通过加强自我修养来提升的。"教师的职业特性决定了教师必须是道德高尚的人群。合格的老师首先应该是道德上的合格者，好老师首先应该是以德施教、以德立身的楷模。师者为师亦为范，学高为师，德高为范。老师是学生道德修养的镜子。好老师应该取法乎上、见贤思齐，不断提高道德修养，提升人格品质，并把正确的道德观传授给学生。师德是深厚的知识修养和文化品位的体现。师德需要教育培养，更需要老师自我修养。做一个高尚的人、纯粹的人、脱离了低级趣味的人，应该是每一个老师的不懈追求和行为常态。"[①] 高校教师进行自我修养道德情操的方法，首先需要的就是提升自我的道德认识，了解高校教师职业道德的原则、规范和要求。

　　师德理论从高校教师职业的特点出发，批判地继承了古今中外一切优良的师德传统，科学地分析和概括了高校教师职业道德的原则、规范和要求，并具体指明了高校教师职业道德修养的任务、途径和方法。根据社会主义教育实践和高校教师的职业特点，师德理论正确地回答了高校教师的个人利益与集体和社会利益之间的关系，揭示了高校教师职业道德形成和发展的规律，阐明了高校教师职业道德发展的趋势和目标，是指导高校教师形成高尚职业道德的指南。高校教师进行职业道德修养，必须学习和掌握师德理论，它有助于高校教师深刻了解师德修养的必要性和重要性，明确师德修养的标准，分清教育实践中的是与非、善与恶，从而提高师德修养自觉性。

　　师德理论是高校教师进行职业道德修养的指导思想。高校教师学习师德理论，要特别认真学习师德规范的基本内容，经常用师德规范去约束、分析、评价自己的言行，根据规范要求进行师德修养。

（四）学习优秀教师，涵养仁爱之心

　　"教育是一门'仁而爱人'的事业，爱是教育的灵魂，没有爱就没有教育。"[②] 高校教师的教育风格和教学方式可以不同，但仁爱之心应是共同的、不变的主题。因此，高校教师在进行教师职业道德修养时，不仅要学习经典理论、中华优秀文化传统、师德理

---

　　① 习近平. 做党和人民满意的好老师：同北京师范大学师生代表座谈时的讲话［J］. 中国高等教育，2014（18）：4-7.

　　② 习近平. 做党和人民满意的好老师：同北京师范大学师生代表座谈时的讲话［J］. 中国高等教育，2014（18）：4-7.

论，更应该向优秀教师学习。

一切优秀教师的道德实践，都是教师道德理论的具体化，具有鲜明、生动、形象、感人的特点，体现了教师的道德风貌。优秀教师的先进思想和模范事迹是在实践中具体化的，具有很强的现实操作性与学习借鉴的意义，也具有较强的榜样感染力，是激励高校教师进行职业道德修养的外部动力。优秀教师能够以直观形式启发教育和感染其他教师，进而影响其思想和行为，监督和促使他们取长补短，提高自身职业道德修养水平。高校教师只有以优秀教师作为自身的楷模，常以他们崇高的道德品质作为自身行为的目标，才能使自身的职业道德修养不会迷失方向，从而成为一个有较高教师职业道德修养的高校教师。

三、内省慎独

内省即对自己内心的省视、审查，是一种自律心理，也是一种自觉的自我反省精神。内省是高校教师进行职业道德修养的态度，又是道德修养的方法。曾子说："吾日三省吾身，为人谋而不忠乎？与朋友交而不信乎？传而不习乎？"认为一天之中要多次反省自己的言行。孔子说："见贤思齐焉，见不贤而内省也。"意思是说，见到别人好的地方，要向人家学习，见到别人不好的道德表现，要联系自己，反省检查，引以为戒。唐代韩愈提出的"责己重以周，待人轻以约"的命题。南宋陆九渊主张"正坐拱手，收拾精神，自作主宰"的责己道统。王守仁则主张"人只贵于自修"，而不计较"毁誉在外"的宽以待人精神。鲁迅说："我的确时时解剖别人，然而更多的是更无情面地解剖我自己。"[①] 通过内省，深刻反思自己的言行举止，待人接物，依据师德要求作出自我评价、自我批判、自我调控，从而达到自我提高。高校教师是知识分子的集合体，被称为"人之楷模"，在学生面前是真理和道义的化身，这种角色和社会地位使得他们反而不容易听到外界的批评。因此，强调"内省"，对高校教师的自我修养尤为重要。内省，关键在于提高自觉性，这是由高校教师职业道德修养的实质决定的。这个过程离不开自我，高校教师职业道德修养的过程实际是个体主观能动性发挥的过程。

内省，还要善于了解自己。高校教师在职业道德修养的过程中，首先对自身要有一个客观的评价，不能过高或过低。其次，对自己的缺点要进行批评和自我批评。高校教师应乐于接受别人的批评，从善如流，不"讳疾忌医"，拒人于千里之外，在接受别人批评的同时，还要进行自我批评。再次，要用高标准要求自己。师德修养的目的是不断地提高自身的高校教师职业道德修养，跟上社会的发展步伐。

内省是推动高校教师职业道德从他律迈向自律的重要方法，它能推动个体道德发展较快地进入自觉乃至自由的阶段。内省是一种互动性的自我教育，它能调动高校教师个

---

① 鲁迅.坟［M］.北京：人民文学出版社，1973：233.

体对教师角色的省悟，进而使之对职业道德规范具有较全面、客观、深入的认同，使职业道德情感趋于生动、深刻，使职业道德的作用显著增强。

高校教师在进行教师职业道德修养时，可以通过认识人性、观察生活、批判现实、自我激励等方法进行内省，最后达到自律慎独的境界。

（一）认识人性

修养从本质上来说属于人的精神层次提升问题，认识人性是从精神上进行修养的活动，是内省修己的重要方式。认识人性可以帮助修养者思考人生，以确立人生目的，端正人生态度，增强道德修养的勇气。认识人性是进行道德修养的思想前提，高校教师在认识人性时应做到客观看待人性。

认识人性，是指高校教师要能全面的认识人性，认识到人性是丰富、复杂的，人既是自然的动物，有维护自我生存的多种需要；人也是社会的动物，具有社会性。一方面，人性具有个人性，荀子说："今之人性，生而有好利焉。""饥而欲食，寒而欲暖，劳而欲息，好利而恶害，是人之所生而有也，是无待而然者也。"[①]亚当·斯密在《道德情操论》中写道："毫无疑问，每个人生来首先和主要关心自己；而且，因为他比任何其他人都更适合关心自己，所以他如果这样做的话是恰当和正确的。"[②]马克思也明确指出：把人和人"连接起来的惟一纽带是自然的必然性，是需要和私人利益，是对他们的财产和他们的利己的人身的保护"[③]。另一方面，人性具有社会性。马克思认为"人的本质不是单个人所固有的抽象物，在其现实性上，它是一切社会关系的总和"[④]。现实的人总是生活在具体的社会背景中，必然受到特定社会的影响，接受特定社会规范的制约。

正确认识人性，有助于高校教师职业道德修养的提升。一方面，要客观承认教师的个人利益。当高校教师客观看待人性的时候，就会认识到教师不是一种单纯的"义务人"，而是拥有相应权益的主体，不能把利益看作是恶的东西而加以排斥。排斥教师的个人利益，实质上就是否定教师作为普通人的事实，使教师进入虚幻的生存"真空"。全社会尤其要克服教师评价中的"泛道德论"倾向，确立高校教师职业道德评价的合理边界。客观认识人性是高校教师利益得以实现的前提。另一方面，高校教师必须正确认识个人利益和集体利益、国家利益及民族利益的关系，树立集体主义观，坚决反对个人利益至上的观点，以集体利益、国家利益、民族利益指导自己的言行。

---

① 雪岗. 荀子［M］. 珍藏本. 北京：中国少年儿童出版社，2004：298.

② 亚当·斯密. 道德情操论［M］. 蒋自强，钦北愚，朱钟棣，等译. 北京：商务印书馆，1997：101-102.

③ 马克思，恩格斯. 马克思恩格斯文集：第1卷［M］. 中共中央马克思恩格斯列宁斯大林著作编译局，编译. 北京：人民出版社，2009：42.

④ 马克思，恩格斯. 马克思恩格斯文集：第1卷［M］. 中共中央马克思恩格斯列宁斯大林著作编译局，编译. 北京：人民出版社，2009：505.

（二）观察生活

生活是一座道德宝库，蕴藏着丰富的宝藏。高校教师要细心观察身边的各种事物，通过比较和思考，汲取其中一切优良的东西。高校教师职业道德修养要联系整个社会的实践活动，个体要接触社会，吸收新的社会职业道德精神文化成果，不断丰富和升华自身的职业道德修养。高校教师要联系广阔的社会背景和丰富的社会生活，在实践中提高自身职业道德的境界和高度，从而鞭策、激励自己，从中获得取之不尽、用之不竭的力量源泉。

高校教师职业道德修养是在教育教学这一领域中实施的，只有在这个过程中不断进行自我教育、自我改造、自我完善，才能不断提高职业道德水平。这就要求高校教师要虚心向他人学习，向优秀教师学习，向学生学习，向社会学习。除此之外，高校教师还要注意学习高校教师职业道德理论和总结经验，善于发现和提高，并进行理论思考。

（三）协调关系

人类在生产和生活过程中要认识和处理四种关系，即人与自我的关系、人与自然的关系、人与人的关系及人与社会的关系。学会处理这四种关系是对人类道德的基本要求。正确地处理与协调这四种关系也是高校教师职业道德修养的基本目标和应有之义。

1. 高校教师与自我的关系

高校教师能够认识自身，这是高校教师职业道德修养的第一个基本点。正确认识自己，也是一个自我评价的问题。这里包含两层意思：一是对自我构成的评价，二是对自我目标的设计。一位合格的高校教师，应当具有较强的自我意识，把自我的位置放到集体的、社会的、国家的大局中，并表现出独立性或自主性。高校教师只有认识了自我，才能更好地调整自我以适应学校、社会的需要，建构完整的人格。

2. 高校教师与他人的关系

人之所以成为"人"，本质在于其社会性，这是人与人之间的交往及由此所形成的关系。高校教师处理好与他人关系的基本原则是指在追求自我利益和善待自我的同时，也要考虑他人利益，善待他人，倡导一种合作精神。高校教师在参与教育教学活动的过程中，必须和周围的人进行交往，良好的人际关系有助于高校教师的事业健康发展、生活质量提高。

3. 高校教师与社会的关系

处理好与社会关系的基本原则就是承认群体利益大于个人利益，高校教师不是生活在真空中，其必定要和社会接触、往来，其教育教学行为也是社会行为的一个组成部分。高校教师职业道德修养要同社会的发展联系起来，必须投身于参与社会、服务社会的活动之中。高校教师职业道德修养要求高校教师把教书、育人、社会需求和社会发展衔接起来，这是教育改革与发展的必然要求，也是高校教师个人发展的方向。

4. 高校教师与自然的关系

高校教师处理好与自然关系的基本原则就是要将道德意识延伸到自然界，将环境意识纳入高校教师职业道德修养的范围。从人与自然的关系来看，人与自然和谐相处，既符合人类的利益，也符合自然的法则。可持续发展观念就是处理好人与自然关系的一个重要的准则，高校教师作为培育人类灵魂的工程师，在教师职业道德修养中要强化处理好人与自然的关系。

（四）自我激励

自我激励，是高校教师在自我认识的基础上，鼓励自身为达到更高的高校教师职业道德修养水平而努力的过程。自我激励是激发高校教师进行自我修养的内在动力，也是帮助他们强化和克服各种障碍和阻力的动力，是高校教师进行高校教师职业道德修养的重要保障。自我激励的具体形式主要有以下四种：

一是目标激励。人们在认识和改造客观世界和主观世界的过程中，不能没有目标。当高校教师以教师职业道德修养的理想作为目标时，这就会给高校教师指明前进的方向，并成为高校教师生活中的精神支柱，不断推动和鼓舞高校教师朝着既定的奋斗目标前进。

二是成果激励。高校教师只要在自身的教育工作中坚持进行教师职业道德修养，就一定会有收获。这种收获，一方面，可以通过学生的健康成长和社会各方面的肯定评价反映出来；另一方面，也可以通过高校教师自身心理上的满足、欣慰和幸福感反映出来。反过来，这一切又会转化为宝贵的精神动力，进一步激励高校教师去争取更大的收获。因此，不断总结经验、肯定成绩、增强信心，也是进行高校教师职业道德修养的好方法。

三是反思激励。高校教师在进行职业道德修养的过程中，往往会遇到一些障碍，也常常会因主观和客观的不一致而遭受挫折或失败。当然，这一切并不奇怪，重要的是高校教师不能因此就消沉、抱怨、妥协和退缩，而应当从所遭遇的挫折和失败之中，进行自我反思；从克服困难的磨炼中，提高抗挫折能力，使自己更加成熟，从而进行积极的教师职业道德修养。

四是对比激励。对比是认识客观事物时普遍采用的方法，同样也适用于高校教师职业道德修养。高校教师职业道德修养是在社会关系中进行的，不同的高校教师，其职业道德在一定程度上必然会存在差异。一般说来，每个高校教师既有优点又有缺点，既有长处又有短处。在高校教师职业道德修养的过程中，应积极地对照其他教师的言行，检查并改正自身的缺点，发现并发扬自身的优点，取长补短，主动努力地提高教师职业道德修养水平。

（五）自律慎独

慎独是说没有比隐蔽的东西更容易表现出来，没有比细微的东西更容易显露出来，所以在独处时一定要谨慎地进行内心反省，遵守道德规范和法律制度。慎独表明一个人的自身修养和自律能力已经达到很高的境界。

如果说内省是一种内心的自律进取，那么慎独则是侧重于行为的一种理性约束，是道德主体的"自我立法"和"自我监督"。慎独要求高校教师在没有他人在场和监督的情况下，能够严格要求自己，谨慎地注意自身的思想和行为。慎独是一种高境界的自身修养，是高校教师只身独处时的所思、所想、所做，其能够做到表里如一、内外一致，依德行事、以德润身。慎独要求高校教师把职业道德修养的着眼点放在"隐""微""恒"上。"隐"就是从隐处着眼，高校教师要时时处处都表里如一，保持良好的职业道德情操。"微"就是从微处着手，"勿以恶小而为之，勿以善小而不为"，不做任何微小的不道德的事，防微杜渐，积小善而成大德，逐步提高自身的职业道德水平。"恒"就是要持之以恒。

慎独作为高校教师职业道德修养所要达到的道德境界，是指高校教师在独处活动、无人监督时，仍然坚持自己的道德信念，自觉地按一定的道德要求去行动。作为一种道德修养的方法，慎独要求高校教师在教育实践中，严格遵循教师职业道德的要求，自觉地做到言行一致，达到崇高的道德境界，这也直接影响着学生的全面发展。慎独需要高校教师有很高的自觉性，经过一个由不自觉到自觉的长期的磨炼过程，每个高校教师都可以从自身生活中的平凡事例里加以实践和锻炼。

四、躬行践履

习近平总书记强调，"要坚持知行合一，注重在实践中学真知、悟真谛，加强磨炼、增长本领"[①]。实践是高校教师进行职业道德修养的根本途径。在高校教师职业道德修养的过程中，从教师的道德认识、道德情感、道德意志、道德信念到道德行为和道德习惯，自始至终都是在社会实践和教育教学实践中完成的。

实践能较好地检验高校教师的职业道德修养水平。要衡量一个高校教师的文明素养和职业道德修养水平，不能离开其外在言行的表达。高校教师要深刻地认识自身行为，不断丰富自身的育人教学活动和社会生活实践，以提高自身的教师职业道德修养，从而将教师职业道德的理想、情感和意志真正落实到具体行动中。换句话说，高校教师应将自身融入具体的教育实践活动中，在实践过程中不断丰富和完善自我。一方面，高校教师要致力于育人和教学，做好立德树人的教育工作；另一方面，高校教师应当积极参与

---

① 习近平.在知识分子、劳动模范、青年代表座谈会上的讲话［N］.人民日报，2016-4-26（2）.

各种教育实践活动，不断践行社会主义核心价值观，从而提升自身的教师职业道德和理论修养。教师职业道德理论修养的实践活动能使高校教师做到自我感悟和自我提升，不断丰富自身的知识结构和专业德性，提升自身的专业能力，从而更加专业地教书育人。同时，高校教师还要不断拓展自身的人际关系，积极转变工作作风，改变不良的生活习惯，尽可能降低教师职业倦怠出现的可能性。高校教师的实践活动主要包括教学、科研、社会服务以及师生交往，这些实践活动也是高校教师进行教师职业道德修养的重要途径。

（一）课程思政，教学涵养师德

高校的立身之本在于立德树人，不断培养一代又一代社会主义建设者和接班人。教学是高校教师立德树人的主要途径，课程思政的提出即是基于此。课程思政强调所有课堂都应发挥好自身的育人功能，所有课程、所有教师都要把做人做事的基本道理、社会主义核心价值观的要求、实现民族复兴的理想和责任有机融入各类课程教学之中，使其他所有课程与思政课在人才培养的总目标上同向同行，实现协同效应，提升学校的立德树人成效。

［拓展阅读］中国人民大学教授王易：传统文化融入思政课堂

高校教师必须首先深刻把握课程思政的政治站位，从"培养什么人"这个教育的首要问题的高度，从"构建德智体美劳全面培养的教育体系"和"形成更高水平的人才培养体系"的深度，以及从完善全员全过程全方位育人格局的广度，在常学常新中深刻理解课程思政的丰富内涵和时代意义，深刻认识所肩负的培养德智体美劳全面发展的社会主义建设者和接班人的重大任务，形成对课程思政的政治认同、理论认同、价值认同和情感认同。高校教师要加强教师职业道德修养，用自己的一言一行在学生心中播撒真善美的种子，引导学生扣好人生的第一粒扣子，坚定理想信念，站稳人民立场，练就过硬本领，投身强国伟业。

课程思政旨在把思想政治工作的"盐"，溶解到立德树人各门课程中，实现价值引领、知识教育和能力培养在课程教学中的有机统一，它是把思想政治工作体系贯通人才培养体系的科学实践。课程思政是基于立德树人的需要，对课程育人的新要求。这就要求高校教师在开展课程思政时，要在专业规定的基础上充分发挥主观能动性，在课程教学中开展"活的思政"，体现出对政治理论的真学真懂真信真用，体现出自己的风格和特色，特别是在挖掘本课程的思想政治教育元素以及在课堂的有机融入时，要坚持言传与身教相统一，并结合学生的认知特点融入情感，赢得共鸣，避免简单说教，让自己的讲授在打动学生之前，先触动自己、感动自己，这也是"让有信仰的人讲信仰"[①]的客

---

① 习近平.思政课是落实立德树人根本任务的关键课程［J］.实践（党的教育版），2020（9）：4-11.

观要求。只有如此，高校教师才能在课程思政的过程中，把高校教师职业道德的规范和要求转化为自身坚定的内在信念和行为品质，更好地教会学生为人处世的道理和智慧，带头弘扬和践行社会主义核心价值观，为实现"两个一百年"奋斗目标和中华民族伟大复兴中国梦而努力奋斗。

（二）师生交往，亲身示范

每一个高校教师都必须既教书又育人，两者是同一过程，从这个意义上来说，每一个高校教师都在承担道德教育的任务。教育过程不仅是师生之间的一种认识活动过程，更是一种师生之间平等的精神交流和相互理解过程。这种交往的过程和理解的过程，既是学生道德品质成长的过程，也是高校教师职业道德修养的过程。高校教师还必须通过不同教师之间、教师和学生之间的交往，在教育实践中去实施（外化）并体验

［拓展阅读］
新疆大学教
授：于炯

教师道德准则，形成与高校教师职业相适应的道德情操、信念，建构起相对稳定的个性特征。师生之间的这种双向交流与理解不是一次性的或间断的，而是一个循环的连续过程，不仅对当时的师生双方产生较大影响，而且还会对其以后的心理互动产生影响。高校教师和学生正是在这样一种连续的交流与理解的动态过程中不断地交互影响、共同发展的。与学生的这种良好交往还有利于高校教师获得良好的教师职业道德情感体验，从而促进道德情感和道德意志的发展。

我国著名教育家陶行知说过，"教师的道德品质不仅是规范自己行为的需要，更重要的是用于教育学生的需要。教师职业的特殊在于育人，不仅用自己的学识育人，更重要的是以自己的德育人；不仅通过自己的语言去传授知识，而且要用自己的灵魂去塑造学生的灵魂"①。一名真正优秀的高校教师要以其高尚的道德情操感化人，以其言行举止带动人，以德立身，以身立教，这样才能真正影响学生，感召学生，达到教育的目的，潜移默化地引导学生形成正确的世界观、人生观和价值观，成为一个有道德和有品格的人。

因此，在与学生的交往中，高校教师要做好自己的专业课工作，采取实践反思、情境教学等形式，用真情实感诠释高校教师职业道德的内涵；贯彻立德树人的观念，要注重与学生间的有效沟通，关注学生的心理需求，及时回应学生的价值诉求；不断提高高校教师职业道德的认知、提升高校教师职业道德的修养，真正把"三全"育人的理念落在实处；明确角色定位，完善自身的职业品德，让良好的教师职业道德内化于心、外化于行，成为高校教师个体普遍遵守的价值准则。

---

① 发挥教师的榜样示范作用［J］.北京教育（普教版），2015（9）：25.

（三）创新科研，恪守学术规范

高校教师不仅承担人才培养的责任，还承担科学研究的任务，科学研究对高校教师职业道德修养提出了相应要求，这也是高校教师进行职业道德修养的途径。

[拓展阅读]
长春理工大学教授：王作斌

第一，科学研究可以促使高校教师尊重事物的客观性。这是高校教师道德品质形成的重要心理基础。高校教师一旦以研究者的心态置身于教育教学情境之中，以研究者的眼光审视自己所进行的教育教学实践，会更加愿意去思考教育现象及其中的道德现象。高校教师以研究者的身份不断发现问题，解决问题，其教学效果也必将随之提高，其职业道德修养水平也会不断提升。

第二，科学研究可以促使高校教师形成民主、合作、创新等品质。在科学研究中，作为研究主体的高校教师能否处理好各种关系，是合作研究取得成功的先决条件，即他们必须在研究中学会"合作"。一方面，高校教师要充分利用合作研究的时机，在科学研究中通过不断的反思和沟通，不断提升自身的思想认识水平和教育科研能力；另一方面，在以平等的态度参与合作研究时，参与研究的高校教师之间要建立和谐的协作关系，这有助于培养浓厚的研究氛围和愉快的工作环境，而这种富有建设性、支持性的气氛和环境反过来又能促进高校教师合作精神的发展。除此之外，研究过程中的学术争论可以调动高校教师的积极性，有利于交流思想观点和经验材料，打破孤立闭塞状态，使他们开阔视野、丰富知识、产生新的兴趣。这是由科学研究本身的特点决定的，也是促进科技发展的必要条件。

在学术研究过程中，高校教师要自觉地从评判者的角度来审视和反省自己，主动以应有的标准来规范自己，进一步提高自身的专业研究及学术道德水平，从而在与他人的合作过程中，要倡导平等和谐的友好协作，共同营造相互尊重、互信合作、扬真匡谬的良好学术氛围，更好地促进学术活动的良性发展。[①]

（四）奉献社会，践行师德

社会服务是高校的重要职能之一，也是高校教师职业道德规范的重要体现，它内在地要求高校教师结合专业优势，投身社会实践，为国家经济、政治、科技、文化等方面的发展提供服务，贡献力量。党的十八大以来，随着高等教育"基础性工程"地位的确立以及高校社会服务功能的凸显，高校教师的社会服务愈发受到重视。高校通过人才的培养，知识的继承、传播与创新为社会发挥作用。高校教师作为学校的重要一员，履行

---

① 吴定初，王梅.教育研究道德规范的涵义、功能与作用［J］.高等师范教育研究，2002（3）：71-75.

好相应的社会责任符合社会对高校的期待。

习近平总书记强调："科学研究既要追求知识和真理，也要服务于经济社会发展和广大人民群众。广大科技工作者要把论文写在祖国的大地上，把科技成果应用在实现现代化的伟大事业中。"[1] 高校教师在服务社会的同时也是"回报"社会，履行自己应尽的义务。这种"回报"性服务既属于实用性层次的服务，又属于"形塑社会"层次的道德性服务。正如博耶尔所说："服务职能的目标不仅是服务社会，而且是形塑社会。"[2] 当高校教师将形塑社会作为目标时，其服务社会的态度就达到一种道德水平。

［拓展阅读］福建农林大学林占熺：把论文写在祖国的大地上

第三节　高校推动教师职业道德发展的途径

高校教师职业道德的养成既需要高校教师自主自律自觉，也需要高校舆论引导，营造良好的师德氛围；教育落实，使师德规范深入师心；制度管理，保障师德规范顺利实施。

一、舆论引导

高校可通过加强师德楷模的塑造和宣传、营造尊师重教的文化氛围、加强高校教师的基本保障等措施引导舆论，营造良好的师德氛围，提升高校教师的职业道德修养。

（一）加强师德楷模的塑造和宣传

高校要营造师德氛围，深入挖掘校内及社会上的师德楷模，利用多种方式对优秀师德典型进行宣传，在高校教师群体中树立可敬、可学的师德楷模，使高校教师提升自己的职业荣誉感与责任感。

举办优秀教师宣讲会，学习典型人物和事例。可以选取如 2017 全国教书育人楷模特别奖黄大年、2018 全国教书育人楷模周其林和于炯、2019 全国教书育人楷模桂卫华与王宗礼等在社会上引起较大反响的教师楷模，举办相关宣讲会，宣传他们良好的师德品质。

充分利用教师节、校庆日等重大节庆日进行宣传。以重大节日为契机开展高校教师

① 习近平.为建设世界科技强国而奋斗：在全国科技创新大会、两院院士大会、中国科协第九次全国代表大会上的讲话［J］.科协论坛，2016（6）：4-9.

② 梁永平.高校教师服务社会的主体化分析［J］.当代教育与文化，2016，8（2）：93-98.

表彰大会，让高校教师向表彰的师德典型看齐，争做"四有"好老师；或利用重大节日等有利时机，通过视频、照片等展现校史、国家师德传统，激起高校教师的爱校、爱国情怀，自觉把爱校、爱国之情落实到教书育人的实践之中。

充分利用多种媒体形式宣传师德楷模。高校可以充分利用网络，借助网站等新媒体形式宣传师德楷模。通过网络手段进行师德典型宣传更加简单便捷，还可以减少高校在人力物力上的消耗，提高宣传教育的效率和效果。

通过广播、宣传栏、横幅、展板等方式宣传师德楷模。在利用新媒体的同时不能放弃传统的宣传手段，高校要充分利用宣传栏、横幅、展板等宣传方式，营造争当师德典型的校园文化氛围。

（二）营造尊师重教的文化氛围

尊师重教理应成为社会的共识，唯有尊师重教，高校教师的使命感和责任感才会不断得到加强，高校教师才能不断提升对自我的要求，从而加强师德修养。高校可以通过以下三个方式营造尊师重教的文化氛围。

制订相关政策。高校应制订相关政策，增加精神激励，强化教学地位，让每一位辛勤工作的高校教师都得到重视，让师德师风以润物细无声的姿态融入高校教师日常的学习工作之中。

利用校园环境。高校可以在校园设施中融入尊师重教元素，例如在宣传栏等宣传阵地张贴、校园广播站播放、学校网站主页展示高校教师的励志故事，展示高校教师的正面形象，让广大师生认识到高校教师职业的特殊性和重要性，激发尊师的风尚。

开展各种校园活动。高校可以通过开办讲座、学术活动以及尊师主题月活动，将尊师重教观念渗透到学生群体和校园文化之中，提高高校教师的地位。建立健全教职工代表大会制度，保障高校教师参与学校民主决策的权利，为高校教师维护自身的合法权益提供必要的支持。

（三）加强高校教师的基本保障

习近平总书记在同北京师范大学师生座谈时明确指出："各级党委和政府要从战略高度来认识教师工作的极端重要性，把加强教师队伍建设作为基础工作来抓，满腔热情关心教师，改善教师待遇，关心教师健康，维护教师权益。"[①] 因此，加强高校教师基本保障，提升高校教师在教学工作中的幸福感和获得感，是营造良好师德生态环境的前提和基础。

高校要给予高校教师更多的人文关怀，创造一个有利于高校教师切身利益的生活环

---

① 习近平.做党和人民满意的好老师：同北京师范大学师生代表座谈时的讲话［J］.中国高等教育，2014（18）：4-7.

境。要多换位思考，多渠道倾听，了解高校教师的实际生活问题。从多角度、宽维度让高校教师感受到来自学校的温暖，提升高校教师的职业幸福感，让高校教师能热心从教、静心从教、舒心从教。

要把加强高校教师的基本保障作为工作的起点和归宿，积极创造条件为高校教师提供更好的工作环境，增强教师的职业归属感和生活幸福感。以关心高校教师的生活为切入点，以解决高校教师的实际需求为着力点，从生活上关心、关爱高校教师，为优秀高校教师创设更好的提升路径，例如可为高校教师的科研创造便利的环境，为高校教师教学提供先进的设备，提升高校教师的教学技术能力。引导高校教师以潜心治学为基，坚持终身学习的教育理念，在学术和教育教学上潜心问学并及时更新知识结构，充分运用先进的科学技术，积极投身教育改革的实践，以高水平的科学研究应用于教育教学的实践之中。

二、教育落实

加强高校教师职业道德建设，最为重要的一个出发点就是从高校教师的思想认知出发，加强高校教师的理论学习，提升高校教师的道德认识水平。

（一）加强理论学习

理论学习制度化。高校要定期组织教师学习马克思主义理论和中国特色社会主义思想、国内外优秀文化、师德理论、最新的时事政策等，开阔高校教师视野，丰富高校教师理论素养。

理论学习多样化。线下方式可以开展理论培训、理论主题研讨、理论讲座以及演讲、征文等活动，组织高校教师进行学习理论。例如，开展类似"社会主义核心价值观与师德建设"等有关师德主题的演讲比赛和征文活动。线上方式可以通过影响力大、覆盖范围广的网络媒体，组织理论学习活动，提升理论学习的实效性。

理论学习实践化。引导高校教师将理论联系实际，在课程教学、学术科研、社会服务中践行职业道德，使高校教师对理论知识切实做到"读透、读懂、能用、会用"。

（二）开展师德教育

开展师德教育，首先要注意目标的普适性。师德师风教育的对象是全体高校教师，目标是提高全体高校教师的师德素养。因此，高校师德师风教育的目标高度要适宜并大众化。

其次，开展师德教育，要注意教育内容的全面性和时代性。师德教育内容要涵盖政治思想教育、道德法治教育、心理健康教育、礼仪教育，以及国家安全教育等，还要紧随时代潮流，不断推陈出新。

再次，开展师德教育，要注意教育方式方法的多样性和灵活性。除了组织高校教师学习《高等学校教师职业道德规范》《新时代高校教师职业行为十项准则》等法规文件外，高校还要更多地组织高校教师参与相关实践活动。例如，举办师德师风先进事迹报告会、师德师风专题讲座、师德师风主题讨论会等，组织参观学习、挂职锻炼、义务支教等，以及举行新教师入职宣誓仪式和老教师荣休仪式等，使广大高校教师通过丰富的活动经历切身体会师德建设的规范要求，感悟职业魅力，坚定职业使命。

最后，开展师德教育，要注意将教育贯通高校教师职业生涯的全过程。在高校教师职业发展过程中，评优评先评奖、选拔调整干部、评聘职称、评选各类高层次人才等，都要以师德师风作为首要内容。在各种继续教育活动中，都要将师德师风培训作为必修课程。在新教师入职培训课程中也应开设高校教师职业道德修养、高等教育法规等课程，将师德师风教育作为重中之重。

三、制度管理

制度管理是提升高校教师职业道德修养的重要途径，高校要高度重视师德制度建设，把师德制度建设作为整个师资队伍建设的重要内容，纳入师资队伍建设的总体规划，及时修订完善师德建设工作的政策文件，构建科学有效的师德建设工作长效机制。

（一）加强师德工作的组织领导

提升高校教师职业道德修养水平，需要提升高校师德师风建设的领导力。因此，高校要把师德建设作为其他各项工作开展的基础，把师德建设作为主线贯穿学校的日常工作，定期制订学校师德建设的工作计划，研究解决工作中出现的实际问题。

提升高校教师的师德修养水平，需要建立完善的组织机构。全面系统的组织架构是开展各项工作、完成各项任务的重要保障。因此，高校应成立师德建设的职能机构，专职负责师德师风的宣传、教育、研究、监督、考核、奖惩等各项师德建设事务；同时以专职机构为主，联合高校相关职能部门及师生代表共同组成师德建设委员会，并形成科学合理的议事决策规则和执行流程；在上述基础上形成高校党委集中领导，学校主管领导牵头，各单位各部门协调，院校部严格落实，上下一致、通力协作的师德管理机制。

（二）严格教师准入机制

完善高校教师准入机制，把好高校教师队伍入口关，提高高校教师招聘过程中对师德的要求，对思想政治表现和师德师风考察严格把关，逐步建立科学完备的引入程序，坚决避免教师招聘中的不良倾向。做实试用期考察，全面、客观、准确地评价聘用人员的师德表现，在人才引进、人员招聘等相关工作中实行师风师德一票否决制。强化对青年教师、新引进教师的关注，青年教师以职业生涯发展为重点培训方向，增强他们教书育人的责任感和使命感；新进教师的岗前培训，除教育教学理论外，教学规则、职业素养、职业道德等都要列入培训重点。

（三）完善师德考评管理机制

考评是保障师德师风建设效果的重要环节，也是师德师风激励与惩处的前提与基础。科学合理的师德师风考评体系具有导向和激励功能，有助于促进高校教师提高自身师德修养。相反，则会打击教师提高自身师德修养、争当师德模范的积极性。完善师德师风考评体系，要突出其可操作性，坚持多主体、多元化评价，坚持定性与定量相结合。

师德考评管理机制建设可以从以下六个方面入手：第一，树立正确的考评指导思想。要明确考评是为了促进高校教师内化为师德信念、改善师德行为、提高师德素养。考评体系的建设要征求全体教师对考评体系各要素和各环节的意见和建议。第二，坚持考评对象全员化。考评对象既要包括专职教师，也要包括教辅人员；既要包括普通教职工，也要包括领导干部。第三，坚持评价内容的多元化。要将严谨治学、教书育人、爱生敬业等履行高校教师职业道德规范情况列为高校教师年度考评内容，综合考虑各方面情况。第四，坚持考评主体多元化，主管部门、同行、教师个体、学生都应当纳入评价主体范围。单一考评主体的主观性过强，往往会使考评结果失真。第五，采用多样的、现代化的考评手段。可以综合运用调查法、观察法、档案袋法、反思报告法等评价方法，也可以充分利用网络系统进行打分评价和统计整理成绩，提高考评的速度与效率，突出评价的过程性导向。第六，注意考评结果的充分利用。建立师德师风档案，将师德评价结果作为评优评先、干部选拔调整、职称评聘等方面的重要依据。

（四）建立健全师德奖惩机制

高校应建立恰当的激励机制，创设争当师德模范的良好氛围，调动高校教师提升自我师德修养的积极性和主动性。真正让师德高尚的高校教师获得相应的荣誉感、幸福感。

师德惩戒制度的建设也是提升高校教师师德水平的有效保证。近年来，随着教育的不断发展和高校教师群体中出现的新问题、新挑战，教育部出台了一系列文件，进一步规范了高校教师职业行为、明确了师德底线。师德惩戒的底线要求，旨在帮助高校教师清晰明了师德失范的严重后果，使其能够常怀警钟，进而在教育教学实践中自觉规范自身职业行为。对此，高校应严格按照相关准则要求并结合本校实际，制订切实可行的师德惩戒方式。例如，可实行"师德一票否决制"、师德负面清单等处理方式。对于被评定为"师德不良"的教师应及时给予诫勉谈话；针对已构成师德失范行为的教师，学校应根据相关法律法规的规定坚决地进行严肃处理，具体而言，可进行降级、降职，扣除绩效奖励，甚至解聘等处理方式。只有这样，师德监督惩处的长效机制才能真正建立并有效发挥相应作用，才能对师德建设提供相应的保障性辅助。

（五）强化师德监督机制

师德监督机制建设是一项系统性工程，这一机制最重要的功能是有效地调节和约束高校教师的道德行为，并有效促进高校教师重视自身的师德修养。高校主管部门要根据高校师资队伍出现的新特点，加大督查力度，完善督查指标和督查内容，改进督查方法和督查手段，把师德师风建设纳入高校综合考核指标体系。为此，高校可以从以下三个方面着手。

首先，构建师德监督体系。传统单一的监督模式已经不足以适应师德建设的现状，为此可以组建由学校师德师风工作处、教师代表、学生代表等构成的监督体系，形成合力，督管全校教师的师风师貌。

其次，拓宽多种师德监督渠道。除了传统的监督形式外，高校也可以充分利用网络平台，依托网络搭建师德监督的桥梁，拓宽师德监督的渠道。例如，可以通过师德监督信箱和师德监督网站建设，为学生、家长、社会创建便利的师德监督方式。当然，为了保证监督的有效性，对于师德建设部门而言，必须严格调查收集到的监督信息，防止虚假举报，确保举报的真实性和有效性。监督的最终目的是通过监督教师日常的师德行为，使高校教师严于律己，提高教师的职业道德水平。

最后，保障师德建设的公正性。维护高校教师在监督中的权利，给予高校教师在师德考核监督中的知情权、表达权，维护教师的合法权益，确保师德师风监管的公正性，从而形成和谐的师德环境。为此，师德建设部门应当将收到的监督信息及时向有关教师反馈，一方面可以减少乃至避免恶意举报对教师造成的危害，另一方面向当事教师公开监督信息可以促使其更加重视自身师德建设，以避免类似问题的发生。

【本章小结】

高校教师职业道德的形成过程是"知情意行"各要素和谐统一的过程，是他律向自由发展的过程，是主体在实践中自我建构的结果，生活实践是高校教师职业道德形成的源泉。因此高校和高校教师必须基于这些规律提升高校教师的职业道德修养，高校教师可以通过笃志弘毅、厚学博闻、内省慎独、躬行践履等方法自主修养师德。高校可以通过舆论引导、教育落实、制度管理等途径提升教师的职业道德修养。

【实践·反思·探究】

1. 高校教师职业道德形成的过程有哪些规律？
2. 高校教师职业道德修养的方法有哪些？
3. 高校如何帮助教师提升职业道德修养？

【推荐阅读】

1. 王柏文，刘纯龙，王迈悦.高校教师职业道德修养与规范［M］.北京：高等教育出版社，2019.

2. 田甜，程华东.提升高校教师师德修养的路径探析［J］.中国高等教育，2022（Z1）：37-39.

3. 吉喆，刘新华.立德树人视域下师范生师德修养的价值意蕴［J］.教育理论与实践，2021，41（34）：41-47.

4. 迟海波，吴暇.涵育师德修养的"君子"向度研究［J］.东北师大学报（哲学社会科学版），2021（6）：177-185.

5. 闫建璋.新时代师德修养的三重境界［J］.教育科学，2021，37（1）：17-22.

6. 韩宪洲.以课程思政推进师德师风建设的内在逻辑与现实路径［J］.思想理论教育导刊，2021（7）：123-127.

7. 杨金铎.中国高等院校"课程思政"建设研究［D］.长春：吉林大学，2021.

8. 赵洁.习近平"立德树人"教育观研究［D］.乌鲁木齐：新疆师范大学，2021.

9. 葛大伟.新时代高校师德建设研究［D］.武汉：武汉大学，2020.

10. 覃小逢.新时代高校青年教师师德建设研究［D］.长沙：湖南师范大学，2020.

参 考 文 献

1. 马克思，恩格斯.马克思恩格斯全集：第 3 卷［M］.中共中央马克思恩格斯列宁斯大林著作编译局，编译.北京：人民出版社，1998.

2. 习近平.在中央党校建校 80 周年庆祝大会暨 2013 年春季学期开学典礼上的讲话［N］.人民日报，2013-03-03（2）.

3. 习近平.做党和人民满意的好老师：同北京师范大学师生代表座谈时的讲话［J］.中国高等教育，2014（18）：4-7.

4. 习近平.在中国科学院第十七次院士大会、中国工程院第十二次院士大会上的讲话［N］.人民日报，2014-06-10（2）.

5. 习近平.在知识分子、劳动模范、青年代表座谈会上的讲话［N］.人民日报，2016-04-30（2）.

6. 习近平.在哲学社会科学工作座谈会上的讲话［N］.人民日报，2016-05-19（2）.

7. 习近平.为建设世界科技强国而奋斗：在全国科技创新大会、两院院士大会、中国科协第九次全国代表大会上的讲话［J］.科协论坛，2016（6）：4-9.

8. 习近平在全国高校思想政治工作会议上强调：把思想政治工作贯穿教育教学全过程 开创我国高等教育事业发展新局面［J］.实践（思想理论版），2017（2）：30-31.

9. 习近平.在北京大学师生座谈会上的讲话［N］.人民日报，2018-05-03（2）.

10. 习近平.在中国科学院第十九次院士大会、中国工程院第十四次院士大会上的讲话［N］.人民日报，2018-05-29（2）.

11. 习近平.习近平总书记在全国教育大会上讲话的关键词［J］.教育家，2018（37）：7.

12. 习近平.在中央全面深化改革委员会第九次会议上的讲话［N］.人民日报，2019-07-25（2）.

13. 习近平.思政课是落实立德树人根本任务的关键课程［J］.实践（党的教育版），2020（9）：4-11.

14. 习近平.在经济社会领域专家座谈会上的讲话［N］.人民日报，2020-08-25（2）.

15. 习近平.在科学家座谈会上的讲话［N］.人民日报，2020-09-12（2）.

16. 习近平.在清华大学考察时的讲话［N］.人民日报，2021-04-21（2）.

17. 习近平.在中国科学院第二十次院士大会、中国工程院第十五次院士大会、中国科协第十次全国代表大会上的讲话［N］.人民日报，2021-05-29（2）.

18. 习近平.在中国文联十一大、中国作协十大开幕式上的讲话［N］.人民日报，2021-12-15（2）.

19. 中共中央文献研究室.十八大以来重要文献选编：上卷［M］.北京：中央文献出版社，2014.

20. 中共中央文献研究室.习近平谈治国理政：第1卷［M］.北京：外文出版社，2018.

21. 中共中央宣传部.习近平总书记系列重要讲话读本［M］.北京：人民出版社，2016.

22. 中共中央文献研究室.习近平谈治国理政：第2卷［M］.北京：外文出版社，2017.

23. 中共中央文献研究室.习近平关于青少年和共青团工作论述摘编［M］.北京：中央文献出版社，2017.

24. 中共中央文献研究室.习近平关于社会主义社会建设论述摘编［M］.北京：中央文献出版社，2017.

25. 本书编写组.习近平总书记重要教育论述讲义［M］.北京：高等教育出版社，2020.

26.《高校教师职业道德规范》印发［J］.新课程研究（中旬刊），2012（2）：104.

27. 教育部关于高校教师师德失范行为处理的指导意见［J］.中华人民共和国教育部公报，2018（11）：32-33.

28. 教育部关于印发《新时代高校教师职业行为十项准则》《新时代中小学教师职业行为十项准则》《新时代幼儿园教师职业行为十项准则》的通知［J］.中华人民共和国教育部公报，2018（11）：28-31.

29. 胡荀.对新时代高校教师的几点思考：《贯彻落实新时代全国高等学校本科教育工作会议精神》读后感［J］.课程教育研究，2019（24）：216.

30. 教育部等七部门印发《关于加强和改进新时代师德师风建设的意见》的通知［J］.中华人民共和国教育部公报，2019（12）：22-26.

31.《高等学校课程思政建设指导纲要》发布［J］.中国电力教育，2020（6）：6.

32. 费希特.论学者的使命　人的使命［M］.梁志学，沈真，译.北京：商务印书馆，2009.

33. 沃尔夫冈·布列钦卡.教育科学的基本概念：分析、批判和建议［M］.胡劲松，译.上海：华东师范大学出版社，2001.

34. 保尔·拉法格，等.回忆马克思恩格斯［M］.马集，译.北京：人民出版社，1973.

35. 夸美纽斯.大教学论［M］.傅任敢，译.北京：教育科学出版社，1999.

36. D. P. 约翰逊.社会学理论［M］.南开大学社会学系，译.北京：国际文化出版公司，1988.

37. R.K.默顿.科学社会学：理论与经验研究（上册）[M].鲁旭东，林聚任，译.北京：商务印书馆，2017.

38. A.爱因斯坦，L.英费尔德.物理学的进化[M].周肇威，译.上海：上海科学技术出版社，2021.

39. 爱因斯坦.爱因斯坦文集：第3卷[M].许良英，赵中立，张宣三，编译.北京：商务印书馆，2017.

40. 查尔斯·霍顿·库利.社会过程[M].洪小良，等译.北京：华夏出版社，2000.

41. 戴维·H.乔纳森.学习环境的理论基础[M].郑太年，任友群，译.高文，审校.上海：华东师范大学出版社，2002.

42. 罗伯特·伯恩鲍姆.大学运行模式：大学组织与领导的控制系统[M].别敦荣，余学峰，张际标，译.青岛：中国海洋大学出版社，2003.

43. 马斯洛.存在心理学探索[M].李文湉，译.林方，校.昆明：云南人民出版社，1987.

44. 亚伯拉罕·马斯洛.动机与人格[M].许金声，等译.北京：华夏出版社，1987.

45. 约翰·S.布鲁贝克.高等教育哲学[M].3版.王承绪，郑继伟，张维平，等译.杭州：浙江教育出版社，1998.

46. 瓦·阿·苏霍姆林斯基.给教师的建议[M].修订版 全一册.杜殿坤，编译.北京：教育科学出版社，1984.

47. 戈德史密斯，马凯.科学的科学：技术时代的社会[M].赵红洲，蒋国华，译.北京：科学出版社，1985.

48. 白玄.现代物理学的立法者：爱因斯坦[M].北京：中央文献出版社，2000.

49. 程星.世界一流大学的管理之道：大学管理决策与高等教育研究[M].北京：北京大学出版社，2011.

50. 劳凯声.变革社会中的教育权与受教育权：教育法学基本问题研究[M].北京：教育科学出版社，2003.

51. 李其龙.德国教学论流派[M].西安：陕西人民教育出版社，1993.

52. 刘大椿，等.在真与善之间：科技时代的伦理问题与道德抉择[M].北京：中国社会科学出版社，2000.

53. 刘俊燕.新时期高校人力资源管理机制研究[M].长春：吉林大学出版社，2020.

54. 潘懋元，王伟廉.高等教育学[M].福州：福建教育出版社，2013.

55. 潘懋元.新编高等教育学[M].北京：北京师范大学出版社，1996.

56. 钱焕琦.教师职业道德：第4版[M].上海：华东师范大学出版社，2020.

57. 邢永富，吕秋芳.高等学校教师职业道德修养[M].北京：首都师范大学出版社，2007.

58. 钱学成，全林.管理哲学[M].北京：机械工业出版社，2018.

59. 檀传宝.教师职业道德［M］.北京：北京师范大学出版社，2015.

60. 涂乙冬.道德型领导：提升企业绩效、团队创造力与员工幸福感［M］.北京：社会科学文献出版社，2020.

61. 王策三.教学认识论［M］.修订本.北京：北京师范大学，2002.

62. 王道俊，郭文安.教育学［M］.7版.北京：人民教育出版社，2016.

63. 王焕良，马凤岗.课程思政：设计与实践［M］.北京：清华大学出版社，2021.

64. 王育殊.科学伦理学［M］.南京：南京工学院出版社，1988.

65. 夏书章.高等教育管理学讲话［M］.广州：中山大学出版社，2017.

66. 熊川武.反思性教学［M］.上海：华东师范大学出版社，1999.

67. 徐少锦.西方科技伦理思想史［M］.南京：江苏教育出版社，1995.

68. 杨德广，谢安邦.高等教育学［M］.北京：高等教育出版社，2009.

69. 杨颖秀.教育法学［M］.3版.北京：中央广播电视大学出版社，2015.

70. 叶云霞.高校人力资源管理与服务研究［M］.长春：吉林大学出版社，2020.

71. 余玉花.高校教师职业道德［M］.上海：华东师范大学出版社，2014.

72. 张碧晖，王平.科学社会学［M］.北京：人民出版社，1990.

73. 张康之.寻找公共行政的伦理视角［M］.北京：中国人民大学出版社，2002.

74. 郅庭瑾.教育管理的伦理向度［M］.北京：教育科学出版社，2015.

75. 李春秋.高等学校教师职业道德修养［M］.北京：北京师范大学出版社，2021.

76. 钟启泉，黄志成.美国教学论流派［M］.西安：陕西人民教育出版社，1993.

77. 以"有涯"追"无涯" 以"严谨"求"真知"：瞿葆奎教授谈治学［J］.教育研究，2003（2）：39-45.

78. 别敦荣.大学课堂革命的主要任务、重点、难点和突破口［J］.中国高教研究，2019（6）：1-7.

79. 曹如军.高校教师社会服务能力：内涵与生成逻辑［J］.江苏高教，2013（2）：80-82.

80. 高江勇.高质量本科教学的发生：为何需要及何以实现互动式教学［J］.高等教育研究，2020，41（1）：84-90.

81. 李树军，薄存旭.我国高校社会服务面临的伦理冲突及其出路［J］.教育发展研究，2011，31（23）：48-51.

82. 李业昆，海勤.高校教师有效提供社会服务的对策研究［J］.教育理论与实践，2021，41（21）：39-42.

83. 刘恩允，薄存旭.高校教师社会服务伦理失范的剖析与对策［J］.高等教育研究，2011，32（1）：70-73.

84. 鲁洁.人对人的理解：道德教育的基础：道德教育当代转型的思考［J］.教育研究，2000（7）：3-10.

85. 麦均洪，王伊梦.高校社会服务中道德失范与规制探析［J］.高教探索，2019（9）：26-31.

86. 吴国彬，汪雨亭，杨雄.浅谈国内高校科技成果转化现状：基于专利运营、科技服务的角度［J］.科技视界，2018（21）：249-251.

87. 徐廷福，刘惠.高校教师社会服务伦理的提升［J］.教育伦理研究，2017（10）.

88. 张磊，谢祥，朱佳鑫.高校社会服务能力评价问题研究［J］.东北大学学报（社会科学版），2013，15（5）：484-488.

89. 赵昌木.教师在批判性教学反思中成长［J］.教育理论与实践，2004（5）：42-45.

读者意见反馈

为收集对教材的意见建议，进一步完善教材编写并做好服务工作，读者可将对本教材的意见建议通过如下渠道反馈至我社。

咨询电话　400-810-0598

反馈邮箱　gjdzfwb@pub.hep.cn

通信地址　北京市朝阳区惠新东街 4 号富盛大厦 1 座

　　　　　高等教育出版社总编辑办公室

邮政编码　100029